A veces, la mañana de Navidad ha [...]
grande y más pesado que el resto [...]
que dentro había algo especial e in [...]
cubrimos en este libro de mi amigo y companero de trabajo
Ross Rohde. En este tratado encontrará ideas innovadoras que
llevan el peso de historias de la vida real.

—Neil Cole
Fundador y director ejecutivo de
Church Multiplication Associates
Autor de *Organic Church, Organic Leadership,
Church 3.0, Journeys to Significance,* y *Ordinary Hero*

En los primeros tiempos de la historia, el cristianismo era un
estilo de vida explosivo, dinámico, y vibrante que trastornó
por completo el mundo conocido en aquella época. La propia
vida de Ross es una demostración de esto. Cuando nos encontramos con él, siempre tiene una emocionante historia nueva
que contar sobre cómo Jesús transforma las vidas de personas
a las que ha conocido. En este libro tan recomendable, *El Jesús
viral*, Ross examina los principios que hay detrás de la difusión
viral del evangelio en la Iglesia primitiva, y cómo un nuevo
enfoque en Jesús produce la profunda espiritualidad y poder
que conducen a resultados similares en la actualidad.

—Felicity Dale
House2House Ministries
Autora de *An Army of Ordinary People* y
coautora de *Small Is Big*

¡Este libro es peligroso! *El Jesús viral* hace que la práctica de
la fe cristiana sea sencilla, poderosa y aventurera. Lleno de historias que varían en grados de éxito, el lector aprende lo sencillo que puede ser seguir la guía de Jesús. *El Jesús viral* es un
contagio que enseña a todo creyente la dependencia de Dios y
cómo Él puede usarlos de manera natural y poderosa dondequiera que van. ¡Cualquiera puede hacer eso!

—Ed Waken
Evangelista, Church Multiplication Associates

*El Jesús viral* es un ruego animado para una fe viva que no
está bloqueada por formas y estructuras eclesiales extracurri-
culares que impiden el progreso de nuestra fe y también difu-
minan su integridad. Es global en perspectiva, intensamente
práctico y lleno de atractivas historias de la vida real.

—Linda Bergquist
Estratega en fundar iglesias
Coautora de *Church Turned Inside Out*

# EL JESÚS VIRAL

## RECUPEREMOS EL CONTAGIOSO PODER DEL EVANGELIO

# ROSS ROHDE

**CASA**
CREACIÓN

La mayoría de los productos de Casa Creación están disponibles a un precio con descuento en cantidades de mayoreo para promociones de ventas, ofertas especiales, levantar fondos y atender necesidades educativas. Para más información, escriba a Casa Creación, 600 Rinehart Road, Lake Mary, Florida, 32746; o llame al teléfono (407) 333-7117 en Estados Unidos.

*El Jesús viral* por Ross Rohde
Publicado por Casa Creación
Una compañía de Charisma Media
600 Rinehart Road
Lake Mary, Florida 32746
www.casacreacion.com

Originally published in the U.S.A. under the title:
*Viral Jesus*
Published by Charisma House, a Charisma Media company
Lake Mary, Florida 32746 USA
Copyright © 2012 Ross Rohde
All rights reserved

Copyright © 2012 por Casa Creación
Todos los derechos reservados

Traducido por: Belmonte Traductores
Director de diseño: Bill Johnson

**Nota de la editorial:** Aunque el autor hizo todo lo posible por proveer teléfonos y páginas de Internet correctas al momento de la publicación de este libro, ni la editorial ni el autor se responsabilizan por errores o cambios que puedan surgir luego de haberse publicado.

Library of Congress Control Number: 2011944004
ISBN: 978-1-61638-761-7
E-book ISBN: 978-1-61638-770-9

Impreso en los Estados Unidos de América
12 13 14 15 * 7 6 5 4 3 2 1

## ☞ DEDICATORIA ☜

*Esta obra está dedicada a las cinco mujeres más importantes de mi vida: mi maravillosa esposa, Margi, y mis tres hijas igualmente maravillosas: Jess, Jenn y Jo. Ellas han viajado por el mundo conmigo en el viaje al que Dios nos ha llamado. Todas ellas han pagado un precio difícil por ese viaje. Sin embargo, todas ellas son más fuertes y más sabias como consecuencia. Y a mi mamá, que ha vivido la mayor parte de veinte años con poco acceso a su hijo, su nuera y sus nietas; fue un alto precio a pagar por mi llamado.*

# ÍNDICE

# RECONOCIMIENTOS

*Q*UIERO EXPRESAR MI profunda gratitud a los pioneros en Occidente de ese nuevo y muy antiguo movimiento de Dios que actualmente se denomina iglesia orgánica, iglesia sencilla o iglesia en casas. Independientemente de cómo se denomine, es un movimiento de Dios, nacido en el corazón del Padre, bajo Jesús el Señor y desempeñado en el poder del Espíritu. Aquellos pioneros me han ayudado misericordiosamente con sus escritos, formación, administración y/o amistad, y al hacerlo me han permitido aprender a seguir a Jesús hacia la cosecha. Estoy profundamente agradecido a mis amigos y mentores en Church Multiplication Associates: Neil Cole, Desi Baker, Ed Waken, Phil Helfer, Paul Kaak, Mike Jentes y Heather Cole. A algunos de ellos los he conocido y nos hemos hecho amigos, otros sencillamente me han ayudado mediante su formación y su duro trabajo. También estoy profundamente agradecido a otros pioneros en el movimiento a los que he llegado a conocer: Tony y Felicity Dale, Erik y Jen Fish, Wolfgang Simson, Chris Daza y Frank Viola. Todas estas personas en una función u otra utilizaron sus dones para dirigir el camino y romper el terreno de modo que las primeras semillas de un movimiento viral del evangelio pudieran comenzar aquí en Occidente.

Quiero reconocer a mis amigos aquí en la zona de la bahía de California que han corrido el riesgo de entrar en un ministerio orgánico de plantación de iglesias entre aquellos que aún no conocían a Jesús. Algunos siguen estando aquí trabajando duro, peleando la buena batalla. Otros han sido llamados por su Señor a otros lugares lejos de la bahía, y algunos a otros países; y algunos fueron fruto de la cosecha. Por tanto, gracias, Lyle y Kristy, Bill y Babs, Gooch y Angela, Dave y Heidi, Bum y YJ, Walt y Marci, Humberto y Gaddy, Margi, Ryan y Marian, Shawn y Loren, Daniel y Celeste, Marcus, Mike y Leslie, Danny y Edie, John y Robin, Mike T, Dave, A y R, Jason y Marcia, Erik y Linda, Travis y Ashley, Dave y Brook, Jennifer, John y Nhi, Chinh y Rachel, Hai y Uyen, Seth, Daniel, Ian, Paul, Antonio, Carlos, Lalo, Vidal y Pepe.

Quiero reconocer a quienes trabajaron para ayudarme con este mi primer libro. Mi curva de aprendizaje era pronunciada, y ellos me ayudaron a solucionar todos mis errores. Mis sinceras gracias a mi agente, Chip MacGregor en MacGregor Literary Agency, por caminar conmigo a lo largo del proceso de refinamiento de un manuscrito y de encontrar un editor; Hannah Selleck, que tomó un borrador muy áspero y lo convirtió en un manuscrito entendible, y el maravilloso equipo en Charisma House: Ann, Barbara, Bill, Debbie, Jason, Joy, Leigh, Marcos, Rick, Steve, Susan, Tessie y Woodley. ¿Quién sabía que sería necesario un equipo tan grande, trabajador, fiel y amable para confeccionar un libro? Mi gratitud especial a Jevon por su amable paciencia y espíritu alegre en el proceso de edición. Y también mi gratitud especial a Jonathan por organizarlo todo y caminar la milla extra, especialmente por sus favores fuera de su descripción de trabajo. Estoy profundamente agradecido a todos ustedes.

Finalmente quiero expresar mi gratitud a los verdaderos héroes de la Iglesia en los siglo XX y XXI; los cientos de millones de hermanos y hermanas sin nombre en China que han sufrido, han sido encarcelados e incluso han muerto; sin embargo, han sido victoriosos en seguir a Jesús al movimiento más poderoso del Espíritu en la historia del cristianismo. Gracias por mostrarnos en Occidente, y a otros alrededor del mundo, el modo en que el Espíritu de Jesús nos está dirigiendo en el establecimiento de su Reino.

# ⋐ PRÓLOGO ⋑

ECUERDO BIEN EL viaje de regreso a casa en autobús desde la escuela de secundaria San Pedro hasta nuestra propia escuela Palisades en 1977. Acabábamos de ganar el campeonato de waterpolo del distrito por segundo año consecutivo. Aproximadamente desde unas veinte millas (32 kilómetros) podíamos ver humo elevándose sobre las colinas en dirección a nuestras casas, pero no pensamos mucho en ello... hasta que estuvimos más cerca. Nunca olvidaré la entrada al estacionamiento de la escuela en casa y ver un incendio descender hasta nuestro propio barrio. Toda la celebración se detuvo, y nos quedamos en silencio a la vez que observábamos con asombro. Por una pequeña cerilla enseguida se extendió un fuego, y en el tiempo que tomamos para recorrer veinte millas se había convertido en un rugiente incendio.

Yo me crié en los cañones del sur de California. Cada otoño veíamos el cambio del viento, de soplar desde el fresco y húmedo océano hasta llegar de los ardientes y secos desiertos. Ese feroz estado al que nos referimos en California como vientos de Santa Ana es caluroso, seco y siempre llega después de que los cálidos meses de verano ya hayan secado toda la maleza en los cañones, dejando hierba seca y muerta, y mucha cantidad. Los resultados son incendios fuera de control, con frecuencia varios a la vez. Mi padre luchó para salvar su casa cuando era más joven del incendio de Malibú. Papá no era un hombre pequeño. Aunque tenía una altura de más de 1,80 metros y un cuerpo esbelto y atlético debido a años de natación y surfing, sin embargo se sintió pequeño y débil a medida que las llamas crujían por encima de su cabeza en la carretera a su casa. El calor sofocante y el ensordecedor rugido en sus oídos dejaron cierto tipo de cicatriz en su alma, y él nunca lo olvidó. Las llamas gritaban burlas contra sus intentos aparentemente fútiles de detenerlas. Comenzó un duelo duradero entre él y las llamas, con frecuencia registrados en su arte. Recuerdo manguerear el tejado de mi casa con él como defensa contra el incendio del cañón Mandeville en lugar de celebrar nuestro campeonato de waterpolo. Apenas escapamos a ese desafío en nuestra casa.

Hace unos años, después de toda una vida de batallar contra esos incendios, mi padre finalmente perdió su casa, el arte de toda su vida y todas sus mascotas en el incendio de Sylmar. Después de aquello él no volvió a ser el mismo de siempre. Las llamas que le perseguían cuando era joven regresaron para reclamar su victoria.

Es extraño que podamos saber por qué se producen esos incendios, donde están las vulnerabilidades y dónde comenzarán, pero a pesar de todo eso somos incapaces de evitar que lleguen cada año. Hay una fuerza tras ellos que sencillamente se ríe de nosotros cuando intentamos en vano detenerlos.

Lo que hace que esos incendios sean tan desafiantes es una "tormenta perfecta" de condiciones. La seca maleza del chaparral, muerta debido a un cálido verano, constituye las astillas para el fuego. Las abruptas cadenas de los muchos cañones forman canales de viento que aceleran los vientos ya feroces del desierto. Esos mismos canales del cañón también constituyen el área de astillas mucho más cercanas al alcance de las llamas. Las llamas se extienden, impulsadas por los fuertes vientos sin tener en consideración lo que haya en su camino. El resultado es un incendio que se mueve y se difunde con rapidez y que quema la tierra y todo lo que encuentra en su camino. Puede ser a la vez verdaderamente asombroso y devastador.

Cada otoño escucharás historias de incendios que surgen en el sur de California debido a ese perfecto conjunto de condiciones que lo preparan para el fuego.

De manera similar, también hay condiciones que deben alinearse para soltar una epidemia viral. Lo que el enemigo ha querido para mal es también una lección para bien para nosotros. Podemos aprender sobre los rápidos movimientos de esos escenarios.

¿A qué se debe que permitiremos a Satanás utilizar movimientos para difundir enfermedad, mentiras, disturbios, fuego e inmoralidad, pero tendemos a no apropiarnos de los principios del movimiento cuando se trata del evangelio y del Reino de Dios? Debemos aprender de los incendios y de las epidemias del mundo si queremos liberar un verdadero avivamiento y ver un movimiento transformador del Reino de Dios.

Está claro que Jesús quiso que el Reino se extendiese con rapidez. Él habló de que el Reino de Dios comienza pequeño como si fuera una semilla de mostaza y después crece rápidamente para convertirse en el mayor de los árboles. Habló del Reino de Dios como un pequeño pedazo de levadura que se pone en una masa y rápidamente transformó la masa completa. Habló de una semilla que da fruto multiplicándose a treinta, a sesenta y a ciento por uno. El libro de Hechos bosqueja claramente para nosotros la historia de un movimiento viral que se difundió con rapidez y se volvió imparable en el primer siglo. Persecución, hambre y pobreza no pudieron detenerlo sino solamente avivar las llamas.

Desde mis primeros tiempos como seguidor de Cristo, deseé ser parte de un verdadero movimiento que se extendiese como un incendio. Nunca pude desprenderme de ese deseo, a pesar de los años de experimentar un cristianismo que nunca se extendía de ninguna manera. Sólo en años recientes he comenzado a ver realmente el tipo de movimiento del que siempre había soñado, pero es solamente el comienzo. Como los incendios contra los que mi padre luchó durante toda su vida, ese movimiento es difícil de detener cuando se alinean las condiciones.

Creo firmemente que estamos a punto de ver un movimiento como nada que se haya visto desde el primer siglo. Veo que se están reuniendo las condiciones para formar la "tormenta perfecta" para un movimiento viral de Dios en esta generación. En cuanto el Espíritu avive la chispa del evangelio en nuestras resecas vidas, lanzaremos este movimiento y lo veremos extenderse. En este momento todos estamos cocinando bajo el calor del verano de los desafíos globales. Nuestra crisis económica, futilidad política, declive moral y cultural, guerras y rumores de guerras, e incluso desastres naturales nos están preparando para algo. El aumento de los avances tecnológicos, muy parecidos a las escarpadas colinas de los cañones donde yo me crié, están uniendo vidas de modo que las llamas puedan extenderse y la fuerza del Espíritu pueda acelerarse.

Las secas astillas para este próximo incendio son nuestras propias almas que mueren cada día más y están siendo preparadas para quemarse por algo bueno. Estamos muriendo lentamente a las cosas que una vez pensamos que nos darían vida, pero ahora vemos que esas cosas no están produciendo vida en absoluto y tampoco son dignas de nuestra fe. El feroz viento del Espíritu Santo que sale del desierto avivará la llama del evangelio y la extenderá desde un alma dispuesta a otra hasta que nazca un movimiento imparable. Yo lo creo, y estoy dispuesto a dar mi vida por ello. ¿Y tú?

Al igual que un incendio puede enseñarnos sobre un movimiento que se extiende con rapidez, así también pueden hacerlo las ideas que están detrás de una epidemia viral. Aunque tanto un incendio como una epidemia pueden ser devastadores, comparten cualidades de las que podemos aprender cuando consideramos las cualidades del movimiento del Reino de Dios.

En este libro, Ross Rohde presenta claramente que el mensaje, la vibrante nueva vida, y la presencia continuada de Jesús son contagiosos y deben extenderse como un hermoso y transformador súper virus. De alma a alma, puede extenderse rápidamente de grupo en grupo, transformando culturas enteras y sociedades a medida que avanza.

Todos los movimientos comienzan siendo pequeños. Al igual que un virus es microscópico y comienza con un punto de contacto, un incendio también comienza con una simple chispa. La naturaleza viral del Reino de Dios también comienza de modo pequeño y crece extendiéndose de una vida a otra. Al igual que una epidemia viral, la vida redimida de un nuevo seguidor de Cristo se transmite a otras personas que le rodean, y cada una de ellas se convierte en un portador del virus transformador de Jesús. Pronto nace un movimiento que es difícil detener. Contrariamente a un incendio o una epidemia que se extiende con rapidez, los resultados de un movimiento de Jesús no son muerte y destrucción sino vida y transformación.

No sé de ti, pero yo quiero ser parte de un movimiento de Jesús imparable que se extienda rápidamente e incontrolablemente, y deje de tras de sí personas que sean cambiadas en transformadores y sanos seguidores del Rey Jesús. Este libro nos llevará a todos un paso más cerca de las condiciones necesarias para ver que eso suceda en nuestra época. Mi buen amigo y compañero de trabajo Ross Rohde escribe desde su propia experiencia tanto transculturalmente como en los Estados Unidos. Él utiliza ejemplos de la vida real para ilustrar cada importante principio explicado en lenguaje sencillo y despejado. Este recurso es una valiosa chispa para dar comienzo a un nuevo movimiento.

Estamos en el final del verano. Nos estamos secando. Se acerca el otoño. ¿Estás preparado para el incendio? Que soplen los vientos.

—Neil Cole
Long Beach, California

Neil Cole es el cofundador de Church Multiplication Associates (www .cmaresources.org) y del movimiento eclesial orgánico, y también el autor de *Organic Church, Organic Leadership, Search & Rescue, Church 3.0* y *Journeys to Significance.*

PROXIMADAMENTE ES EL año 107 d. C. Ignacio de Antioquía, un padre apostólico de la Iglesia primitiva, es conducido por los túneles del Coliseo de Roma. Él puede oír el rugido de los leones en sus jaulas por debajo; puede oler su fuerte aroma almizclado. Cuando sube a la luz del exterior, recorre la pegajosa sangre que ha chupado la arena; la sangre de sus hermanos y hermanas muertos momentos antes, para entretenimiento de los 50 000 espectadores de instintos asesinos, alterados y ensordecedores.

Él había sido capturado en su tierra natal, Antioquía de Siria, al norte de Israel, por los soldados del emperador Trajano. Había sido llevado hasta ese punto en un largo y difícil viaje. En su Epístola a los Romanos, capítulo cinco, escribe: "Desde Siria hasta Roma he venido luchando con las fieras, por tierra y por mar, de día y de noche, viniendo atado entre diez leopardos, o sea, una compañía de soldados, los cuales, cuanto más amablemente se les trata, peor se comportan".[1]

Ignacio no tenía que estar ahí. Podría haberse inclinado delante de una estatua de Trajano, haber sacrificado un poco de vino y declarado su lealtad a Trajano como emperador, habiendo seguido después su alegre camino. Pero no quiso hacerlo y no lo hizo. ¿Por qué? En cambio, su vida terminó de modo muy parecido a como él había anticipado.

> Que pueda tener el gozo de las fieras que han sido preparadas para mí; y oro para que pueda hallarlas pronto; es más, voy a atraerlas para que puedan devorarme presto, no como han hecho con algunos, a los que han rehusado tocar por temor. Así, si es que por sí mismas no están dispuestas cuando yo

lo estoy, yo mismo voy a forzarlas. Tened paciencia conmigo. Sé lo que me conviene. Ahora estoy empezando a ser un discípulo. Que ninguna de las cosas visibles e invisibles sientan envidia de mí por alcanzar a Jesucristo. Que vengan el fuego, y la cruz, y los encuentros con las fieras [dentelladas y magullamientos], huesos dislocados, miembros cercenados, el cuerpo entero triturado, vengan las torturas crueles del diablo a asaltarme. Siempre y cuando pueda llegar a Jesucristo.[2]

Nos encontraremos con Ignacio de nuevo en *El Jesús viral*. No todo lo que veamos será inmaculado, maravilloso y limpio, pero es de esperar que entenderemos la inflexible devoción de Ignacio a Jesús su Señor. Y ese es el punto. La columna vertebral de la vida de Ignacio estaba basada en dos hechos innegables: Jesús es Señor y la vida de Ignacio operaba según un acuerdo de pacto con su Señor, llamado el nuevo pacto. Todo lo que Ignacio hizo, el modo en que vivió y el modo en que murió, se basaba en esas dos verdades. No verdades en el sentido de ideas correctas, sino verdades en el sentido de la certidumbre de experiencia y el modo en que vivió su vida y lo dispuesto que estuvo a entregarla.

La Iglesia primitiva practicaba "Jesús es Señor". La Iglesia primitiva entendía cómo vivir cada momento dentro de su acuerdo de nuevo pacto con Jesús su Señor. Y debido a eso, el evangelio se difundió como un incendio por toda la sociedad grecorromana. Menos de doscientos años después de la muerte de Ignacio, el cristianismo se convirtió en la religión más importante en el mundo occidental. Esa también es una historia que exploraremos.

El evangelio ya no se está difundiendo como un incendio por todo el mundo occidental. Y se debe precisamente a que no entendemos en realidad cómo vivir a Jesús como Señor ni dentro de su acuerdo de nuevo pacto con nosotros. Podemos estar de acuerdo con esas dos verdades como doctrinas correctas; pero vivimos algo muy diferente. En lugar de esas verdades divinas, tenemos planificación humana; ministerio como negocio; y liderazgo humano, técnicas y métodos y principios estratégicos.

Al profesar ser sabios nos hemos vuelto necios. Hemos sucumbido a los principios fundamentales del mundo contra los cuales nos advirtió el apóstol Pablo. Y el resultado final es que el Reino de Dios se estancó en su lugar, incluso perdiendo terreno en Occidente. Hemos sustituido el Reino de Dios por la cristiandad: una barata y charra imitación.

Yo creo que el evangelio puede difundirse de nuevo como un hermoso y sano contagio en Occidente. Creo que el mensaje de nuestro Rey puede librarse de restricciones y prosperar y proliferar como algo vivo. Creo que una vez más podemos ver las hermosas verdades del señorío de Jesús y su oferta de un nuevo pacto, en otras palabras, el evangelio, difundirse como el virus de Jesús. Y creo verdaderamente que Jesús puede volver a ser viral en la sociedad occidental. Creo que usted y yo podemos ser parte de este movimiento viral de Jesús, ¿pero cómo? Esa es la pregunta que este libro pretende responder.

## INTRODUCCIÓN

# Seguir a Jesús a un movimiento viral

A petición de Connie agarró por sorpresa a mi amigo Vincent: "Me dicen que eres cristiano. ¿Puedes decirme cómo poder serlo yo también?". Después de todo, no es una petición que se oiga todos los días; o todos los años, en efecto. Connie explicó su problema: "Mi madre y yo hemos estado asistiendo a una iglesia grande en San Francisco durante hace algún tiempo. Pensamos que allí podrían mostrarnos cómo encontrar a Jesús, pero realmente no entendemos de lo que hablan". Eso era razonable. Los cristianos sí tenemos tendencia a quedar enredados en nuestro propio mundo y nuestra propia jerga. A veces lo que parece muy cómodo para nosotros es incomprensible para los de fuera. Lo que a ellos les parecen extraños rituales y lenguaje puede distanciarnos incluso de personas que quieren conocer a Jesús. Si alguien arañase a Vincent, sangraría Jesús. Por tanto, él hizo lo que le resulta natural: habló a Connie sobre el Salvador a quien él ama tanto.

Vincent fue uno de los primeros participantes de la primera comunidad orgánica de plantadores de iglesias, que comenzó en la zona de la bahía de California en junio de 2007. En unas cuantas semanas, mis amigos y yo habíamos comenzado a seguir a Jesús a la cosecha. Comenzamos a plantar diminutas congregaciones de creyentes totalmente nuevos en casas,

xxi

apartamentos y restaurantes. Vincent estaba enganchado; quería hacer el tipo de cosas de las que escuchaba. Por tanto, como el resto de nosotros, él comenzó a orar utilizando las instrucciones de Jesús en Lucas 10:1–23. Y como el resto de nosotros, comenzó a orar para que Jesús le condujese a una persona de paz (Lucas 10:6) que pudiera presentarle a sus amigos, y convocar una casa u hogar, *oikos* en griego bíblico. Y eso fue exactamente lo que Jesús hizo, aparentemente en el momento más inconveniente.

En muchos aspectos, Vincent es un hombre típico. Sin embargo, hay algo que sí hace que Vincent se destaque de los demás aquí en la costa oeste. Es su acento. Él nació y se crió en Nueva York. Oh, y el hecho de que en los años antes de que conociese a Jesús, participaba en…bueno, digamos solamente que nos gusta burlarnos de él diciéndole que suena como el gánster de televisión Tony Soprano.

Vincent estaba bastante emocionado la siguiente vez que nuestro grupo se reunió; nos habló de Connie, y nosotros también nos emocionamos por él. Vincent después me apartó a un lado y me recordó que Jesús envió a sus obreros a la cosecha de dos en dos. "Estoy intentando hacer que Connie me lleve a su *oikos*. Creo que sucederá este fin de semana. ¿Por qué no vienes conmigo?"

Vincent tenía razón; Jesús envió a sus obreros de dos en dos. Nada me habría gustado más que unirme a la diversión con Vincent, pero hice una comprobación inmediata en mi espíritu. Probablemente, lo peor que yo podría enseñar a mi amigo era que había poder en la técnica. Peor aún, que Vincent pensara que yo era algún tipo de experto; que mi presencia era la píldora mágica que conducía al éxito en el ministerio. Jesús en realidad había dado ese fruto a Vincent, no a mí. Ya que yo sentí un impulso en mi espíritu, decliné la invitación. "No, lo siento Vincent, creo que no debería hacerlo. ¿Por qué no se lo pides a Bill? Él sería un buen compañero para ti."

"Sí, pero tú has plantado iglesias antes; ya has hecho este tipo de cosas. ¿Por qué no me acompañas para que puedas aportar tu experiencia a la situación?"

Si he aprendido una cosa en los últimos años de ministerio, es la siguiente: no hay poder alguno en la técnica. Hay poder solamente en Jesús. Puede que Jesús le dirija a una técnica, puede dirigirle a ella una y otra vez, o una sola vez. Pero el poder llega cuando somos obedientes a Jesús y no a la técnica misma. Mi tarea era obedecer, y Jesús me decía que no.

Jesús nos había enviado a algunos de nosotros con bastante rapidez desde nuestros contactos a sus amigos y familiares. Con frecuencia éramos capaces de plantar una iglesia en poco tiempo. Por alguna razón, no estaba funcionando así para Vincent. Aunque Connie sí acudió a Cristo aquel día, en lugar de conducir a un dispuesto Vincent a su red de amigos, ella fue en otra dirección. Connie dejó de hablar de sus amigos; no parecía tener muchas ganas de llevar a Vincent a que los conociera. Vincent comenzaba a preguntarse si habría hecho algo mal.

Finalmente, unas tres semanas después Connie entró en su oficina otra vez. "Vincent, quiero ser bautizada." Vincent estaba emocionado. Jesús estaba dirigiendo a Connie en la dirección correcta. Entonces Jesús puso una pregunta en la mente de Vincent. "Connie, si yo voy a bautizarte, ¿a quién vas a invitar al bautismo?" Resultó ser una pregunta muy estratégica.

"Bueno, mi papá acaba de salir de la cárcel, me gustaría invitarle. Mi hermano vendría. Mi mamá tiene una orden de alejamiento contra papá, y no pueden estar juntos en la misma habitación. Pero me encantaría que viniese Andrea, de mi trabajo".

Vincent preguntó amablemente: "¿Y tus amigos?".

"Ya no voy con ellos; no son una buena influencia para mí." Lo que Vincent había interpretado como vacilación por parte de ella y quizá cierto fracaso por parte de él era el Espíritu Santo que estaba obrando en la vida de Connie. En este caso en particular, pero sin duda no en todos los casos, Jesús sabía que Connie necesitaba protección de sus viejos amigos. Debido a que Él es el Señor de la cosecha y no nosotros, Él había escogido una estrategia en la que nosotros podríamos no haber pensado. Él había planeado durante todo el tiempo llevar a Vincent a personas que necesitaban conocerle; había planeado durante todo el tiempo hacerlo por medio de Connie. Él estaba siguiendo su patrón en Lucas 10, pero no estaba siguiendo nuestra versión estereotipada de ese patrón. Tampoco me había escogido a mí para ser el compañero de Vincent, ni tampoco había escogido a Bill, quien fue mi sugerencia. En cambio, Él escogió a la esposa de Vincent: Mary.

Cuando Mary entró en la casa de Connie, Jesús puso una convicción en su corazón: ella tenía que reclamar esa casa para Jesús. Por tanto, comenzó a caminar lentamente por la casa y a orar en silencio mediante guerra espiritual. "Hemos venido en el nombre de Jesús. Este lugar es nuestro ahora. Si hay algún espíritu malo aquí le ordeno, en el nombre de Jesús, que se vaya. No se lo estoy pidiendo; lo estoy ordenando en el nombre y en la autoridad que Él nos da. Espíritu Santo, por favor ven."

Vincent tenía otro problema en su mente. Tenía un estupendo plan en su cabeza, y había soñado al respecto cientos de veces. Él estaría allí; habría varias personas nuevas allí, y estarían interesadas. Él enseguida pediría pizza, y después se pondría a trabajar. Pondría el disco que llevaba en el equipo de música portátil, les enseñaría algunos cantos cristianos, predicaría un poco el evangelio y todos ellos acudirían a Cristo.

Evidentemente, los amigos y familiares de Connie no siguieron ese plan. El televisor estaba retransmitiendo un partido de béisbol. Larry, el padre de Connie, parecía más interesado en la televisión que en reunirse con Vincent y Mary. Lawrence, su hijo, seguía sus pasos. Peor aún, la pizzería no hacía repartos en el barrio de Connie. El plan tan detallado de Vincent se estaba derrumbando por completo.

"Bien, Jesús, ¿y qué debo hacer ahora?" Esa fue una estupenda pregunta nacida de la frustración y la desesperación. En cierto modo, Jesús dejó claro que lo mejor que él podía hacer era llevar a Connie con él e ir a comprar una pizza. En el camino de regreso, Vincent le hizo a Jesús otra pregunta: "¿Qué debería hacer cuando llegue?". Jesús habló directamente al corazón de Vincent. "Ora, y entonces te mostraré qué hacer a continuación." Por tanto, Vincent llegó y dejó la olorosa pizza. Larry y Lawrence apagaron el televisor y acudieron hacia el aroma de la comida. Vincent comenzó sencillamente dando gracias a Jesús por la comida. Cuando estaba terminando su oración, obtuvo el siguiente paso: "Diles cómo llegaste a conocerme y lo que yo he hecho por ti".

Por tanto, Vincent les relató la historia sobre cómo había estado involucrado en una vida de crimen organizado. Cómo, en respuesta a una citación, cuando iba de camino a una audiencia en el juzgado, conoció a una persona en un avión que le condujo al Salvador. Jesús tuvo un impacto inmediato en la vida de Vincent. En lugar de contarle al fiscal un puñado de mentiras astutamente pensadas, escogió contarle la verdad, independientemente de lo que pudiera sucederle. El fiscal dijo: "Vincent, yo sabía esas cosas desde el principio. Iba a dejarle que quedase atrapado en sus propias mentiras para imputarle todos los cargos posibles. Ya que está dispuesto a contar la verdad, vayamos a hablar con el juez. Voy a pedir que le deje en libertad". Y eso fue lo que sucedió. En poco tiempo, Jesús había sacado a Vincent de una situación muy difícil y le había dado una nueva oportunidad de vida: una vida honesta.

Sin embargo, Vincent terminó su testimonio de la bondad de Jesús sin ninguna directiva nueva. Justamente cuando estaba terminando, Lawrence, el hermano de Connie, interrumpió: "¡De eso estoy hablando! Mi vida es un desastre. Estoy colgado a las drogas. Estoy en pandillas, aunque mi papá me dijo que no lo hiciera. Tengo una novia que me domina. Mi vida es sencillamente un desastre. Y ahora veo a Connie. Ella tiene a Jesús. Ella es diferente, y yo quiero eso".

Casi en ese momento, Larry, el padre de Connie, contó la historia de que hacía sólo unas semanas antes de que fuese liberado de la prisión, había conocido al Salvador y estaba disfrutando de su nueva fe.

Justamente cuando estaba terminando, Andrea contó al grupo una historia: "Vincent, cuando yo era pequeña, cuando tenía unos diez años, tuve un accidente. Estuve en coma en el hospital, y no se esperaba que viviese. Entonces vi a ese hombre. Iba vestido con una túnica blanca, y tenía ovejas alrededor de Él. Tenía un palo en su mano. Se me acercó y me dijo: 'Andrea, ¿quieres quedarte conmigo, o quieres regresar con tu abuela?'. Yo le dije que quería regresar con mi abuela. Entonces me desperté. Él era Jesús, ¿verdad?".

La semana siguiente, cuando nos reunimos en nuestro grupo de plantadores en la iglesia, Vincent no podía esperar para compartir. "Miren, Jesús lo hizo todo. ¡Yo no hice nada! ¡Yo no hice NADA!".

## Pedro y Juan siguiendo a Jesús a la cosecha

Al leer con los ojos de un cristiano moderno, la conducta de los creyentes en el libro de Hechos parece un poco extraña, en el mejor de los casos. Ellos parecen hacer cosas que nosotros nunca pensaríamos, y estar motivados de maneras que nos dejan perplejos. Déjeme darle un ejemplo de una extraña conducta que uno sencillamente no ve en una iglesia "normal". Leamos Hechos, capítulo 3.

> Pedro y Juan subían juntos al templo a la hora novena, la de la oración. Y era traído un hombre cojo de nacimiento, a quien ponían cada día a la puerta del templo que se llama la Hermosa, para que pidiese limosna de los que entraban en el

templo. Este, cuando vio a Pedro y a Juan que iban a entrar en el templo, les rogaba que le diesen limosna. Pedro, con Juan, fijando en él los ojos, le dijo: Míranos. Entonces él les estuvo atento, esperando recibir de ellos algo. Mas Pedro dijo: No tengo plata ni oro, pero lo que tengo te doy; en el nombre de Jesucristo de Nazaret, levántate y anda.

Y tomándole por la mano derecha le levantó; y al momento se le afirmaron los pies y tobillos; y saltando, se puso en pie y anduvo; y entró con ellos en el templo, andando, y saltando, y alabando a Dios. Y todo el pueblo le vio andar y alabar a Dios. Y le reconocían que era el que se sentaba a pedir limosna a la puerta del templo, la Hermosa; y se llenaron de asombro y espanto por lo que le había sucedido.

Hechos 3:1–10

Vamos, ¿no es eso sencillamente extraño? Sin embargo, es una bonita historia para la escuela dominical, incluso tenemos un canto al respecto. Pero no enseñamos exactamente a nuestros niños a formar equipos por parejas y salir y mirar fijamente a los ojos de las personas y después mandarles que sean sanas. Como dicen nuestros primos británicos, eso no es lo hecho.

En realidad, si lo pensamos, toda nuestra relación con el libro de Hechos en particular, y con el Nuevo Testamento en general, nos deja con algunos nudos mentales bastante apretados. En muy contadas ocasiones, si es que alguna, nos comportamos como los primeros cristianos. Ellos tenían un fruto increíble; nosotros no. Ellos debían de haber tenido algo raro. Desde luego, no decimos realmente que había algo extraño en ellos, pues eso podría parecer sacrílego. Lo que sí decimos es algo parecido a que ellos tenían cierta ventaja que nosotros no tenemos. Que aquella era una época especial en la que se producían milagros, pero no suceden ahora; o si suceden, suceden en el Tercer Mundo pero no en otros lugares.

¿Tenían ellos realmente una ventaja que nosotros no tenemos? ¿Fue aquel un período especial que nunca se repetirá? ¿O estamos poniendo excusas para nosotros mismos? ¿Estamos haciendo gimnasia mental y teológica porque no queremos tener que abordar la alternativa? Creo que la respuesta es dolorosa, pero es una respuesta a la que debemos enfrentarnos si queremos ver un nuevo y poderoso derramamiento del Espíritu Santo que cambie la cultura.

## La historia de Vincent con lentes diferentes

En realidad, si lo pensamos, la historia de Vincent se parece mucho a lo que vemos en el Nuevo Testamento. No es una copia exacta, pero sin duda hay un poder sobrenatural subyacente que con demasiada frecuencia parece faltar en el moderno ministerio de la Iglesia.

En primer lugar, Vincent no tenían cierto tipo de técnica en la que salía e intentaba convencer a las personas de que necesitaban convertirse en cristianas. De hecho, Vincent solamente oró y ellos llegaron a él. Esta era el "arma secreta" de Vincent: oración y no técnica.

En segundo lugar, se basaba en el patrón de ministerio que Jesús mismo modeló y después enseñó a sus doce apóstoles originales y también a otros setenta y dos. Vemos ese mismo patrón llevarse a cabo en el subsiguiente ministerio de los apóstoles en el libro de Hechos. No se basaba en la amplia formación de Vincent. Aunque tenía un grupo de amigos con los que periódicamente se reunía, el fruto llegó de su relación permanente con Cristo y por medio de la oración contestada.

En Juan 15:5 Jesús dijo: "Yo soy la vid, vosotros los pámpanos; el que permanece en mí, y yo en él, éste lleva mucho fruto; porque separados de mí nada podéis hacer". Estamos de acuerdo hasta cierto nivel filosófico en que esto es correcto, sin embargo, realmente ponemos nuestra confianza en nuestros propios esfuerzos, formación y paradigmas ministeriales. Tenemos mucha más confianza en los principios fundamentales del mundo de la que tenemos en una relación permanente con Jesús.

## Retroceder para avanzar

Sería imposible que yo pudiera discernir el camino individualizado que Jesús tiene para usted. Eso es algo entre usted y Él. Pero puedo llevarle a las Escrituras, a palabras que puede que usted haya leído cientos de veces anteriormente y quizá arrojar una nueva luz sobre ellas. Quizá podamos hacer juntos un nuevo conjunto de preguntas. Quizá podamos leer juntos la Biblia de maneras nuevas, o mejor dicho, de maneras antiguas.

A fin de hacer eso, voy a tener que arrojar algo de luz a algunos nudos bastante enredados. En su mayor parte son los nudos de la filosofía griega, los principios básicos de este mundo e incluso a veces de la religión judía y pagana. Yo puedo arrojar luz sobre ellos, pero usted tendrá que desatarlos, o escoger no hacerlo.

Es su elección. Jesús le da absoluta libertad para decidir. Yo no puedo arrebatarle eso, y Él no lo hará. Puede que a usted le gusten algunas de las cuerdas que le atan. Puede que le proporcionen un sentimiento de seguridad; sin embargo, yo ejercitaré la libertad que Jesús me ha dado. Compartiré, espero que misericordiosamente, que aquello que muchos pueden considerar un salvavidas puede convertirse en un lazo. Lo que usted haga con esa información es su decisión. Yo no le pido que crea todo lo que yo digo. Por causa de usted mismo, le pediría que lo evaluase honestamente, incluso dolorosamente, y pidiese a Jesús que sea su guía.

## Realizar el ministerio a la manera de Jesús

No hay duda alguna al respecto; la manera en que se realizaba el ministerio en el Nuevo Testamento y la manera en que se realiza actualmente son dos cosas muy distintas. Creo que si alguna vez queremos ver un movimiento viral del Espíritu en Occidente, necesitamos volver a captar la espiritualidad y la mentalidad de nuestros hermanos del primer siglo. Debemos aprender a hacer todo un nuevo conjunto de preguntas contrarias a la intuición y llegar a algunas conclusiones culturalmente contrarias a la intuición. Por ejemplo, en lugar de decir: "Ellos tenían un fruto increíble y nosotros no... Debía de haber algo equivocado en ellos", deberíamos aprender a preguntar a Jesús cómo podemos dar fruto así. En lugar de suponer que había algo especial en ellos a lo que nosotros ahora no tenemos acceso, quizá, solamente quizá, deberíamos pedir a Jesús que nos enseñe a andar en su poder especial. En lugar de creer que el Espíritu Santo se limita a Él mismo geográficamente al Tercer Mundo, quizá deberíamos preguntarnos cómo nuestras creencias, conducta y teología están obstaculizando al Espíritu Santo aquí en Occidente.

Tengo la fuerte sospecha de que hemos vendido muy bajo a Jesús y a nosotros mismos. En lugar de salir con valentía del limbo de la fe, hemos aprendido a "teologizar", haciendo pasar el relato bíblico por un molinillo filosófico occidental, de modo que lo que sale de él realmente no se parece en nada a lo que entró. En lugar de aprender a vivir en radical obediencia a Jesús, hemos aprendido a tener una fascinación por las declaraciones doctrinales proposicionales, desconectadas de la acción práctica. Podemos organizar la teología en complejos sistemas sistemáticos sin embargo, nuestra conducta para extender el Reino es anémica y mediocre, en el mejor de los casos.

De hecho, si somos realmente sinceros, tendríamos que admitir que la mayor parte de nuestro ministerio está dirigido a nosotros mismos y tiene muy poco que ver, si es que algo, con la extensión del Reino. ¿Seguimos a Jesús radicalmente? ¿Cómo lo sabemos? Muchos de nosotros no tenemos idea alguna ni siquiera de cómo suena su voz.

## Helenista o hebraico

Creo que nos hemos quedado atrapados en una cosmovisión cultural no bíblica. Y estamos tan confundidos por eso que no tenemos la suficiente seguridad de cómo es realmente la obediencia radical. Esta trampa se llama la cosmovisión helenista de la civilización occidental. Es el modo de pensar y de entender la realidad que hemos heredado de los filósofos griegos. Todos hemos oído sus nombres: Sócrates, Platón y Aristóteles. Es el mundo de ideas separadas de la acción. Esta peligrosa mentalidad filosófica se mantuvo tácitamente en la Edad Media como una amenaza del mundo romano. Fue aceptada intencionadamente de nuevo en el Renacimiento, y llevada a su plena madurez durante la Ilustración.

## Dualismo griego

Un claro punto distintivo de la cosmovisión helenista es clasificarlo todo en opuestos contrarios sin un entendimiento en cuanto a cómo las cosas se relacionan unas con otras. Esto se denomina comúnmente dualismo. Un interés en particular es la distinción entre cuerpo y alma. También nos conduce a intentar trazar claras líneas de separación entre esas personas a quienes pertenecemos y las otras: nosotros y ellas. Muy pocos esfuerzos se enfocan en cómo están relacionados cuerpo y alma y en cómo somos afectados por nuestra sociedad y la imitamos. De particular peligro para los creyentes es la conducta tácita de divorciar ideas y conducta. Estas rígidas distinciones se realizan porque el dualismo es muy bueno a la hora de contrastar, pero no particularmente diestro en la integración.

Para aquellos de nosotros que somos cristianos, hay un importante problema. Todo esto es pagano hasta la médula. Sí, me ha escuchado correctamente; es una cosmovisión pagana. No es la cosmovisión de los escritores de las Escrituras. No es la cosmovisión de Jesús, y tiene muy poco en común con la cosmovisión bíblica. Como tal, al usar sus lentes, terminamos considerando la realidad de manera muy distinta a como lo hace la Biblia. Es el dualismo lo que permite que la cosmovisión helenista sea muy especulativa, enfocada en ideas divorciadas de la vida y la acción. Además, su excesiva división entre cuerpo y alma, lo humano y lo divino, terminó separando nuestra cristología de la acción práctica. Nos volvimos obsesionados con trazar detalladamente distinciones acerca de la naturaleza del ser de Cristo sin enfocarnos en su vida como modelo de ministerio y profunda espiritualidad para nuestras propias vidas. Nos volvimos tan enfocados en su divinidad que su humanidad ya no podía impactar el modo que vivimos día tras día.

Michael Frost y Alan Hirsch hablan de la problemática naturaleza del pensamiento helenista en *The Shaping of Things to Come*:

> Gran parte de nuestra cristología en la tradición occidental fue muy influenciada por preocupaciones relativas al contexto helenista-romano de la cristiandad con su enfoque en la ontología. La ontología es la preocupación filosófica en cuanto a la naturaleza del "ser" (ontos). Como resultado, se preocupa más por la metafísica (una realidad por encima o detrás del mundo físico) que por la física y es, por tanto, muy especulativa por naturaleza. La cristología ontológica, por tanto, se enfocaba en la naturaleza de la humanidad de Cristo en relación con su deidad. También se enfocaba en el papel preexistente del Logos en la Trinidad, algo a lo que la Biblia indica tan sólo vagamente.[1]

Al centrarse en temas especulativos, la cosmovisión helenista nos aleja de lo práctico de la vida real. Nos aleja precisamente de las cosas en las cuales se enfoca la cosmovisión bíblica.

> Es nuestra opinión que al centrarse en el desarrollo de las doctrinas especulativas, la Iglesia primitiva perdió el enfoque vital de las implicaciones históricas y prácticas de la fe. La misión y el discipulado como tales se volvieron marginales con respecto a la corrección teológica. La ortopraxia dio lugar a la ortodoxia.[2]

La ortodoxia (creencia correcta) es buena. Pero cuando nos volvemos paralizados por ella, como un ciervo delante de los focos de un vehículo, y terminamos divorciándonos a nosotros mismos de las realidades de vivir la vida correctamente (ortopraxis) tenemos un grave problema.

# Holismo hebraico

Esto es muy distinto a la cosmovisión hebraica en la cual nacieron la Biblia y el cristianismo mismo. La cosmovisión hebraica es holística. Considera la vida como un todo. Mira nuestra parte en ella y el modo en que todo eso se relaciona con Dios. No hay separación alguna entre lo sagrado y lo secular. No hay separación alguna entre pensamiento y acción. No hay separación alguna entre Dios y la historia o Dios y la vida diaria. El Dios de la cosmovisión hebraica no es el Dios deísta que formó el mundo y se fue de vacaciones. Él es el Dios que no sólo creó el mundo sino que también participa íntimamente en su realidad diaria y, por tanto, en su historia. Este es el Dios de la vida.

En Juan 10:10 Jesús nos ofreció vida, vida en abundancia. Sin embargo, nuestra vida en la cristiandad helenizada es con frecuencia marginada, minimizada, y tiene lugar principalmente en la mente. La lógica hebraica sobre la cual se funda la Escritura nos ofrece algo muy distinto.

> Sugerimos que hay ciertamente una lógica bastante profunda en la Torá, una lógica que intenta relacionar todos los aspectos de la vida con Dios. Por tanto, todo (el trabajo de la persona, su vida doméstica, su salud, su adoración) tienen la misma importancia para Dios. Él está interesado en cada aspecto de la vida del creyente. Ni siquiera el moho es insignificante.
>
> Mientras que en la tradición espiritual occidental hemos tenido tendencia a ver lo "religioso" como una categoría de la vida entre muchas otras, la mente hebrea incorporaba la existencia "religiosa" a toda la vida. Como tal, no existe distinción alguna entre lo secular y lo sagrado en la cosmovisión hebrea. Toda la vida es sagrada cuando se sitúa en relación con el Dios vivo. La mente hebraica puede trazar una línea directa desde cualquier aspecto de la vida hasta los propósitos eternos de Dios: esta es la lógica de la Torá.[3]

## El helenismo nos separa de Dios

En la cosmovisión hebraica, no sólo todo lo que hacemos está relacionado con Dios, sino que Dios mismo es conocible. Él puede ser experimentado y amado. Él es un Dios que no sólo nos ama sino que también participa en cada aspecto de nuestras vidas. Es un Dios del que no sólo hablamos en declaraciones proposicionales; Él es un Dios al que encontramos. La Biblia misma es la historia de la humanidad teniendo un encuentro con Dios y Dios participando en la humanidad. La cosmovisión hebraica no separa creencia de acción ni a nosotros de Dios.

La cosmovisión helenista, por otra parte, es una cosmovisión humanista y racionalista. Enseña o supone que la más elevada expresión de la realidad es el hombre. Supone que el hombre, utilizando sus capacidades racionales, puede entender el mundo y todo lo que hay en él. Aquello que el hombre puede medir o registrar existe; lo que no puede medir o registrar es un fantasma, un producto de la imaginación. Debido a que eso es una suposición tácita de la cosmovisión helenista, sitúa barreras entre ellos y nosotros.

Esta separación helenista de Dios es la que ha tenido efectos dañinos en nuestra vida diaria. Dios, en la cosmovisión pagana occidental, es meramente un Dios de quien hablamos pero al que no encontramos de maneras prácticas y reales. Él se convierte más en un "qué" que en un "quién". Nosotros nos preocupamos más por hacer proposiciones acerca de la naturaleza de su ser que de relacionarnos con Él como persona. Prestamos poca atención al modo en que su carácter puede transformar sobrenaturalmente nuestro carácter. Eso se debe a que hay poco espacio para el poder sobrenatural en la cosmovisión occidental. De hecho, desde un punto de vista helenista extremo, Dios puede que ni siquiera exista. Después de todo, no podemos medirle, así que su existencia se convierte en una inquietante duda en los rincones de nuestras mentes helenizadas. En el mejor de los casos, Él es un Dios del que sólo podemos hablar, pero no con quien podemos tener una relación real.

Ese no es el Dios de la Biblia. Ese es un Dios al que se ha metido en un molinillo filosófico griego. Lo que sale por el otro lado tiene muy poco en común con lo que entró. Uno de los aspectos más devastadores de esto es que terminamos perdiendo precisamente lo que Dios quiere de nosotros y aquello para lo cual Él nos creó: una relación amorosa.

Además, si estamos desconectados de Dios en una relación, nos volvemos desconectados de sus propósitos. El camino de Dios, como descubriremos, es tener una relación de amor con nosotros, y de esa relación fluye la acción práctica. De esa acción fluye el propósito de Dios para su mundo. Si estamos desconectados de Dios en una relación, no sólo nos perdemos la relación sino que también nos perdemos la oportunidad de participar con Dios en sus maravillosos propósitos para su mundo.

Necesitamos desenredarnos de la trampa de la filosofía helenista, si la Iglesia quiere sobrevivir en Occidente. Necesitamos volver a aceptar la cosmovisión bíblica; una cosmovisión que puede conectarnos con Dios en una profunda relación. Y al mismo tiempo una cosmovisión que pueda volver a conectarnos sus propósitos para su mundo perdido y quebrantado.

## Desconectados del sistema operativo divino y promesa de lealtad

Este pensamiento helenista nos ha desconectado de otra manera. Ha causado que confiemos en nuestra propia capacidad para entender la Biblia y hacer lo que dice. Esto es humanismo. En cambio, necesitaremos entender que Dios tiene un sistema operativo divino para los cristianos llamado el nuevo pacto. Al igual que las computadoras tienen sistemas operativos que gobiernan el modo en que funcionan, así nosotros tenemos un sistema operativo que gobierna el modo en que funciona nuestra vida cristiana. Este sistema operativo está basado en el Espíritu de Dios que pone su ley en nuestros corazones y mentes (Jeremías 31:33; Hebreos 8:10). Él no sólo pone la ley ahí, sino que también nos da la capacidad de obedecer. La vida vivida de ese modo es sobrenaturalmente poderosa.

Al igual que tenemos un sistema operativo divino, también tenemos una promesa de lealtad divina que está íntimamente relacionada con nuestro sistema operativo. Nuestra promesa de lealtad es "Jesús es Señor". Esta verdad central y fundamental debe gobernar todos nuestros actos. En los siguientes capítulos veremos que a fin de hacer cosas tal como Dios quiso debemos funcionar en nuestro sistema operativo correcto. Y todo lo que creamos y hagamos debe reflejar nuestra promesa de lealtad divina de "Jesús es Señor". Si ambas cosas no son ciertas, entonces hay algo equivocado en lo que estamos haciendo, pensando o diciendo.

## Seguir a Jesús a un ministerio viral apasionado

Yo me he vuelto apasionado por realizar el ministerio de una manera totalmente nueva. En el proceso he podido ver un destello y he podido gustar lo que Jesús denomina nueva vida, vida en abundancia; fruto, más fruto, mucho fruto y fruto que permanece. Sospecho que yo no soy el único que quiere vivir y experimentar esto y no tan sólo hablar al respecto. Sospecho, y de hecho sé, que hay muchos más como yo.

Si está usted esperando que yo le dé la siguiente nueva técnica ministerial, voy a defraudarle. Si está esperando que yo le dé algún código oculto del Nuevo Testamento que sólo los Illuminati pueden descifrar, va a quedar frustrado. Sin embargo, si anhela vivir y dar fruto como los creyentes del Nuevo Testamento hacían, puede que yo sea capaz de señalarle en la dirección correcta; o mejor aún, a la Persona correcta. No voy a decirle que lo haga igual que yo. Ni siquiera voy a decirle que hay un camino genérico que todo el mundo debe tomar. Hay solamente Jesús, siempre Jesús, ninguna otra cosa sino Jesús; y Él será suficiente.

## CAPÍTULO 1

# Qué aspecto tiene un movimiento viral de Jesús

IMAGINE CONMIGO POR un momento ir caminando por la calle en San Francisco. Usted escucha de pasada varias conversaciones distintas a medida que recorre el distrito financiero. De esas conversaciones, muchas están hablando de uno de los temas candentes: Jesús. "Entonces ese hombre oró para que Jesús sanase a mi hermana y el tumor sencillamente..." "Y ese tipo me dice el nombre de mi exnovia y cómo murió. Yo le pregunté cómo podía saberlo y él me dijo que Jesús acababa de decirle..." "¿Quiénes se creen que son esas personas hablando de Jesús...?" "...y entonces pude sentir una sensación de calidez, como si fuese miel caliente. Él me dijo que era Jesús." "Desprecio a esos cristianos, dondequiera que vas ellos..."

No, no estoy delirando. Y no, eso no está sucediendo actualmente en San Francisco, pero está sucediendo actualmente en otros lugares del mundo y ha ocurrido en diversas épocas a lo largo de la historia cristiana. La pregunta no es si eso puede suceder en Occidente, pues ya ha sucedido; en cambio, la pregunta es si volverá a suceder y cuándo. Eso puede que dependa de si estamos dispuestos a seguir a Jesús hacia su cosecha, tal como Él ha diseñado su cosecha. La Iglesia tal como Jesús la formó en el Nuevo Testamento estaba pensada para que se extendiese rápidamente, para que difundiese el mensaje de Jesús como un virus.

## Los elementos de un movimiento viral de Jesús

Si queremos hablar de movimientos virales de Jesús, en realidad tenemos que aclarar de lo que estamos hablando. Cada lector en este momento probablemente tenga en su propia mente una imagen de cómo sería eso. Y muchos de esos elementos serían correctos. Pero también debemos reconocer que es difícil salir de nuestra mentalidad occidental helenista de la cristiandad. Por tanto, es probable que el cuadro que hayamos creado en nuestra mente tenga algunos elementos no virales. Esto es cierto porque probablemente nunca hayamos visto un movimiento viral del evangelio, si somos los típicos cristianos occidentales, y porque nunca hayamos cuestionado, o no hayamos cuestionado lo suficiente, los modelos que se nos han dado.

Este capítulo intentará bosquejar los elementos esenciales de un movimiento viral de Jesús y ver cómo se llevaron a cabo en la Escritura. Para hacer eso, veamos cómo era en realidad la congregación del primer siglo. Era diferente a lo que la mayoría de nosotros conocemos como "culto moderno de iglesia". Esta falta de similitud destacará lo lejos que nos hemos desviado de nuestras raíces del siglo primero. También mostrará que el diseño mismo del cristianismo moderno evita que nos convirtamos en un movimiento viral de Jesús.

## Una congregación de iglesia en el primer siglo

Nuestros hermanos del primer siglo hacían cosas de modo muy distinto a cualquier cosa a lo que la mayoría de nosotros estamos acostumbrados. En realidad tenemos la descripción que hace Pablo de cómo eran sus reuniones; pero estaban en polos opuestos de cualquier cosa que nosotros vemos normalmente. Aquellas reuniones en el siglo primero estaban caracterizadas por el amor, la comunidad, la inclusión, y más que ninguna otra cosa un sentimiento de poder espiritual. También eran informales y no planeadas. Escuchemos cómo las describe Pablo.

> Si, pues, toda la iglesia se reúne en un solo lugar, y todos hablan en lenguas, y entran indoctos o incrédulos, ¿no dirán que estáis locos? Pero si todos profetizan, y entra algún incrédulo o indocto, por todos es convencido, por todos es juzgado;

lo oculto de su corazón se hace manifiesto; y así, postrándose sobre el rostro, adorará a Dios, declarando que verdaderamente Dios está entre vosotros. ¿Qué hay, pues, hermanos? Cuando os reunís, cada uno de vosotros tiene salmo, tiene doctrina, tiene lengua, tiene revelación, tiene interpretación. Hágase todo para edificación. Si habla alguno en lengua extraña, sea esto por dos, o a lo más tres, y por turno; y uno interprete. Y si no hay intérprete, calle en la iglesia, y hable para sí mismo y para Dios. Asimismo, los profetas hablen dos o tres, y los demás juzguen. Y si algo le fuere revelado a otro que estuviere sentado, calle el primero. Porque podéis profetizar todos uno por uno, para que todos aprendan, y todos sean exhortados. Y los espíritus de los profetas están sujetos a los profetas; pues Dios no es Dios de confusión, sino de paz.

1 Corintios 14:23–33

Lo primero que necesitamos notar es que no hay un orden de adoración, no hay necesidad de eso. Lo que realmente sucede aquí es que Jesús está dirigiendo la congregación. Los no cristianos insensibles espiritualmente también lo observarían. Parece extraño que hoy en día la frase tomada de este pasaje: "Dios no es Dios de confusión, sino de paz", se interprete como que necesitamos algún tipo de orden de adoración creado por el hombre para que las cosas no se conviertan en un caos. Lo que se dice aquí es precisamente lo contrario. Pablo está diciendo que se puede saber cuando Dios está dirigiendo la reunión porque hay paz y no desorden.

La intervención humana, en este caso profetas fuera de control, es lo que produce caos. La solución es la amable inclusión en la que nadie siente la necesidad de imponer un plan. No hay nada peor para un profeta audaz que tener personas que sopesan lo que se ha dicho y decidan si fue carnal. En otras palabras, sea educado, espere su turno y sólo diga algo se cree que viene de Dios.

Por tanto, en la Iglesia del primer siglo vemos un increíble poder espiritual, la presencia de Dios, paz y armonía. Una persona de fuera espiritualmente sensible querría ser parte de tal encuentro sobrenatural. Eso no es lo mismo que decir que aquellas iglesias eran atrayentes, pues no lo eran; eran atractivas pero no atrayentes. Con la palabra atrayente quiero decir intentar atraer a personas a una "reunión". El evangelismo se realizaba primordialmente fuera de sus reuniones. Ellos no tenían ninguna impresión de que tuvieran que hacer más glamorosas sus reuniones para que los de fuera quisieran acudir a ellas. Ellos simplemente hacían lo que hacían, y cualquier persona del exterior que estuviese allí se veía atraída hacia Dios, con quien aquella comunidad estaba teniendo un encuentro delante de sus propios ojos.

La inmensa mayoría de las iglesias cristianas en la actualidad entienden esto completamente al contrario. Con frecuencia pensamos que tenemos que presentar una reunión atractiva que haga acudir a personas y las mantenga dentro. Eso sí, nos tomamos la molestia de intentar atraer a los de fuera. Pero lo que realmente hacemos es alejar a los de fuera. Sin embargo, hemos llegado a ser muy buenos en atraer a cristianos de otras congregaciones.

Por tanto, la primera característica de un movimiento viral de Jesús son reuniones de cristianos que son atractivas pero que ni siquiera se preocupan por ser atrayentes. No les importa presentar una reunión brillante; sencillamente son lo que son. Pero como Jesús está en medio de ellos, esas reuniones terminan siendo poderosas y atractivas. Veamos ahora otras características de un movimiento viral de Jesús.

## Características de un movimiento viral de Jesús

### Tiene "estornudos".

Una de las primeras cosas que necesitamos entender sobre los movimientos virales es que son, bueno, por falta de una palabra mejor, virales. Es decir, que se extienden como un contagio. No son y no pueden ser controlados por la intervención humana. De hecho, una de las peores cosas que podemos hacer es intentar controlarlos.

Es el evangelio en libertad; el evangelio moviéndose con tanta rapidez que no nos concentramos en predicar el evangelio. En cambio, nos centramos en el asunto en que Jesús en realidad nos dijo que nos concentrásemos: hacer discípulos. Veamos lo que Jesús dijo realmente en la gran comisión:

> Y Jesús se acercó y les habló diciendo: Toda potestad me es dada en el cielo y en la tierra. Por tanto, id, y haced discípulos a todas las naciones, bautizándolos en el nombre del Padre, y del Hijo, y del Espíritu Santo; enseñándoles que guarden todas

las cosas que os he mandado; y he aquí yo estoy con vosotros todos los días, hasta el fin del mundo.

MATEO 28:18–20

En el lenguaje original el mandamiento es hacer discípulos. Los otros actos describen cómo se ve eso. Jesús es quien tiene el control aquí; Él es quien tiene toda la autoridad. Nosotros sencillamente hacemos nuestra parte, que es hacer discípulos. Los bautizamos. Los enseñamos a obedecer todo lo que Jesús ordena, pero no controlamos lo que está sucediendo. Cada movimiento que hacemos se hace en el poder de Él y bajo su dirección.

¿Significa esto que no predicamos el evangelio? Desde luego que lo hacemos, pero el enfoque principal de los creyentes maduros está en el discipulado sencillo y claro. Hablaremos sobre cómo es este discipulado en un capítulo posterior. Sin embargo, hay una razón realmente buena por la que los cristianos maduros no se enfocan primordialmente en predicar el evangelio. Se debe a que no somos nosotros quienes hacemos la mayor parte de eso, sino que lo hacen los nuevos cristianos. Ellos son quienes acaban de ser infectados con el virus de Jesús, y comienzan a estornudar.

Esta referencia a estornudar no es solamente un capricho. Sabemos por el estudio de las ideas que se difunden en patrones muy similares a los de las epidemias víricas. También sabemos que a fin de que realmente se afiancen y se conviertan en una "epidemia", tienen que ser fácilmente transferibles de una persona a otra. Y para hacer eso necesitan ser profundas y a la vez sencillas: fácilmente entendidas por cualquier persona, y en muchos casos por personas sin cultura y analfabetas.[1]

Si queremos ver un movimiento viral de Jesús a lo largo de nuestra vida en Occidente, necesitamos comenzar a practicar una forma de nuestra fe que pueda contagiarse. Un buen lugar donde comenzar sería regresar a lo que vemos realmente en el Nuevo Testamento, en lugar de aferrarnos religiosamente a adiciones posteriores no virales de la cristiandad. La mayoría de esas adiciones provienen de cristianos posteriores que copiaron a la sociedad pagana que les rodeaba en lugar de seguir los patrones bíblicos establecidos en el Nuevo Testamento.[2]

## Se enfoca en el Reino y no en la iglesia.

Este tipo de movimientos se enfoca en Jesús el Rey, y no en los santos reunidos. Todo se trata de Jesús. Lo importante no es que los cristianos se hayan reunido, sino que Jesús el Rey está entre ellos. Si los cristianos se reúnen, tan sólo hay un grupo de cristianos. Cuando Jesús aparece, ahí hay una iglesia. Sin embargo, se trata más de que Jesús esté entre los santos reunidos. Se trata de que Jesús se extienda viralmente por toda la sociedad. Se trata de que Jesús utilice a sus santos para cambiar la sociedad. Se trata de sanar a los enfermos y cuidar de los pobres. Jesús quiere que reclamemos su mundo, y no sólo que tengamos cierto número de reuniones religiosas.

Eso no es lo mismo que decir que la Iglesia y las iglesias no son importantes. Son muy importantes, pero no son el centro de la atención. Jesús lo es. La congregación de los santos es un objetivo penúltimo. Nos reunimos porque Jesús nos dijo que nos reuniésemos. Nos reunimos porque los nuevos cristianos crecen mientras se relacionan con cristianos más maduros que les guían y son sus ejemplos. Nos reunimos porque Jesús conecta con las personas como comunidades enteras, y no sólo con individuos. Nos reunimos porque Jesús disfruta de nuestra adoración colectiva. Nos reunimos porque nuestra fe no puede expresarse plenamente a menos que lo hagamos. El cristianismo es, por diseño, una experiencia colectiva. Somos el Cuerpo de Cristo. Él es nuestra cabeza. Ya que toda la experiencia cristiana no se trata sólo de ser un ojo o un pie, nos necesitamos los unos a los otros.

El Reino es mayor que la Iglesia. Está profundamente conectado con la Iglesia, pero sus fronteras son mucho más amplias. Cuando damos un vaso de agua fría a un niño en el nombre de Jesús, el Reino se ha acercado; pero eso puede que no sea la Iglesia. Cuando mis amigos y yo enseñamos inglés a los inmigrantes recién llegados como un acto de amor, es el Reino, pero eso no es la Iglesia. Jesús nos utiliza para plantar iglesias debido a esa actividad, pero las clases de idiomas en sí mismas son actividad del Reino y no una reunión de la iglesia. Cuando sanamos a los enfermos, estamos mostrando el Reino de Jesús. Cuando obtenemos una palabra de conocimiento para una persona que no es cristiana, el Reino de Dios se ha acercado. Cuando limpiamos el patio de nuestro vecino, motivados por el amor de Dios y el amor por nuestro prójimo, está siendo expresado el Reino. ¿Será predicado el evangelio debido a eso? A veces sí. Otras veces tan sólo estaremos plantando una semilla o regando lo que ya se ha plantado. Pero mediante esos sencillos actos, y muchos otros como esos, es como el Reino comienza a extenderse como un virus.

**Su estructura es orgánica.**
La estructura de este Reino, y de la iglesia que resulta de él, puede expresarse mejor con metáforas orgánicas. Lo denomino orgánico porque está diseñado como un organismo vivo para reproducirse con rapidez. Debería observarse que ni una sola vez en la Biblia se describe la Iglesia como una institución. Ni siquiera se describen estructuras institucionales humanas. Cuando leemos la Biblia, aquellos de nosotros que hemos sido institucionalizados tendemos a incorporar una institución al texto, pero en realidad no está ahí. Hay una razón muy sencilla para ello. La Iglesia que Jesús diseñó estaba basada en una lógica estructural diferente a la que nosotros nos hemos acostumbrado. La mejor manera de intentar explicar esta estructura es hacer exactamente lo que hizo Jesús, cuando Él describió cómo era el Reino: utilizar metáforas. Y las mejores metáforas son las que Jesús utilizó. Tomaré prestadas algunas de ellas de Mateo 13.

He aquí, el sembrador salió a sembrar. Y mientras sembraba, parte de la semilla cayó junto al camino; y vinieron las aves y la comieron. Parte cayó en pedregales, donde no había mucha tierra; y brotó pronto, porque no tenía profundidad de tierra; pero salido el sol, se quemó; y porque no tenía raíz, se secó. Y parte cayó entre espinos; y los espinos crecieron, y la ahogaron. Pero parte cayó en buena tierra, y dio fruto, cuál a ciento, cuál a sesenta, y cuál a treinta por uno. El que tiene oídos para oír, oiga.
MATEO 13:3–9

Extender el Reino es como sembrar semillas. Caerá entre diferentes corazones, al igual que las semillas se siembran en diferentes terrenos. Notemos que la semilla se extiende abundantemente. Los seres humanos no controlamos el tipo de terreno donde cae. Sin embargo, esas semillas son tan reproductivas que incluso aunque un sólo terreno sea verdaderamente bueno, las semillas sembradas se reproducirán.

¿Podemos decir realmente que el evangelismo actual y la Iglesia tal como la conocemos son un reflejo de esto? Cada iglesia convencional de la que yo he sido parte ciertamente ha sembrado muy escasamente; y ha intentado controlar la poca cosecha del evangelio que se produce. Además, ¿sería seguro decir que la semilla que se reproduce abundantemente representaría a los cristianos que se quedan en nuestras iglesias?

El reino de los cielos es semejante a un hombre que sembró buena semilla en su campo; pero mientras dormían los hombres, vino su enemigo y sembró cizaña entre el trigo, y se fue. Y cuando salió la hierba y dio fruto, entonces apareció también la cizaña. Vinieron entonces los siervos del padre de familia y le dijeron: Señor, ¿no sembraste buena semilla en tu campo? ¿De dónde, pues, tiene cizaña? El les dijo: Un enemigo ha hecho esto. Y los siervos le dijeron: ¿Quieres, pues, que vayamos y la arranquemos? El les dijo: No, no sea que al arrancar la cizaña, arranquéis también con ella el trigo. Dejad crecer juntamente lo uno y lo otro hasta la siega; y al tiempo de la siega yo diré a los segadores: Recoged primero la cizaña, y atadla en manojos para quemarla; pero recoged el trigo en mi granero.

MATEO 13:24–30

El Reino no va a ser como un campo perfectamente sembrado. Crecerá como un campo de trigo, pero también tendrá cizaña. Aun así, notemos que los siervos no hacen nada según su propia iniciativa. Sus planes de intervenir estaban basados en buenas intenciones, pero su estrategia estaba equivocada.

En esto tenemos una parábola del Reino que sí representa la Iglesia tal como la conocemos. Yo creo que sería justo decir que, en cualquier congregación, de cualquier tamaño en absoluto, vamos a tener cizaña. De hecho, probablemente tendremos más cizaña de la que pensamos. Sin embargo, a pesar de todos nuestros esfuerzos por mantener pura nuestra doctrina, seguimos teniendo personas que realmente no conocen a Cristo tanto como saben parecerse y comportarse como cristianos. Peor aún, puede que ellos no se den cuenta de que eso no es ser cristiano: jugar al juego de las apariencias. Y sería justo decir que la Iglesia orgánica no es diferente, al menos en este aspecto. También tenemos parte de cizaña.

Sin embargo, lo que sí me resulta irónico es que la Iglesia tal como la conocemos sea tan paranoica en cuanto a tener una doctrina pura para mantener fuera a los herejes y, al mismo tiempo, en realidad no haya mantenido pura la doctrina. Jesús no parecía estar demasiado interesado en esto. Él sabía que cuando llegase el momento de la cosecha, sería evidente quién era quién. Por tanto, los falsos podrían ser reunidos y quemados. Casi todos los pastores o sacerdotes de iglesias tradicionales que comienzan a escuchar sobre iglesias orgánicas hacen el mismo conjunto de preguntas. Una de las primeras preguntas es concerniente a mantener la herejía fuera de la Iglesia, y la hacen sin ningún sentimiento de ironía. Parecen no notar que ellos mismos no están haciendo un trabajo tan bueno. Cuando muchos que se denominan creyentes piensan que ser cristiano se trata de realizar los rituales eclesiales y encajar dentro de las normas aceptadas, tenemos una grave herejía en nuestras manos.

¿Producirán herejía las iglesias orgánicas? Sí. Su historial en lugares como China e India muestra que aunque producen herejía en ocasiones, en realidad hacen un trabajo mucho mejor de difusión de la fe verdadera en Jesús y de discipulado a cristianos que el que hacen las iglesias tradicionales. Pero ellos no harán un trabajo perfecto. Las iglesias de Pablo tenían problemas. La iglesia en Jerusalén tenía problemas. Pero entréguenme las iglesias de Pablo y la de Jerusalén en cualquier momento, porque a pesar de sus debilidades, ellos difundirán el evangelio y enseñarán a los nuevos discípulos a hacer todo lo que Jesús mandó. Tendrán fracasos, pero también se extenderán viralmente. En otras palabras, tal como dijo Jesús, habrá cizaña entre el trigo, pero al menos se difundirá rápidamente y la mayoría de los discípulos que permanezcan aprenderán a reproducirse y a convertirse en discípulos de Jesús mismo.

> Otra parábola les refirió, diciendo: El reino de los cielos es semejante al grano de mostaza, que un hombre tomó y sembró en su campo; el cual a la verdad es la más pequeña de todas las semillas; pero cuando ha crecido, es la mayor de las hortalizas, y se hace árbol, de tal manera que vienen las aves del cielo y hacen nidos en sus ramas.
>
> MATEO 13:31–32

Por tanto, el Reino es en cierto modo como una semilla de mostaza que se planta. Notemos aquí que comienza siendo muy pequeña, pero tiene el potencial de crecer y llegar a ser tan grande que las aves pueden hacer sus nidos. Y hacer eso en menos de una estación; en otras palabras, con mucha rapidez.

¿Cuándo fue la última vez que vio usted el Reino crecer tan rápidamente? Pasa de pequeño a grande en un período de tiempo tan breve que parece milagroso. ¿Describe eso aquello a lo cual nos hemos acostumbrado? ¿Ha visto usted alguna vez una iglesia congregacional tradicional crecer rápidamente entre los no cristianos? Repito: aquello a lo que nos hemos acostumbrado no refleja lo que Jesús estaba diciendo. El cristianismo actualmente no se está difundiendo rápidamente en ningún lugar en Occidente. Eso, en sí mismo y por sí mismo, es una indicación de que no estamos haciendo las cosas a la manera de Jesús.

Podría seguir hablando de otras parábolas orgánicas de la estructura del Reino; pero el punto ha quedado establecido. La Iglesia tal como hemos llegado a conocerla ya no refleja aquello de lo que Jesús hablaba. La razón es que ya no representa el diseño que Jesús incorporó a ella de manera intencional.

Podría establecerse el punto de que yo estoy confundiendo el Reino con la Iglesia. Sin embargo, la Iglesia es parte del Reino y, como tal, fue diseñada con una estructura orgánica. La Iglesia tal como Jesús la diseñó realmente está diseñada como un organismo vivo. Se reproduce según su género. Cada cristiano puede reproducir y reproduce otros cristianos. Si no lo hace, eso es inusual, y tal falta de reproducción debería considerarse extraña y un llamado a la preocupación. Los ancianos, es decir cristianos más maduros, reproducen cristianos que maduran y que más adelante se convertirán en ancianos. Eso es el discipulado. Las iglesias reproducen otras iglesias. Redes de iglesias pueden comenzar nuevas redes de iglesias. Quienes tienen dones proféticos formarán a nuevos profetas. Los apóstoles harán lo mismo, e igualmente los maestros.

En aquella época se produjo una gran persecución contra la iglesia en Jerusalén, y todos a excepción de los apóstoles fueron dispersados por toda Judea y Samaria. Hombres piadosos enterraron a Esteban y se lamentaron profundamente por él. Pero Saulo comenzó a destruir la Iglesia. Yendo de casa en casa, él sacaba a hombres y mujeres y los encarcelaba. Quienes habían sido dispersados predicaban la Palabra dondequiera que iban (Hechos 8:1–4).

Debería notarse que todo eso sucedió sin los apóstoles. Por alguna razón, ellos se quedaron en Jerusalén. Pero los primeros cristianos eran tan fértiles, estaban tan profundamente infectados de este evangelio contagioso, que predicaban la Palabra dondequiera que iban. La persecución de cristianos orgánicamente estipulados es contraproducente, pues extiende la semilla con mayor rapidez. Eso es precisamente lo que quiso decir Tertuliano con que la sangre de los mártires es semilla.

## Es contagioso.

En la cita anterior de Alan Hirsch, él habló del punto clave en entender la diferencia entre la Iglesia tal como la conocemos y la Iglesia tal como fue pensada por Dios para que fuese; "estornuda", y se extiende como lo hace una enfermedad muy contagiosa. Él también establece otro buen punto. A fin de que algo sea contagioso tiene que ser sencillo. Sencillo no es lo mismo que simplista. Sencillo significa que es claro, entendible y poco complicado. Simplista significa que ha sido simplificado o se ha bajado el nivel. Elimina cualquier cosa que sea difícil de entender o que intente explicarlo hasta el último detalle. El cristianismo es bastante sencillo, pero no es simplista.

¿Qué sucede cuando alguien comienza a seguir a un Jesús al que él o ella realmente está encontrando? ¿Qué sucede cuando Jesús comienza a llegar realmente pequeñas congregaciones de creyentes? ¿Qué sucede cuando todos comienzan a obedecer, aunque parezca necio y en contra de la intuición, incluso irracional? Lo que sucede es que el evangelio comienza a extenderse como un contagio. Se extiende fácilmente porque lo que se está extendiendo es Jesús mismo, y no un complejo conjunto de doctrinas sistemáticas. Sin embargo, lo que está siendo extendido será doctrinalmente sano debido a que es el Jesús de la Biblia quien está siendo presentado a los nuevos cristianos. Es su Espíritu quien inspiró la escritura de la Biblia. Él no contradecirá sus propios escritos.

Los nuevos cristianos en este tipo sencillo de movimiento viral del evangelio llegan a conocer a Cristo personalmente, a menudo mediante la experiencia de un milagro, señal o maravilla. Desde ese punto en adelante, Jesús es alguien que ellos esperan que sea sobrenaturalmente poderoso. No necesitan ser convencidos; ya han experimentado a un Jesús vital y viral. Tener un encuentro con Jesús es algo tremendo y maravilloso, y ellos querrán contárselo a sus amigos. No necesitan que les digan qué tienen que hacer; Jesús está haciendo eso reinando en sus corazones. Por eso el evangelio comienza a extenderse como un virus. Los nuevos cristianos están estrangulando y contagiando a todos sus amigos.

Además, como Jesús realmente está activo en sus vidas, sus vidas están cambiando para mejor, y sus amigos lo notan. De hecho, ellos preguntarán qué está sucediendo. Eso es lo que Pedro quiso decir cuando dijo: "sino santificad a Dios el Señor en vuestros corazones, y estad siempre preparados para presentar defensa con mansedumbre y reverencia ante todo el que os demande razón de la esperanza que hay en vosotros" (1 Pedro 3:15).

Cuando un movimiento así comienza, aquellos de nosotros que tenemos más experiencia tendremos nuestras manos llenas solamente con enseñar a los nuevos cristianos a obedecer a Cristo en comunidad. Necesitaremos enseñarles a distinguir cuáles de sus experiencias provienen realmente de Jesús y cuáles provienen del mundo, de su carne o del diablo. Eso es sencillo, pero no será simplista o necesariamente fácil; será necesario mucho trabajo, pero es una tarea que da recompensas. Será confuso; será exigente y será emocionante.

En el siguiente capítulo consideraremos la estabilidad y el control en un movimiento viral de Jesús, como el que comenzó a surgir desde Jerusalén a las zonas circundantes en el capítulo 8 de Hechos. Las lecciones que aprenderemos irán por completo contra la intuición con respecto a todo lo que conocemos de nuestra anterior experiencia eclesial. Sin embargo, cuando entendamos la lógica de estos movimientos, tendrá sentido; particularmente si tenemos en mente la doctrina más importante del cristianismo, nuestra promesa de lealtad: Jesús es Señor, y si entendemos nuestro sistema operativo: el nuevo pacto.

## CAPÍTULO 2

# Estabilidad y control en un movimiento viral de Jesús

HIL Y YO estábamos sentados en una cafetería discipulando a uno de los jóvenes a quien Phil había conducido recientemente al Señor. Nos reuníamos allí cada domingo en la mañana para enseñar a jóvenes cristianos que habían sido conducidos al Señor mediante el ministerio que Phil y su esposa, Lana, habían comenzado en un barrio de inmigrantes en la zona de la bahía de California. Para sorpresa nuestra, Emilio, uno de nuestros alumnos cristiano, llevó a otros dos jóvenes de la clase hasta nuestra mesa. Gerardo y Raymundo recientemente se habían mudado a los Estados Unidos desde América Central en busca de trabajo, y se habían mudado al mismo apartamento en el que vivía Emilio. Emilio quería que Phil y yo les llevásemos al Señor. Nosotros les pedimos que nos contasen su historia, y nos hablasen acerca de su nueva vida en los Estados Unidos. Poco tiempo después, la conversación se dirigió hacia Cristo y compartimos el evangelio.

La semana siguiente, Emilio, Gerardo y Raymundo regresaron. Raymundo había tenido una conversión dramática aquella semana mientras meditaba en lo que habíamos hablado en el restaurante. Él a su vez alentó a Gerardo a que aceptase a Cristo, lo cual él también hizo. Los dos estaban emocionados por su nueva fe, y comenzaron a crecer rápidamente a medida que realizábamos nuestras clases de discipulado en el restaurante. De hecho, ellos comenzaron a compartir su fe con amigos y familiares. Parecía como si pronto pudiéramos plantar una iglesia entre su esfera de influencia. De hecho, estábamos emocionados porque acabábamos de comenzar a embarcarnos en lo que podría convertirse en el crecimiento viral del Reino en aquel barrio.

Sin embargo, unas cuantas semanas después Emilio les había convencido de que tenían que asistir a su iglesia "real", donde un pastor "real" pudiera cuidar de sus almas y llevarlos a un grupo "real" de solteros en el que pudieran aprender a ser "verdaderos" cristianos. Emilio hizo eso con la mejor de las intenciones; quería que estuvieran en un ambiente cristiano estable y controlado en el que pudieran crecer bajo la tutela de líderes cristianos oficiales que hacían las cosas de la manera "normal". No pasó mucho tiempo hasta que les dijeron a Gerardo y Raymundo que deberían concentrarse en su verdadera iglesia y no ir al restaurante.

Avancemos la historia aproximadamente un año. Yo voy caminando en oración por el barrio, y me encuentro con Raymundo. Entablo con él una conversación, pero él está nervioso y distante. Resulta que ni Gerardo ni Raymundo asistían a la iglesia. Ninguno de sus amigos había tenido un encuentro con Cristo. Emilio les había llevado a un ambiente "controlado" y "estable" para ayudarles, pero sucedió exactamente lo contrario de lo que él pretendía. Esto se ha convertido en un patrón tan repetido en nuestros grupos cristianos experimentados que llevan a nuevos discípulos a una iglesia "real" donde posteriormente se apartan la fe, que soy muy receloso a mezclar a cristianos tradicionales experimentados con nuevos discípulos.

Al igual que muchos otros asuntos en el Reino, los temas de la estabilidad y el control en un movimiento viral de Jesús van contra la intuición con respecto al modo en que nos han enseñado a pensar. Hemos aprendido a pensar en la estabilidad como algo bueno, algo que proporciona continuidad y permite que una congregación local tenga un poder y una longevidad permanentes. El control, por otro lado, se ha dado a Jesús como un concepto teórico pero no como una realidad. Decimos que Jesús es el Señor de la Iglesia como declaración doctrinal, pero aquellos que toman las decisiones normalmente son seres humanos que utilizan lógica, formación, sabiduría y poder posicional humanos. Todo esto tiene perfecto sentido para nosotros, que hemos sido creados en el greco humanismo de Occidente. Pero no es ese el modo en que el Reino se describe en el Nuevo Testamento. Si queremos volver a ver un movimiento viral de Jesús en Occidente, vamos a necesitar aprender un par de importantes lecciones. Vamos a tener que aprender a apreciar la fragilidad. Y vamos a tener que aprender a rendir el control real del Reino a su legítimo líder: Jesús el Rey. Después de todo, el Reino es gobernado por un rey. Por eso Jesús dijo: "Toda potestad me es dada en el cielo y en la tierra" (Mateo 28:18).

## Es frágil, con intención

Jesús es la cabeza de la Iglesia, y Jesús ha diseñado su Iglesia para que sea parte de su Reino orgánico el cual está, a su vez, diseñado para crecer como un virus. Que Jesús sea cabeza de la Iglesia debe convertirse en algo más que una declaración teológica; debe comenzar a controlar nuestra conducta. Cuando Jesús controla su Reino, crece viralmente. Cuando los seres humanos toman el control, aunque sea por la mejor de las razones, el crecimiento normalmente se ralentiza o se detiene. Permita que le haga algunas preguntas. ¿Cuán rápidamente está creciendo el Reino en el ambiente cristiano estable y controlado de Occidente? ¿Está creciendo viralmente? ¿Está creciendo de algún modo?

En una ocasión asistí a un culto muy controlado en una iglesia con mi suegro. Todo estaba planeado hasta el mínimo detalle. Todo se produjo tal como había sido impreso en el boletín. Mi suegro se acercó a mí y me susurró: "¿Qué crees que sucedería si el Espíritu Santo se mostrase?". Fue una pregunta muy adecuada para la situación. Y sospecho que la respuesta es que sucedería una de dos cosas. O bien el Espíritu Santo interrumpiría y cambiaría ese rígido plan y horario, o aquellos que realmente llevaban el control arrebatarían de nuevo ese control al Espíritu Santo por causa de la decencia y el orden.

Sin embargo, esa es la pregunta equivocada para una iglesia diseñada orgánicamente, una iglesia diseñada por Jesús para crecer viralmente. Para una iglesia así, la pregunta correcta es: ¿qué sucedería si el espíritu Santo se fuese? La respuesta es que se notaría de inmediato. Jesús dirige esas congregaciones. No hay orden alguno del culto. Las personas hablan tal como sienten que el Espíritu las impulsa. Y lo que dicen es sopesado por los demás en cuanto a contenido en el Espíritu. Hay orden, pero es producido por el Espíritu. Si Él se va, todo quedaría en silencio, o más probablemente, con sólo algunas personas en control de la agenda; lo cual describe bastante bien la Iglesia tal como hemos llegado a conocerla. Este tipo de iglesia viral y orgánica es muy frágil. Yo creo que está diseñada por Dios para que sea frágil. Su estructura demanda la presencia del Espíritu Santo para funcionar. Además, nuestra tendencia humana a intentar controlar la agenda nosotros mismos, la esencia misma de nuestra naturaleza del pecado, hace que nos desviemos. Peor aún, pensamos que estamos siendo sabios, pero es solamente sabiduría humana, ser sabios ante nuestros propios ojos. ¿Acaso no es ese el tema principal de la Biblia? Si el Espíritu Santo no está en control, debería ser totalmente obvio. Si Él se fuese, debería ser doloroso. Además, este tipo de movimiento es frágil; y, repito, es intencional. No es un reino sin un rey. El reino no crecerá sin la dirección y el señorío de Él. De hecho, como observará cuando hablemos de evangelismo y plantar iglesias en un capítulo posterior, Jesús incluso nos conduce a las personas exactas con las que tenemos que hablar.

Eso no es un evangelismo o plantación de iglesias al azar. Es el Reino que se extiende bajo las órdenes directas y concretas del Rey. Cada detalle está controlado por Él. Nosotros sólo podemos obedecer y cooperar. Nosotros no controlamos; si lo hacemos, el Rey se irá y la expansión del Reino se desmoronará. O peor aún, será mantenida por la voluntad, la capacidad y el poder humanos. Eso nos resulta cómodo pero, como seres humanos, solamente podemos producir lo que los seres humanos son capaces de producir. ¿No preferiría tener a un Rey sobrenaturalmente poderoso en control de la agenda? ¿No preferiría ver su poder actuando?

Esta fragilidad es una bendición disfrazada. La esencia del pecado es querer controlarnos a nosotros mismos, querer hacer las cosas a nuestro modo, querer tomar las decisiones basándonos en nuestros propios parámetros y para nuestra propia gloria. A veces ni siquiera nos damos cuenta de lo que hacemos; sin embargo, al hacerlo, nos apartamos del nuevo pacto en el que el Espíritu Santo pone las leyes y los mandamientos de Dios en nuestro corazón y nuestra mente. Jesús es paciente; pero después de un tiempo, Él nos permite que hagamos lo que queramos y lo que podamos lograr con nuestra propia capacidad. Eso, creo yo, es la madera, la paja y los rastrojos que son quemados al final de los tiempos. Tan dominante como es el pecado en nuestras vidas, ¿no deberíamos preferir querer saber cuándo hemos tomado el control para poder arrepentirnos y volver a entregarnos al Rey? Solamente obtenemos ese tipo de sensibilidad viviendo en la fragilidad de un sistema orgánico débil que está pensado para desmoronarse fuera de la presencia del Rey. En lugar de intentar controlar y preservar nuestras instituciones, necesitamos permitir que Jesús tenga el control, y cuando Él no lo tenga, las cosas se desmoronarán de modo natural.

Hay varias maneras de poder saber si se está involucrado en la Iglesia tal como se describe en el Nuevo Testamento o en la Iglesia tal como hemos llegado a conocerla. Una de esas maneras es mirar su estructura organizativa. Si hay jerarquías, títulos posicionales y la capacidad de ejercer poder humano debido a sus títulos, tenemos una iglesia humanamente organizada. Esto parecerá bueno, estable y fuerte. Es tan fuerte que cuando Jesús se va, ni siquiera nos damos cuenta. Pero esta estabilidad construida por el hombre solamente nos da la capacidad de producir resultados humanos. Intentamos edificar la Iglesia por Jesús, como si Él necesitase nuestra ayuda. Jesús dijo en Mateo 16:18: "Y yo también te digo, que tú eres Pedro, y sobre esta roca edificaré mi iglesia; y las puertas del Hades no prevalecerán contra ella". Si Pedro no podía edificar la Iglesia, usted ni yo tampoco podemos. Esa es una tarea para el Rey.

Si necesitamos un orden de servicio para saber qué hacer a continuación, es una apuesta segura de que el Espíritu Santo no está guiando la Iglesia. Él podría mostrarse de vez en cuando, pero será difícil notarlo. Si necesitamos preparar algún tipo de elección de antemano, lo que estamos experimentando cuando nos reunimos probablemente no sea el liderazgo de Jesús. Lo más probable es que sea liderazgo humano. Esas cosas no son necesarias. Lo que se necesita son personas que estén teniendo un encuentro con Jesús individualmente por medio de una relación permanente. Esas personas se congregan con Jesús colectivamente y esperan para ver qué sucede.

¿Se ha reunido alguna vez con un grupo de cristianos, quizá para comer en casa de alguno, y Jesús se convierte en el tema de conversación? Poco después, usted está citando fragmentos de la Biblia, o busca un pasaje y lo leen juntos. Oran unos por otros; comparten preocupaciones y se alientan mutuamente. Comparten consejos piadosos. El ministerio se produce de manera natural.

Hace algún tiempo me reuní con un grupo de cristianos para desayunar en casa de alguien. Era una reunión planeada en el sentido de que nos habíamos reunido intencionadamente. Después del desayuno nos fuimos a la sala. Yo era percibido como el cristiano presente con mayor experiencia, y todos me miraban a mí para que fuese yo quien empezase las cosas; sin embargo, yo quería que ellos aprendiesen a encontrarse con Jesús por sí mismos. Después de todo, Jesús había sido el enfoque de nuestra conversación desde que habían llegado las personas. Jesús ya estaba presente.

Yo sugerí que permitiesen que Peter les guiase en una conversación más enfocada, ya que él había estado creciendo con mucha rapidez en su fe. Yo necesitaba pasar a un segundo plano. Peter estaba comenzando a ser reconocido por los demás como alguien que iba por delante en el grupo. Yo también sentí que Jesús me condujo a hacer eso como la demostración de 2 Timoteo 2:2: "Lo que has oído de mí ante muchos testigos, esto encarga a hombres fieles que sean idóneos para enseñar también a otros".

Lo siguiente fue que estábamos en medio de un estupendo diálogo. Todos conversaban animadamente de lo que habían estado aprendiendo. Se elevaron oraciones; se leía la Biblia y se comentaban pasajes. Se confesaron pecados, comenzando con Peter. Nada de aquello estaba planeado; el único punto áspero en toda la mañana fue cuando yo sugerí que Peter enseñase algo de un modo específico, y él respondió sugiriendo que yo tomase el control. El Señor me dio convicción y me disculpé. Desde ese momento en adelante, hubo mucha diversión y todos participaron. Me resultaría difícil decir quién habló más. Sin duda, todos contribuyeron, todos sentían que habían aprendido y habían dado algo importante. Y Jesús estaba en medio de nosotros.

Tener una reunión como esa no es complicado; es sencillo. Y ese es precisamente el punto. Mientras el Espíritu Santo tenga el control, es suficiente. La mejor manera de destruir esa atmósfera es que los seres humanos tomen el control. Y cuando eso sucede, lo más sabio es reconocerlo y detenerlo.

## Incluirá los ministerios de Efesios 4:11

No quiero dar a entender que Jesús lo hace todo Él mismo. Más bien todo lo contrario: Él hace todo por medio de nosotros, pero con su poder. Él escoge cuándo y por medio de quién. Es bastante común que Él escoja a individuos más maduros y dotados para lograr tareas y ministerios concretos. Esas tareas se basan normalmente, pero no siempre, en los dones mencionados en Efesios 4:11–13. Él también obra por medio de todo el Cuerpo, y no por medio del liderazgo de uno o dos individuos con dones.

En el capítulo 4 de Efesios Pablo menciona cinco dones espirituales muy importantes que son fundamentales para un movimiento viral del evangelio.

> Y él mismo constituyó a unos, apóstoles; a otros, profetas; a otros, evangelistas; a otros, pastores y maestros, a fin de perfeccionar a los santos para la obra del ministerio, para la edificación del cuerpo de Cristo, hasta que todos lleguemos a la unidad de la fe y del conocimiento del Hijo de Dios, a un varón perfecto, a la medida de la estatura de la plenitud de Cristo.
>
> EFESIOS 4:11-13

Estos cinco dones son el fundamento sobre el cual la Iglesia es edificada en cualquier lugar nuevo. Cuando estos cinco dones se utilizan en el poder del Espíritu, bajo la dirección del Señor de la cosecha, la Iglesia se convertirá en una realidad en cualquier lugar. Todo don es importante. Tal como lo expresó Pablo en 1 Corintios 12, nadie debería decir: "Yo soy un ojo. No tengo necesidad de ti". Sin embargo, estos dones en particular sí desempeñan un papel fundamental muy importante, pero no son más importantes que la misericordia o las lenguas. Más bien, este grupo de dones está pensado para edificar la Iglesia donde no existía anteriormente, o donde esté funcionando a un nivel tan bajo que necesite volver a ser viral otra vez.

Los dones espirituales mencionados en Efesios 4:11 son fundamentales para cualquier movimiento viral. La Iglesia tal como la conocemos ha reducido estos cinco dones para enfocarse en dos: enseñanza y pastorado, con ocasional aprobación del evangelismo. Sin embargo, en Efesios 2:19-21 leemos:

> Así que ya no sois extranjeros ni advenedizos, sino conciudadanos de los santos, y miembros de la familia de Dios, edificados sobre el fundamento de los apóstoles y profetas, siendo la principal piedra del ángulo Jesucristo mismo, en quien todo el edificio, bien coordinado, va creciendo para ser un templo santo en el Señor.

La Iglesia tal como la conocemos no sólo ha dejado fuera dos de los cinco dones fundamentales para ver un movimiento viral de Jesús, sino que también ha dejado fuera los dos que son más fundamentales. Quizá necesitemos de estos dones bajo una nueva luz.

## Apóstoles

La palabra *apóstol* sencillamente significa enviado.[1] Proviene de una palabra griega: *apostolos*.[2] Las palabras latinas relacionadas con la idea de ser enviado, *missio* y *mittere*,[3] son de las que obtenemos las palabras *misión* y *misionero*. Los doce discípulos de Jesús son llamados sus discípulos hasta que son enviados a una misión. Desde ese momento en adelante, son llamados apóstoles. Observemos las palabras en cursiva a continuación.

> Entonces llamando a sus *doce discípulos*, les dio autoridad sobre los espíritus inmundos, para que los echasen fuera, y para sanar toda enfermedad y toda dolencia. Los nombres de los *doce apóstoles* son estos: primero Simón, llamado Pedro, y Andrés su hermano; Jacobo hijo de Zebedeo, y Juan su hermano Felipe, Bartolomé, Tomás, Mateo el publicano, Jacobo hijo de Alfeo, Lebeo, por sobrenombre Tadeo, Simón el cananista, y Judas Iscariote, el que también le entregó. A estos doce *envió* Jesús, y les dio instrucciones...
>
> MATEO 10:1–5, ÉNFASIS AÑADIDO

Ser solamente un discípulo es ser alguien enseñado por un maestro, sin embargo, el segundo alguien es enviado por Dios en una misión especial, y se convierte en apóstol. Todos somos discípulos de Jesús, si permitimos que Él nos enseñe, pero algunas personas son enviadas a una misión en particular. Así fue el envío de Dios en Antioquía.

> Había entonces en la iglesia que estaba en Antioquía, profetas y maestros: Bernabé, Simón el que se llamaba Niger, Lucio de Cirene, Manaén el que se había criado junto con Herodes el tetrarca, y Saulo. Ministrando éstos al Señor, y ayunando, dijo el Espíritu Santo: Apartadme a Bernabé y a Saulo para la obra a que los he llamado. Entonces, habiendo ayunado y orado, les impusieron las manos y los despidieron
>
> HECHOS 13:1–3

Deberíamos observar quién está enviando aquí. No es una junta misionera, una denominación, ni siquiera una iglesia local con los ancianos de una iglesia local. El Espíritu Santo dirigió aquello. Aunque la Iglesia participó en el envío, es realmente el Espíritu de Dios quien tenía el control de ese envío. No todos los cristianos son enviados así; es un llamamiento especial, y no hace que tal persona sea más santa, poderosa o importante, sino que simplemente es enviada a una misión especial. La misión es especial, no las personas. La palabra *misión* actualmente puede significar prácticamente cualquier cosa. Yo creo, sin embargo, que quienes son enviados por Dios con el don apostólico tienen un impulso dado por Dios para ver fundada la Iglesia entre aquellos que necesitan conocer a Cristo. Esto es muy diferente a ser maestro, administrador o piloto. Ese tipo de cosas son importantes y con frecuencia se hacen en apoyo al establecimiento de la Iglesia; pero yo creo que la palabra *apóstol* debería reservarse para aquellos que tienen el don y son llamados a este ministerio fundacional especial. Dios decide quiénes son y dónde son enviados. Nosotros sólo podemos discernir eso, no hacer que suceda.

Una de las características del apóstol es que parece estar dotado por Dios para saber qué hacer para comenzar iglesias y redes de iglesias. Parece tener una importante perspectiva estratégica. Dios parece hablarle en términos estratégicos. Los apóstoles son líderes, pero su liderazgo está enfocado en hacer que la iglesia comience entre los perdidos. El apóstol maduro probablemente no tendría mucha paciencia al dirigir una reunión de negocios o una clase de escuela dominical para adultos que han sido cristianos por años; es decir, a menos que pudiera enseñarles a plantar iglesias. El lenguaje del apóstol es la estrategia.

## Profetas

Apóstoles y profetas se mencionan juntos ocho veces en el Nuevo Testamento. Con frecuencia también se mencionan dentro de una lista de maestros, o maestros y hacedores de milagros. Pero los apóstoles y profetas siempre están situados juntos en la lista. Eso se debe a que el trabajo profético y apostólico van de la mano como si fuesen un guante. Aunque todos los cinco dones de Efesios 4:11 son fundacionales, los dones de apóstol y profeta son el núcleo de esos dones. Sin estos dos dones funcionando juntos, los otros dones no pueden edificar un fundamento para la Iglesia.

Los profetas oyen de Dios de manera muy concreta. Escucharán a Dios con respecto a dónde ir, qué hacer cuando lleguen allí y con quién hablar. Es común que ellos reciban una palabra profética de Dios para una persona que no es cristiana. Eso captará la atención de un incrédulo. Cuando esas personas responden, no es poco común que el apóstol utilice esa oportunidad dada por Dios para plantar una iglesia entre los amigos de esas personas. El lenguaje del profeta es simbolismo dado por Dios, como imágenes, impresiones, visiones y palabras.

## Evangelistas

Los dones de Efesios 4:11 son fundacionales. El núcleo de ese fundamento son aquellos dotados por Jesús para ser apóstoles y profetas. Sin embargo, todos estos dones son "a fin de perfeccionar a los santos para la obra del ministerio, para la edificación del cuerpo de Cristo, hasta que todos lleguemos a la unidad de la fe y del conocimiento del Hijo de Dios, a un varón perfecto, a la medida de la estatura de la plenitud de Cristo" (Efesios 4:12–13).

El evangelista entonces no es alguien que hace todo el evangelismo; más bien, él o ella es alguien que enseña a otros a evangelizar. En una situación fundacional de la iglesia, el apóstol es quien realiza el evangelismo inicial; sin embargo, cualquier cristiano puede evangelizar. Y por esa razón, cualquier cristiano puede levantar una iglesia. El apóstol es enviado especialmente para fundar la Iglesia donde se necesite comenzar desde cero. Eso implicará evangelismo, plantación de la iglesia y desarrollo de la red eclesial; también implicará enseñanza y discipulado iniciales, lo cual se realizará en conjunto con personas proféticamente dotadas. Sin embargo, cuando las iglesias comienzan a agruparse y comienzan a formarse redes, los otros tres dones se enfocan con más precisión.

La obra del evangelista es equipar a las personas con respecto a cómo compartir su fe. Eso puede hacerse de diversas maneras, pero una buena manera de hacerlo es que la persona acompañe para ayudar al evangelista mientras comparte el evangelio. Después, ambos pueden regresar y contar a la iglesia lo que ha sucedido con el propósito de que haya edificación y participación colectiva. Más adelante pueden darse al evangelista en potencia sus propias oportunidades para compartir. Cuando esas personas sean maduras, pueden ir por sí solas con enseñanzas para entrenar a otros, tal como vemos en 2 Timoteo 2:2. Esto se trata de vida, no sólo de información, y por eso se aprende mejor en la práctica. Es también probable que los nuevos cristianos ya estén hablando de Jesús a sus amigos. Ya que ese es el caso, el evangelista puede dar algunas ideas útiles sobre cómo ser más eficaz. El lenguaje del evangelista es el evangelio.

## Pastores

Este no es un título posicional; es un título espiritual. El uso de la palabra *pastor* como título posicional no es un concepto bíblico. Esta palabra, como una descripción de un cristiano, se utiliza sólo una vez en el Nuevo Testamento, en Efesios 4:11. En 1 Pedro 5 se exhorta a los ancianos a pastorear el rebaño de Dios. (Es una forma verbal tomada de la misma palabra. Por tanto, cuando los pastores vigilaban a sus rebaños en la noche en Lucas 2, es la misma palabra que pastorear. Sin embargo, ahí se habla de ovejas reales, no de ovejas como metáfora de los cristianos. Jesús también se llama a Él mismo el Buen Pastor en Juan 10). Pero notemos que son el rebaño de Dios; no pertenecen a ningún ser humano. Además, esto es una exhortación a que los más maduros se ocupen de los menos maduros. No es dar una posición de poder a seres humanos.

¿Qué hacen aquellos que son específicamente dotados por Dios para ser pastores? Equipan al cuerpo, concretamente cuando el cuerpo está quebrantado, herido, necesita cuidado o protección. Estas son las personas que saben cómo arreglar relaciones rotas y emociones rotas. El lenguaje del pastor es el lenguaje del corazón.

## Maestros

Los maestros tienen un impulso dado por Dios para asegurarse de que se enseñe todo el consejo de Dios. Les encanta enseñar la Biblia y asegurarse de que la doctrina sea correcta, y lo hacen estando con las personas y escuchando lo que Dios está haciendo en vidas individuales y entre grupos. Los maestros escucharán para asegurarse de que no esté surgiendo ninguna herejía, pero con mayor frecuencia sencillamente se asegurarán de que los cristianos sigan creciendo en su entendimiento. En un ambiente orgánico, la doctrina probablemente no se enseñará como teología sistemática; fluirá de las situaciones que Dios esté obrando en las vidas de aquellos que se reúnen. Por tanto, un maestro tiene que conocer la Biblia, pero no tiene que prepararse planes de lecciones. Las actividades de Dios en las vidas son esos planes de lecciones. El lenguaje de los maestros es la doctrina bíblicamente sana.

## El apóstol como un todoterreno

Aquellos que tienen dones apostólicos con frecuencia necesitan funcionar en todas estas áreas ministeriales. Eso se debe a que como fundadores de iglesias y redes de iglesias, serán llamados a escuchar a Dios (profecía), predicar el evangelio (evangelismo), sanar a los heridos (ministerio pastoral) y enseñar (enseñanza). Cuando la situación es fundacional, es la función de equipos apostólicos, que con frecuencia son enviados en pequeños equipos de dos o tres. A veces, esos equipos están constituidos solamente por apóstoles.

Cuando la red eclesial comienza a madurar, hay oportunidad para el ministerio más especializado de enseñar profecía, una función de los profetas; enseñar evangelismo, una función de los evangelistas; sanar a los heridos, un área para quienes tienen dones pastorales; y también enseñanza en la sana doctrina, que es el papel de los maestros. Todas estas personas dotadas pueden ser parte de un equipo apostólico; depende de cómo envíe Dios a un grupo de personas. A veces Dios envía a un grupo de apóstoles, y otras Él envía a apóstoles junto con profetas. Un equipo apostólico maduro podría incluir todos los dones de Efesios 4:11. En cualquier caso, los apóstoles y profetas ciertamente sabrán a quiénes pueden llamar para colaborar con ellos si es necesario. En algunas situaciones, esas personas dotadas puede que necesiten salir estrictamente de la cosecha misma.

Finalmente, todas estas personas con dones se reproducen según su género. Los apóstoles siempre están atentos a otros potenciales apóstoles a quienes llevar con ellos y enseñar. Los profetas maduros tienden a buscar a profetas menos maduros para ayudarles a crecer en sus dones. Todas las personas dotadas según Efesios 4:11 hacen eso, tal como debería hacer cualquier cristiano especialmente dotado o maduro. Vivimos para servir a Cristo y a los demás. Eso es liderazgo.

## Se realiza con poder sobrenatural

Los movimientos orgánicos funcionan con poder sobrenatural. La actividad sobrenatural de Dios proporciona estabilidad y control para el movimiento que comienza. Mencionamos anteriormente que es común en tales movimientos que las personas acudan a Cristo como resultado de una demostración del poder sobrenatural de Dios. Por tanto, se vuelve natural para ellas continuar esperando y experimentando poder sobrenatural. Cuando Jesús envió a los doce apóstoles en Mateo 10, Marcos 6 y Lucas 9, y cuando más adelante envió a otros setenta y dos en Lucas 10, Él les dijo que sanasen a los enfermos, resucitasen a los muertos, echasen fuera demonios, sanasen a los leprosos y predicasen el evangelio del Reino.

No se busca el poder sobrenatural por sí mismo; es un medio para obtener un fin, y ese fin es Jesús. Jesús es también la fuente y es Él quien controla. Cuando el Reino es anunciado en conjunto con demostraciones de poder sobrenatural, sea mediante sanidades, palabras de conocimiento o echar fuera demonios, se hace con mucha más autoridad y eficacia que solamente la predicación del evangelio, independientemente de lo doctrinalmente pura que sea. Siempre que han surgido movimientos orgánicos del evangelio, son acompañados por importante poder sobrenatural y están revestidos de una tremenda cantidad de oración.

Experimentar el poder sobrenatural de Dios obrando es parte de ser cristiano. El evangelismo y la plantación de iglesias se realizan con poder sobrenatural. Jesús está en control en un contexto así. El ministerio de la Iglesia se lleva a cabo con poder sobrenatural; el ministerio a los no creyentes se realiza con poder sobrenatural. El poder de Jesús proporciona estabilidad; sin embargo, el poder por el poder no se busca, sino que se supone que cuando Jesús quiera hacer algo, Él nos dará las herramientas para hacerlo. Si se requiere un acto sobrenatural, Jesús proporcionará esas herramientas.

El poder sobrenatural de Dios se encuentra en la obediencia. Aunque es cierto que una persona puede crecer y madurar en el ministerio sobrenatural, el asunto principal es la obediencia y la confianza en Jesús. Él es la fuente y quien tiene el control de tal poder. Él nos dirige a situaciones en las que será necesario su poder. No deberíamos esperar demostraciones de poder donde haya poca obediencia. No deberíamos esperar el poder de Dios cuando los seres humanos están controlando el ministerio y haciéndolo según su propia capacidad. El poder sobrenatural de Dios está reservado para aquellos que hacen lo que son dirigidos a hacer. De hecho, si hay falta de poder sobrenatural, con frecuencia es una señal de que el ministerio no está siendo dirigido por Jesús, o de que hay una importante cantidad de incredulidad. El objetivo es Jesús mismo y la obediencia a su dirección, y no el poder sobrenatural por sí mismo.

El poder sobrenatural es frágil, al igual que la presencia del Espíritu Santo es frágil, y por los mismos motivos. Es obra de Dios, y no obra nuestra. Su estabilidad y control serán evidentes sólo cuando Él esté a cargo. Cuando tenemos falta de demostración del poder de Dios, puede que sea una señal para nosotros de que necesitamos acercarnos a Jesús y prestar atención a lo que Él está pidiendo de nosotros. La mejor manera de hacer eso es permaneciendo, escuchando en oración y la profecía. Por medio de la profecía Dios dirige a su pueblo; por tanto, es lógico que si nos hemos desviado del camino, sea bastante probable que Él utilice la profecía, entre otras cosas, para llevarnos de regreso a la obediencia.

## Mariluz: apostolado mediante la profecía

Mariluz, una amiga apostólica en España, estaba orando un día, y oyó a Jesús decirle que se levantase y fuese a cierto hospital. Cuando llegó al hospital, sintió que Dios le dirigía a una habitación concreta. Cuando entró en la habitación, vio a una mujer embarazada que estaba llorando, y Mariluz le preguntó qué pasaba.

"Los doctores me dicen que estoy muy enferma. Si no me realizan un aborto, puede que muera; así que mañana van a quitarme a mi bebé. Yo no quiero perder a mi bebé".

Justamente en ese momento Mariluz oyó a Jesús hablarle de nuevo. Le dijo: "Eso no es lo que yo quiero que suceda. Pon tus manos sobre ella y ora". Por tanto, en obediencia al Señor de la cosecha, ella hizo lo que escuchó. Cuando Mariluz hubo terminado de orar, le entregó a la mujer embarazada una tarjeta con su nombre y número de teléfono, y se fue a su casa.

Unos días después, Mariluz recibió una llamada telefónica de aquella mujer pidiéndole que fuese a su casa. Cuando Mariluz llegó, el apartamento estaba lleno de personas y la mujer seguía estando embarazada, así que Mariluz le preguntó qué había sucedido.

La mujer comenzó a contarle el resto de la historia. "La mañana después de que usted visitara mi habitación, llegaron las enfermeras para prepararme para un aborto. Lo siguiente que supe es que el doctor estaba allí revisándome con mucha atención. Finalmente, me dijo que no entendía lo que estaba pasando, sin embargo, yo estaba bien y el bebé estaba bien, así que podía irme a casa".

Entonces la mujer se giró hacia las personas reunidas en su apartamento. "Esta es la mujer que me sanó." Mariluz dijo: "Yo no le sané. Lo único que hice fue orar. Sólo Jesús puede sanar. ¿Les gustaría escuchar de mi Jesús?".

Y aquél fue el comienzo de una nueva iglesia.

## Es dirigido solamente por Jesús

A fin de que un movimiento viral de Jesús pueda suceder, la estructura organizativa de tal movimiento necesita ser orgánica y no institucional. Esa es exactamente la estructura que describen las parábolas del Reino. El ministerio orgánico, las iglesias orgánicas y las redes orgánicas de iglesias están centradas en Jesús. Sus títulos bíblicos nos dan alguna indicación al menos con respecto a los papeles que Él desempeña en este contexto orgánico.

En el capítulo 10 de Lucas, a Jesús se le llama el Señor de la cosecha. La cosecha es de Él, y Él controla todo lo que sucede. Su presencia proporciona estabilidad. Al igual que Él envió apóstoles y profetas entonces, los está enviando ahora, para anunciar el Reino y fundar la Iglesia. Él les dice dónde ir; Él les dice qué hacer; Él les habla en su lenguaje de estrategia y símbolos de modo que sepan exactamente cómo quiere Él que se lleve a cabo el ministerio. Cuando Él comienza a establecer nuevos cristianos, iglesias y redes, llama a evangelistas, pastores y maestros para darle a esa nueva obra profundidad y solidez. Pero se realiza bajo la dirección de Él y en su poder.

Hablaremos más sobre cómo Jesús nos dirige a un ministerio fructífero en un capítulo posterior. Nos enfocaremos concretamente en este pasaje en Lucas 10, donde Jesús envía a setenta y dos obreros apostólicos. También veremos la íntima relación entre este pasaje y el envío de Jesús de los doce en Mateo 10, Marcos 6 y Lucas 9. Estos son pasajes clave para entender la obra fundacional de los obreros apostólicos. Pero por ahora, el entendimiento clave es que Jesús envía y Jesús supervisa todo detalle y aspecto de este tipo de ministerio orgánico. Él dirige cada paso. Por tanto, en cada paso los equipos apostólicos necesitan permanecer, escuchar, orar y obedecer.

Los siguientes son algunos de los aspectos clave de un movimiento viral de Jesús.

- Los equipos apostólicos fundan iglesias y redes orgánicas que siguen a Jesús en cada congregación. Sin embargo, cada componente, desde cristianos individuales a redes, son fácilmente reproducibles y sencillos en diseño; simples pero no simplistas.

- Los movimientos virales de Jesús están enfocados en el Reino, y no en la Iglesia per se. Esto se debe a que están enfocados en el Rey y sus mandamientos. La Iglesia es un producto de la obra del Reino. Tal ministerio es frágil por naturaleza, y eso es bueno; de hecho, es esencial.

- Los movimientos virales de Jesús son fundados con el ministerio quíntuple mencionado en Efesios 4:11.

- Los movimientos virales, por naturaleza, son poderosos sobrenaturalmente porque están bajo la autoridad y el poder de Jesús.

- Finalmente, los movimientos virales de Jesús son guiados solamente por Jesús. Él es el único que proporciona estabilidad y control.

En un movimiento viral de Jesús hay mucha actividad humana pero está activamente enfocada en la obediencia a Jesús, y no en la perspectiva humana, la organización, el liderazgo y la capacidad. Todo esto es cierto porque vivimos en una nueva relación de pacto con Jesús. Es Él quien habla sus mandamientos a nuestros corazones y mentes. Por tanto, hemos escapado a la esclavitud de la ley del viejo pacto; también hemos escapado a la esclavitud a la dirección, voluntad, capacidad y poder humanos. Estos son los principios fundacionales del mundo contra los que Pablo nos advirtió.

En el siguiente capítulo echaremos una seria mirada a nuestra historia. Podría haber algunos momentos dolorosos. Necesitamos mirar las barreras humanas que causaron que dejase de ser un movimiento viral de Jesús. Veremos a la Iglesia lentamente, paso a paso, llegar a enredarse en los principios fundamentales del mundo. Daremos nombres y fechas. No lo hacemos para criticar sino para aprender juntos dolorosas lecciones a fin de poder abordar seriamente nuestro estado actual de las cosas. Estas lecciones serán importantes para nosotros si queremos entender cómo podría verse un movimiento viral del evangelio que se sostenga en Occidente en la actualidad.

## CAPÍTULO 3

# Lo sobrenatural en un movimiento viral de Jesús

*H*E PARTICIPADO EN la multiplicación del pollo y los espaguetis. Por tanto, creo que tengo una idea bastante buena de lo que sintieron los discípulos cuando vieron cinco panes y dos peces alimentar a una multitud. Permítame relatar mi historia. La rápida explosión de iglesias en Madrid acababa de comenzar. Mis amigos acababan de ganar a siete personas para el Señor cuando yo llegué a su apartamento. El plan era darles de comer a ellos y que yo comenzase a discipularlos en los temas muy básicos del cristianismo. Mi amiga Mariluz había preparado un pollo, ensalada y espaguetis para darles de cenar. En total estaban los siete nuevos cristianos, Mariluz, su prometido Manuel, dos de los compañeros de piso de Manuel y yo. Apenas había suficiente comida para las doce personas que estábamos allí: dos pollos, una bandeja grande de espaguetis, una ensalada, dos barras de pan y un par de botellas de vino.

Sin embargo, no habíamos contado con dos factores cruciales. En primer lugar, nuestros invitados tenían hambre; y en segundo lugar, los nuevos cristianos de las otras iglesias decidieron visitar a Manuel y Mariluz. Lo único educado que podíamos hacer era invitarlos también a cenar. Por tanto, mientras yo hablaba de la salvación y el amor de Jesús, también repartía los espaguetis y el pollo. Mientras ellos hacían preguntas, me iban pasando sus platos y yo le servía más pollo y espaguetis. Y a medida que continuaba la conversación, yo lo hacía otra vez. Pronto, el apartamento estaba lleno de visitantes de las otras nuevas iglesias. Mariluz pidió a las personas sentadas a la mesa que pasasen a una esquina del apartamento para seguir conversando con Manuel mientras yo servía comida a los nuevos invitados. Finalmente, treinta y seis personas fueron alimentadas, y yo servía la comida.

Por la gracia de Dios, Él no me permitió darme cuenta de lo que estaba sucediendo hasta que terminamos. Yo estaba tan inmerso en el diálogo acerca de Jesús y las nuevas personas que acudían a la mesa que no prestaba mucha atención a aquellos dos pollos y la bandeja grande de espaguetis. Sin embargo, justamente cuando la última persona recibió los alimentos fue como si Jesús me diese unas palmaditas en el hombro.

"Mira el pollo. ¿Cuántos había?"

"Dos, Señor; sin embargo, sigue quedando pollo. Pero vi a muchas personas servirse dos y tres trozos."

"¿Cuánto hay ahora?"

"Sigue quedando medio plato, Señor."

Me recorrió la espalda un escalofrío que nunca olvidaré. Yo estaba en la presencia del Rey.

## Lo sobrenatural y el virus de Jesús

Actualmente en todas partes donde hay un movimiento de Jesús hay también una potente manifestación del poder sobrenatural de Dios. En realidad, lo que estamos viendo no es solamente un regreso de la eclesiología de Dios sino también de su poder. Yo no creo que eso sea coincidencia. La Iglesia, tal como Dios la pensó, debía ser una demostración de su amor y su poder y no meramente una declaración de su amor divorciada de su poder. Cuando regresamos a nuestras raíces del nuevo pacto y permitimos que Jesús sea realmente Señor, estamos haciendo espacio para que Él actúe realmente, en lugar de hacer todo en nuestra propia capacidad y poder. El resultado final es que Jesús se muestra, y Jesús es sobrenaturalmente poderoso.

Sin embargo, en Occidente, donde seguimos estando cegados por el pensamiento helenista de nuestra cosmovisión occidental, vemos poco poder sobrenatural. Necesitamos regresar a una cosmovisión bíblica. El Dios de la Biblia es sobrenaturalmente poderoso. A medida que creyentes en todo el mundo comienzan a confiar en que Él es quien realmente es, en lugar de aquello en lo que le ha convertido la filosofía racionalista occidental, Él puede hacer de nuevo lo que hizo en las páginas de la Escritura.

Y venido a su tierra, les enseñaba en la sinagoga de ellos, de tal manera que se maravillaban, y decían: ¿De dónde tiene éste esta sabiduría y estos milagros? ¿No es éste el hijo del carpintero? ¿No se llama su madre María, y sus hermanos, Jacobo, José, Simón y Judas? ¿No están todas sus hermanas con nosotros? ¿De dónde, pues, tiene éste todas estas cosas? Y se escandalizaban de él. Pero Jesús les dijo: No hay profeta sin honra, sino en su propia tierra y en su casa. Y no hizo allí muchos milagros, a causa de la incredulidad de ellos.

MATEO 13:54–58

Lo que creemos afecta al modo en que Dios actúa entre nosotros. Cuando escogemos no confiar en Dios, no creer en su poder, por cualquier motivo, estamos escogiendo para nosotros mismos que no se nos permita tener un encuentro con su poder. Él no hizo muchos milagros allí debido a su falta de fe (su incredulidad). Nosotros hemos escogido, a causa de nuestra cosmovisión racionalista, no creer. Si queremos dejar atrás este punto muerto en Occidente, vamos a tener que regresar al mundo tal como Dios lo ve y tal como se describe en la Biblia. Comencemos con el misticismo.

## Misticismo bíblico: el fundamento para un encuentro con Dios

El cristianismo, por su naturaleza misma es una fe mística. Es decir, si verdaderamente entendemos lo que es el misticismo y si entendemos el nuevo pacto. Mi formación espiritual se desarrolló en un contexto en que el misticismo era una mala palabra. De hecho, en ese contexto, en un debate teológico, la manera más rápida de derribar un argumento era acusar a alguien de ser místico. Nadie quería ser considerado cierto tipo de extraño místico. Aunque sinceramente no estoy seguro de que la mayoría de nosotros supiéramos realmente lo que era un místico. Sin embargo, la palabra llevaba todo tipo de connotaciones negativas. En nuestras mentes, los místicos eran unos excéntricos. Tales personas probablemente daban vueltas a sus ojos cuando tenían una "experiencia mística". Obviamente, ellos no están conectados con la firme realidad.

Creo que existe un problema con la perspectiva con la que yo crecí. Sospecho que realmente no sabíamos lo que era el misticismo y, por tanto, cómo era un místico. A fin de esclarecer la confusión, quizá sería bueno mirar una fuente no mística pero acreditada para descubrir lo que es realmente el misticismo. *Misticismo* lo define el diccionario en línea Merriam-Webster, en su segunda definición, como: "la creencia que el conocimiento directo de Dios, la verdad espiritual o la realidad definitiva puede obtenerse mediante la experiencia subjetiva (como intuición o perspectiva)".[1]

Según esta definición, Jesús era un místico cuando dijo en Juan 5:19– 20: "De cierto, de cierto os digo: No puede el Hijo hacer nada por sí mismo, sino lo que ve hacer al Padre; porque todo lo que el Padre hace, también lo hace el Hijo igualmente. Porque el Padre ama al Hijo, y le muestra todas las cosas que él hace".

Jesús no era solamente un místico Él mismo; en Juan 16:5–15 Él consoló a los discípulos, que estaban inquietos por su declaración de que les dejaba, con un extraño ánimo. Puede resumirse como: "No se preocupen porque yo me vaya, pues les enviaré al Espíritu Santo para que ustedes también puedan ser místicos".

Si entendemos verdaderamente lo que es el misticismo nos daremos cuenta de que cada vez que el Espíritu Santo nos da convicción de pecado (una experiencia subjetiva) nos hemos convertido en místicos. Cada vez que sentimos que el Espíritu Santo nos ha dado perspectiva con respecto a las Escrituras, nos hemos convertido en místicos. De hecho, cualquier interacción con Dios es, por definición, una experiencia mística. Esto incluye cuando el Espíritu Santo escribe la ley en nuestro corazón y nuestra mente, como afirma el nuevo pacto.

¿Siente que Dios le está impulsando a orar por algo? Es usted un místico. ¿Siente que Dios le enseña cuando lee las Escrituras? Es usted un místico. Ahora demos un paso más. ¿Cree que la oración puede ser una conversación en dos direcciones? Es usted un místico de verdad. ¿Cree que Dios puede llamarle a un ministerio específico? Es usted un místico hecho y derecho.

El problema no es el misticismo; el problema es el abuso del misticismo. Otra de las definiciones de *misticismo* del diccionario Merriam-Webster es: "vaga especulación: una creencia sin base firme".[2] ¿Se puede abusar del misticismo cristiano? Claro que se puede; y se abusa de él regularmente de esta manera. Pero ya que el cristianismo verdadero está basado en la Biblia, y concretamente en el nuevo pacto, necesitamos descubrir una cura bíblica para la enfermedad. Deberíamos evitar la desenfrenada reacción en exceso al problema.

## Profecía bíblica

Una de las experiencias cristianas más místicas es la profecía, y también es una de las que más se abusa. Al igual que con el misticismo, necesitamos entender que es la profecía. Una vez más, el diccionario nos da una definición bastante práctica.

1. una proclamación inspirada del profeta

2. la función o vocación de un profeta; concretamente: la declaración inspirada de voluntad y propósitos divinos

3. una predicción de algo que sucederá.[3]

La idea de la profecía es que Dios habla a personas concretas a fin de poder comunicar su voluntad para una situación específica. Algunos temen que tal cosa vulnere la inspiración de la Biblia, que tales personas estén afirmando que sus declaraciones están al mismo nivel que la Biblia. Probablemente haya tales personas, y están equivocadas. Pero la mayoría de cristianos que afirman estar hablando proféticamente no realizan tales afirmaciones. Creen que han oído de parte de Dios con respecto a lo que Él quiere que personas concretas hagan en un lugar y tiempo específicos. Eso no vulnera las Escrituras porque la función de este tipo de profecía es muy concreta para personas en particular en un tiempo y espacio particulares. No es lo mismo que la revelación general de la Biblia.

Para entender mejor esto, quizás sean útiles un par de analogías. Si jugamos al fútbol americano, tenemos que jugar siguiendo las reglas. Las reglas, en esta analogía, son la Biblia. La Biblia explica cómo nuestro Creador diseñó el cristianismo para que se practique. De la misma manera, las reglas del fútbol son el modo en que el juego fue diseñado para que los jugadores de fútbol lo practiquen. Sin embargo, cada jugada concreta en el fútbol es una decisión concreta basada en la realidad presente del partido en progreso. Un entrenador puede plantear una jugada a su equipo; puede decirles que en esa situación concreta, contra ese oponente concreto, en esa situación meteorológica concreta, él quiere que la siguiente jugada sea un pase 21–X. Esas instrucciones desde la banda son la analogía de la profecía.

Dios no sólo nos dio las reglas del juego (la Biblia ) sobre cómo debe practicarse el cristianismo, sino que también quiere dictarnos jugadas (profecía) dándonos instrucciones concretas para nuestra realidad concreta. Si todo esto es nuevo para usted, quizá otra analogía de Wolfgang Simson en su libro electrónico *The Starfish Manifesto* sería útil.

## GPS: el sistema profético de Dios

Hace algunos años, unos pequeños aparatos comenzaron a revolucionar el mundo en que conducimos nuestros vehículos. El lugar de varios mapas de la ciudad, el condado, el estado y el país que consultamos para llegar desde el punto A hasta el B, muchos ahora tienen pequeñas computadoras del tamaño de una mano su vehículo. Esas pequeñas computadoras de navegación, o GPS (Global Positioning System), pueden calcular, por medio de una conexión con varios satélites geoestacionarios y por medio de métodos triangulares, la posición exacta del aparato de GPS hasta nuestra posición exacta. Por tanto, es posible navegar hasta cualquier dirección sin importar si nos movemos en barco, bicicleta, auto o incluso a pie.

En esta presente reforma profética-apostólica, la profecía tiene un papel parecido a los sistemas de GPS para los viajeros. El actual escenario eclesial (sin hablar de la situación económica y política) se ha convertido en un laberinto, al menos para las personas normales y corrientes. Cada vez se ha vuelto más difícil navegar espiritualmente, al no saber dónde estamos en nuestro viaje, hacia dónde nos dirigimos exactamente, y si tenemos que girar a la derecha o a la izquierda en la siguiente señal de *stop*. Además de todo eso, tendríamos que mirar constantemente un millón de hechos, desarrollos, jugadores clave y desarrollos estadísticos.

Ya nadie sabe lo que está sucediendo, excepto Dios. En lugar de ir constantemente detrás de la última información (porque se están abriendo muchos nuevos caminos de navegación), estamos comenzando a levantar la vista buscando ayuda. Ahí descubrimos lo que Dios quiso decir cuando afirmó: "Les guiaré con mis ojos". Dios habla de un sistema de navegación que Él ofrece a su gente. Tiene una dimensión horizontal y otra vertical. La horizontal es la Biblia, la Palabra de Dios inmutable y revelaba que podemos leer y tocar aquí en la tierra ("Lámpara es a mis pies tu palabra, y lumbrera a mi camino", Salmos 119:105). La Biblia es el mapa. La dimensión vertical, directamente del cielo, son las perspectivas proféticas, que pueden llegar de diversas maneras: por medio de visiones, sueños, diálogos con Dios, de situaciones angélicas, etc., que acentúan o elevan temporalmente la verdad bíblica, anuncian cambios o son el punto rojo simbólico en el mapa que dice: "Usted está aquí. La siguiente a la izquierda".[4]

Por tanto, la profecía es Dios planteando sus jugadas en un momento específico del partido, o es Dios que nos da un GPS divino para hacernos saber cómo llegar exactamente donde Él quiere que vayamos. ¿Se puede abusar de esto? Claro que sí; y Dios ya lo previó y nos dio parámetros bíblicos con respecto a cómo manejarlo. En primer lugar, Dios quiere que profundicemos, y es bastante claro al respecto: "Seguid el amor; y procurad los dones espirituales, pero sobre todo que profeticéis... Así que, quisiera que todos vosotros hablaseis en lenguas, pero más que profetizaseis; porque mayor es el que profetiza que el que habla en lenguas, a no ser que las interprete para que la iglesia reciba edificación" (1 Corintios 14:1, 5).

Dios quiere que le estemos escuchado cuando Él plantea las jugadas. Dios quiere que utilicemos su GPS. Él hace esto para fortalecernos, alentarnos y consolarnos; también lo hace para hacernos saber exactamente qué hacer a continuación. Un ejemplo bíblico de esto sería el sueño profético que Dios le dio el apóstol Pablo en Hechos 16:

> Y atravesando Frigia y la provincia de Galacia, les fue prohibido por el Espíritu Santo hablar la palabra en Asia; y cuando llegaron a Misia, intentaron ir a Bitinia, pero el Espíritu no se lo permitió.
>
> Y pasando junto a Misia, descendieron a Troas. Y se le mostró a Pablo una visión de noche: un varón macedonio estaba en pie, rogándole y diciendo: Pasa a Macedonia y ayúdanos. Cuando vio la visión, en seguida procuramos partir para Macedonia, dando por cierto que Dios nos llamaba para que les anunciásemos el evangelio.
>
> HECHOS 16:6–10

Notemos aquí que mientras estaban en el ministerio, aquellos plantadores de iglesias del primer siglo prestaban atención constantemente al GPS de Dios. ¿Tenían que viajar Pablo y sus compañeros a Frigia y Galacia? Sí. ¿Tenían que predicar la Palabra en la provincia de Asia? No. Cuando siguieron el GPS hasta la frontera de Misia, ¿tenían que continuar hasta Bitinia? Rotundamente no; el Espíritu Santo se lo prohibió. El GPS divino les llevó a la ciudad portuaria de Troas, donde Dios le indicó una importante jugada a Pablo. El equipo tenía que ir a Macedonia. Lo hizo por medio de un sueño profético; y el equipo respondió de inmediato en obediencia.

Sinceramente, no puedo entender por qué cualquiera no estaría interesado en tener este tipo de dirección concreta. Es la manera bíblica de Dios de mantenernos en su camino, trabajando en su línea de tiempo y jugando según su plan de juego. Cuando rechazamos este tipo de GPS, ¿qué le estamos diciendo a Dios?

Leemos en 1 Corintios 14 más perspectiva en cuanto a cómo responder correctamente a la profecía.

> ¿Qué hay, pues, hermanos? Cuando os reunís, cada uno de vosotros tiene salmo, tiene doctrina, tiene lengua, tiene revelación, tiene interpretación. Hágase todo para edificación. Si habla alguno en lengua extraña, sea esto por dos, o a lo más tres, y por turno; y uno interprete. Y si no hay intérprete, calle en la iglesia, y hable para sí mismo y para Dios. Asimismo, los profetas hablen dos o tres, y los demás juzguen. Y si algo le fuere revelado a otro que estuviere sentado, calle el primero. Porque podéis profetizar todos uno por uno, para que todos aprendan, y todos sean exhortados. Y los espíritus de los profetas están sujetos a los profetas; pues Dios no es Dios de confusión, sino de paz.
>
> 1 Corintios 14:26-33

Deberíamos observar que cuando nos reunimos, deberíamos esperar que Dios plantease una jugada o hubiese instrucciones de GPS. De hecho, sospecho que todo lo que sucede en la reunión cristiana ha de ser una experiencia mística. Podría ser que Dios impulse a alguien a dirigir un canto o a compartir una enseñanza. Pero la interacción divina realmente no termina ahí; es una experiencia mística cuando alguien recibe una revelación, que es profecía (v. 26), o cuando se interpretan las lenguas (v. 5). Si alguien habla en lenguas en una reunión, ha de haber interpretación, lo cual a su vez se convierte en profecía. Si no hay interpretación, quien habla no debe seguir hablando. Los profetas deben profetizar por turno; deben darse mutuamente oportunidad de hablar. No debe ser un batiburrillo caótico de personas que gritan instrucciones de parte de Dios. A propósito, de eso se trataba la decencia y el mandato de que haya orden por parte de Pablo. Se trata de tener orden de adoración o ser aburrido. Además, la iglesia entera debería sopesar con cuidado lo que dicen los profetas en cada potencial descarga del GPS. Esto da a entender claramente que un profeta puede equivocarse, puede tener un mensaje parcial, o puede ser correcto en la mayor parte pero no totalmente correcto.

Esto puede parecer confuso. ¿Cómo hemos de tratar tales situaciones? ¿Deberíamos sencillamente rechazarlo todo como impredecible, caótico y confuso? Esa no es la respuesta de Dios. En cambio, debemos confiar en que Dios nos dé mayor perspectiva como grupo. Eso nos fuerza a depender íntimamente de Dios como individuos y como grupo; también demanda que seamos bastante humildes para entender que podríamos no comprenderlo todo o tener siempre la razón. En este tipo de contexto, si alguien "profetiza" y sin embargo afirma algo que no es bíblico, las demás en el grupo deben sopesarlo. Deberían abrir la Biblia y mostrar dónde está equivocada tal cosa.

Si una persona está obteniendo una revelación que siente que proviene de Dios, que está dentro de los parámetros bíblicos, aún así no significa que provenga de Dios. Digamos, por ejemplo, que alguien profetiza que siente que Dios está diciendo que la iglesia debería comenzar un ministerio evangelístico la semana siguiente. Sin duda, no hay nada que no sea bíblico al respecto; aún así, no significa que esa sea una buena idea que provenga de Dios. La iglesia debe sopesar lo que se ha dicho; debe seguir sintonizada con Dios y sentir de parte de Él si eso es correcto o no. Y quizá Dios dará mayor revelación que refine eso por medio de otra persona. En ese caso, el primer orador debe callar y el otro debe refinar. Esto parece ser a lo que se refiere el versículo 30.

Finalmente, Pablo deja bastante claro que los espíritus de los profetas están sujetos al control de los profetas. La profecía del Nuevo Testamento no es una experiencia en la que el profeta pierde el control. No se queda con los ojos en blanco; por el contrario, es bastante consciente de lo que está diciendo. De hecho, si alguien hace tal proclamación, yo tendría mis dudas. Dejaremos eso a los espiritistas que se describen en las películas.

El espíritu del cristiano sigue estando bajo su control cuando profetiza. Puede que haya visto, sentido o escuchado algo de parte de Dios, pero es capaz de callar y esperar hasta más adelante para compartir lo que siente que Dios está diciendo. Puede analizar; puede someterlo a la iglesia para que otros lo analicen. Esta no es la situación de profetas con todo el poder que toman el control de las vidas de otras personas en sus declaraciones de lo alto. No debería haber "así dice el Señor". Los profetas arrogantes son profetas peligrosos. En cambio, esta situación es la de alguien que somete humildemente lo que cree que ha escuchado de parte de Dios a los demás, quienes también son perfectamente capaces de escuchar de parte de Dios. Otros trabajan con Dios para descubrir lo que Él está diciendo realmente. En otras palabras, como comunidad, entra en un proceso de discernimiento con Dios como su líder.

En realidad, hay bastante cantidad de profecía que se produce incluso en iglesias que no creen en ella. Dios se sigue comunicando. El problema es que como no creen en la profecía, lo atribuyen a ellos mismos y, por tanto, roban parte de la gloria y la honra a Dios. Eso no es sabio. Además, como no se dan cuenta de que es profecía, el importante proceso de discernimiento profético de 1 Corintios 14 se pasa por alto o queda truncado. Y debido a que el proceso queda truncado y de hecho, se evita, es bastante posible que gran parte de lo que Dios quiere decir nunca llegue a entenderse ni a proclamarse debido a la falta de disposición a escuchar con atención. Todo esto no es sano. Aun así, Dios es un Dios misericordioso y paciente que está dispuesto comunicarse.

Por tanto, la respuesta bíblica a la profecía descuidada es la profecía cuidadosa; no es evitar la profecía. Esto es cierto de todas las experiencias místicas. Deben estar dentro de los parámetros de la Biblia. Si nuestro GPS nos saca fuera del mapa, nuestro GPS se ha estropeado. Dios nunca plantearía una jugada que vaya en contra de las reglas del juego; después de todo, Él escribió las reglas del juego. Esto, por sí mismo, nos mantiene bastante seguros y evita que seamos conducidos al mal por el misticismo falso descuidado; pero no asegura que tengamos razón. Para eso tenemos que tener cuidado con estas experiencias místicas y proféticas. Tenemos que ser lo bastante humildes para admitir que independientemente de cuánta experiencia tengamos, independientemente de toda la razón que hayamos tenido en el pasado, podemos estar equivocados en esta ocasión o puede que no tengamos la historia completa. Los buenos profetas son profetas humildes. Deberíamos estar dispuestos a someter lo que estamos sintiendo a otras personas piadosas que puedan discernir con nosotros. Y todo esto es, en sí mismo, místico. Dios no nos advierte para que nos alejemos de la profecía. Nos dice que lo hagamos bien y después nos dice cómo. Dios no nos advierte para que nos alejemos de las experiencias místicas; Él espera que nosotros sopesemos esas experiencias dentro de los parámetros bíblicos. Dios no espera que evitemos la profecía, pero tampoco espera que abusemos de ella. Él espera que recibamos las descargas de su GPS con humildad y permitamos abiertamente que otras personas piadosas las examinen en comunidad.

En este tipo de contexto, donde la profecía es cuidadosamente presentada, comparada con la Escritura, realizada en la comunidad de creyentes maduros y discernida con cuidado, la profecía es segura. Puede que aún así no sea totalmente precisa, pero no será peligrosa. Regresemos a nuestro ejemplo de alguien que sintió que Dios quería que profetizase que la iglesia tenía que comenzar un ministerio evangelístico concreto a la semana siguiente. Digamos también que eso no provenía realmente de Dios. La persona comparte con el grupo, y lo primero que el grupo haría es comprobar para ver si tal cosa está fuera de la conducta bíblica. ¿Es pecado o incluso algo cuestionable? No hay problema alguno en este punto. Está perfectamente dentro de los parámetros bíblicos evangelizar en cualquier fin de semana dado. Ahora al menos estamos seguros de que no es pecado. Después el grupo sopesa si creen que Dios está realmente diciendo eso. No es un festival de opiniones; es el resto del grupo que escucha con sensibilidad a Dios. En otras palabras, es más profecía. Digamos que el grupo, quizá en su celo evangelístico, sigue sin entender lo que Dios está diciendo, y el grupo lo aprueba. Por tanto, el grupo sale a evangelizar ese fin de semana. ¿Ha sucedido algo malo? No, pero puede que eso no haya sido lo mejor de Dios o ni siquiera particularmente eficaz. Podría haber sido una pérdida de tiempo y de recursos, pero no fue nada malvado.

Deberíamos notar aquí que aquellos que creen en la profecía pero a veces están equivocados están, en el peor de los casos, participando en la conducta en que aquellos que rechazan la profecía participan todo el tiempo. Ellos viven dentro de los parámetros bíblicos pero no necesariamente escuchan a Dios para recibir correctamente los detalles. En este punto puede que estén operando en la carne. Podrían estar intentando hacer un favor a

Dios, pero no ministrando en su poder o bajo su dirección. No es una buena idea, pero tampoco es algo bíblicamente malo, a menos que la intención sea carnal, rebelde o pecaminosa.

La expresión más común de esto en la actual Iglesia occidental es sustituir la función de la profecía; por ejemplo, saber qué hacer a continuación, con metas y objetivos de liderazgo posicional autoritario. Los métodos de negocios y el liderazgo institucional son sustituciones humanas de la dirección divina. En lugar de escuchar activamente a Dios y confiar en que Él sabe cómo comunicarse con nosotros, confiamos en nuestra capacidad humana para hacer planes, tomar decisiones y utilizar recursos. Eso es el equivalente a confiar en carros y caballos en la guerra en lugar de confiar en Dios (véase Salmos 20:7).

Necesitamos ser muy cuidadosos para no meternos tan profundamente bajo la influencia de los principios fundamentales humanistas de la cosmovisión occidental que pensemos que nosotros como seres humanos podemos y deberíamos tomar decisiones ministeriales. Las herramientas más efectivas de los negocios no son útiles en el ministerio, pues tales herramientas están pensadas para maximizar las decisiones humanas. Jesús sólo hacía lo que veía hacer al Padre. ¿Puede irnos mejor a nosotros que a Jesús en las prácticas de toma de decisiones? ¿No es Jesús nuestro modelo de conducta ministerial? ¿O deberíamos creer, ahora que tenemos el genio de los negocios modernos, que finalmente hemos encontrado un camino mejor? Jesús nos dijo que el Espíritu Santo nos consolaría y nos guiaría. ¿Es eso menos eficaz que aquello que algún gurú de los negocios pueda imaginar? El verdadero cristianismo bíblico no supone personas utilizando los mejores recursos para tomar las decisiones humanas. Dejemos que los directores generales sean quienes hagan eso. El verdadero cristianismo bíblico espera que Dios se comunique y nos diga qué hacer a continuación. ¿Podemos realmente confiar en que Él haga eso?

## El problema de prohibir el misticismo, la profecía y lo sobrenatural

Evitar el misticismo y la profecía en particular no es una respuesta bíblica. No es jugar el partido de Dios siguiendo las reglas de Dios. La profecía y una relación mística con Dios son profundamente bíblicas. No deberíamos evitar tales cosas; deberíamos hacerlas bien. Después de todo, Dios hizo a la humanidad para amarnos, para ser amado por nosotros y para tener comunión con nosotros. En otras palabras, Dios creó a la humanidad para tener una comunión mística con Él.

En una ocasión, un líder de un equipo misionero en el que yo estaba profetizó que un accidente de tráfico en el que me vi implicado era un castigo por cuestionar sus prácticas de liderazgo dictatoriales. Eso se hizo mientras mi familia y yo seguíamos estando heridos en el arcén de una carretera rural. Entonces él predijo que iban a sucedernos todo tipo de cosas desagradables; cosas que, a propósito, no sucedieron. Permitiré que usted decida si aquella fue una profecía manejada bíblicamente o no. La respuesta en mi cabeza en aquel momento fue la de pedir su apedreamiento con referencia a Deuteronomio 18:20–22.

Ahora, cuando miro en retrospectiva a ese incidente, creo que los dos fuimos un poco duros. Pero eso sí destaca un par de problemas. En primer lugar, claramente en nombre de la profecía, podemos decir cualquier cosa que queramos e intentar darle la autoridad de Dios mismo. Eso es carnal y peligroso, y seguir a tales personas también es peligroso. Pero simplemente porque algo maravilloso como la profecía pueda ser objeto de abuso, no significa que debiera evitarse. Sencillamente necesita realizarse bien. ¿Evitamos la enseñanza porque la enseñanza puede ser objeto de abuso? ¿Evitamos el evangelismo porque a veces es objeto de abuso?

En segundo lugar, mi llamamiento para que tal profeta abusivo fuese apedreado estuvo también un poco fuera de lugar. Quiero destacar aquí que yo solamente pensé eso en mi cabeza; en realidad no lancé ninguna piedra literalmente.

Existe una diferencia entre la profecía del Nuevo Testamento y la profecía del Antiguo Testamento. Eso se debe a que el acto profético se realiza bajo dos pactos muy distintos. Parte de nuestra herencia del nuevo pacto es que Dios pone sus leyes en nuestro corazón y nuestra mente (Jeremías 31:33; Hebreos 8:10; 10:16). Otra manera de decirlo es que Dios nos habla directamente y, por medio de su Espíritu Santo, nos muestra cómo vivir. Todo cristiano, como creyente del nuevo pacto, tiene acceso al Espíritu Santo. Esta es una experiencia mística porque el nuevo pacto es un acto místico. Esto nos permite sopesar cuidadosamente lo que se ha dicho en la proclamación profética (1 Corintios 14:29), ya que todos tenemos acceso al Espíritu Santo.

El viejo pacto de la ley no era una garantía de que cada creyente podía oír directamente de Dios. Ellos tenían la ley escrita y se esperaba que la obedecieran; también tenían algunos profetas que oían directamente de Dios. Pero como eso era una experiencia esporádica, y ya que no todos podían oír de parte de Dios individualmente, tenían que sopesar lo que se decía por medio de un conjunto de parámetros diferente. En primer lugar, necesitaban comprobar si lo que el "profeta" estaba diciendo estaba de acuerdo con la ley escrita de Dios. Tenían que comprobar si él profetizaba algo que Dios no hubiese mandado, y también tenían que comprobar si lo que se profetizó se cumplió. Si no pasaba esa prueba, el falso profeta tenía que ser muerto. Ese era un conjunto de parámetros razonables dadas las circunstancias; y también lo son los parámetros establecidos en el Nuevo Testamento.

Ni Dios ni la Biblia son incoherentes. Esas son dos circunstancias muy distintas que requieren dos conjuntos de conducta muy distintos. ¿Cree usted que es sabio conducir de la misma manera sobre nieve y hielo que como alguien lo haría en una cálida tarde de verano? Diferentes condiciones en la conducción requieren diferentes hábitos de conducción. Diferentes actos, con parámetros totalmente distintos para tener acceso al Espíritu Santo, requieren diferente conducta profética.

¿Por qué entonces algunos cristianos están totalmente en contra del misticismo, la profecía y otros tipos de señales sobrenaturales? Yo no creo que la respuesta se encuentre en la Biblia; se encuentra en una cosmovisión no bíblica. La Biblia tiene incidentes sobrenaturales en casi cada una de sus páginas, y esto no es menos cierto en el Nuevo Testamento de lo que era en el Antiguo Testamento. Como explicamos anteriormente, el nuevo pacto, bajo el cual seguimos estando los cristianos, es místico y sobrenatural en su núcleo mismo. Afirma que Dios habla a nuestro corazón y nuestra mente, lo cual es una experiencia mística y una forma de profecía.

El problema llega cuando intentamos forzar la Biblia y hacerla pasar por medio de una perspectiva cultural no sobrenatural denominada la Ilustración. Peor aún, la mayoría de cristianos que tienen esta cosmovisión no bíblica y no sobrenatural ni siquiera saben que la Ilustración controla su modo de pensar. Para ellos, sencillamente así son las cosas; pero en realidad es la cosmovisión recibida de los padres, la experiencia escolar, amigos y quizá la iglesia y el seminario. Ha sido, después de todo, la cosmovisión de la civilización occidental aproximadamente durante doscientos cincuenta años. Y la cosmovisión anterior a ella, llamada el

Renacimiento, estaba igualmente en contra de lo sobrenatural. Por tanto, aproximadamente durante los últimos quinientos años, la sociedad occidental, de la cual somos parte, ha descartado lo sobrenatural considerándolo una superstición.

¿Qué sucede cuando alguien toma la cosmovisión no bíblica, realmente antibíblica, de la Ilustración y lee la Biblia por medio de ella? Realmente ha habido dos respuestas. La primera es lo que normalmente se denomina teología modernista (es un buen título, ya que las épocas culturales combinadas del Renacimiento y la Ilustración se denominan Era Moderna. Los enemigos teológicos de este movimiento normalmente lo denominan liberalismo teológico). Esta teología se propuso desacreditar la Biblia. Cualquier cosa que la Biblia afirmase y que no se adecuase a la cosmovisión de la Ilustración era descartada como superstición. De ahí que todos los milagros tuvieran que ser explicados como histeria de masas, superstición o la cultura retrógrada de la época. Además, ellos sujetaban la Biblia a una rigurosa hermenéutica que esperaba que los escritores de la Biblia la escribiesen como un libro de texto científico, o si no se catalogaba como supersticiosa y atrasada. O por el contrario, utilizaban su hermenéutica para descartar grandes partes del texto considerando que no formaban parte de la Biblia original o que eran adiciones posteriores. Y precisamente resulta que todo lo que se descarta no encaja con la cosmovisión de la Ilustración. Sujetar a un texto que no ha sido escrito en la Ilustración a los estándares de la Ilustración, esperando que se conforme a esas expectativas es arrogante, pero resulta que la Ilustración no se destaca por su humildad.

La segunda respuesta cristiana a la Ilustración es lo que con frecuencia se denomina la doctrina de la cesación. Esta es una doctrina común entre los evangélicos no pentecostales o no carismáticos. Esta doctrina propone que todo lo que la Biblia dice es verdad y que realmente sucedió en la Historia; pero algún tiempo después de la escritura del Nuevo Testamento, lo milagroso cesó. Esto no es otra cosa que forzar la cosmovisión humanista de la Ilustración en nuestro propio estilo de vida actual y en la Biblia. Es intentar encontrar una manera de creer que la Biblia es literalmente verdad a la vez que se niega que lo que sucedió en la Biblia posiblemente podría suceder en la actualidad. No hay ninguna razón bíblica creíble para creer esto; proviene de la Ilustración y no de la Biblia. (Para una breve discusión de la filosofía, historia, cosmovisión, teología y hermenéutica de la cesación, véase el Apéndice A).

## Sanar enfermos, resucitar muertos, echar fuera demonios y proclamar el evangelio

Cuando Jesús envió a los doce apóstoles (Mateo 10:1–16; Marcos 6:6–13; Lucas 9:1–6) y más adelante a otros setenta y dos (Lucas 10:1–23), Él les dio un patrón muy concreto sobre cómo debía realizarse el avance del Reino. Si entendemos que lo sobrenatural es bíblicamente viable en la actualidad, entonces esas instrucciones son perfectamente razonables. No hablaremos de todas las instrucciones para el patrón de Jesús aquí, pues eso será cubierto en el capítulo 9, sino que nos enfocaremos en los elementos sobrenaturales. Cada pasaje parece enfocarse en aspectos ligeramente distintos de esos elementos sobrenaturales. Las instrucciones en Mateo 10:7–8 los enumeran todos.

> Y yendo, predicad, diciendo: El reino de los cielos se ha acercado. Sanad enfermos, limpiad leprosos, resucitad muertos, echad fuera demonios; de gracia recibisteis, dad de gracia.

El pasaje en Marcos 6 solamente menciona echar fuera demonios y sanar enfermos y predicar arrepentimiento. El pasaje en Lucas 9 también hace hincapié en sanar a los enfermos, echar fuera demonios y predicar el evangelio. El pasaje en Lucas 10 también hace hincapié en predicar que el Reino de Dios está cerca, la sanidad y los demonios; también alude a los milagros, pero no está claro si fueron realizados por Jesús o por los apóstoles.

Yo no creo que el problema sea exactamente qué tipo de elementos sobrenaturales se permiten en el ministerio del Reino. El punto es que eso es parte del ministerio del Reino. Y de hecho, vemos los sobrenatural como una realidad integral en el ministerio de Jesús, en los doce apóstoles originales y en el posterior trabajo apostólico, tal como se menciona en Hechos y en las Epístolas. Jesús no menciona en ninguno de estos pasajes que las señales y las maravillas deban ser parte del trabajo del Reino; sin embargo, Él multiplicó peces y pan en dos ocasiones cuando predicó el Reino. Además, una importante señal y maravilla se llevó a cabo con la sombra de Pedro:

> Y los que creían en el Señor aumentaban más, gran número así de hombres como de mujeres; tanto que sacaban los enfermos a las calles, y los ponían en camas y lechos, para que al pasar Pedro, a lo menos su sombra cayese sobre

alguno de ellos. Y aun de las ciudades vecinas muchos venían a Jerusalén, trayendo enfermos y atormentados de espíritus inmundos; y todos eran sanados.

HECHOS 5:14-16

Vemos a Dios utilizando paños y delantales tocados por Pablo para extender el Reino.

Y hacía Dios milagros extraordinarios por mano de Pablo, de tal manera que aun se llevaban a los enfermos los paños o delantales de su cuerpo, y las enfermedades se iban de ellos, y los espíritus malos salían.

HECHOS 19:11-12

Jesús utilizó una palabra de conocimiento profética con la mujer en el pozo en Juan capítulo 4. Él le preguntó sobre su esposo y después afirmó que ella había tenido cinco esposos y actualmente estaba viviendo con otro nombre que no era su esposo. El resultado final fue que Jesús alcanzó a muchos en aquella aldea samaritana.

Pedro tuvo una visión profética que le conectó con Cornelio. Cornelio mismo tuvo una visitación angélica. Jesús y Pablo echaron fuera demonios, y lo mismo hicieron los doce y los setenta y dos. Muchos nuevos convertidos hablaban en lenguas, incluso cuando es dudoso que supieran qué lenguas eran. El punto es que deberíamos esperar lo sobrenatural en el contexto de la extensión del Reino y la predicación del evangelio. No podemos controlar cuándo sucederán esas señales sobrenaturales. Al igual que todo lo demás en el ministerio, es Dios quien dirige.

Deberíamos destacar que el ministerio de predicación del evangelio desarrollado en el Nuevo Testamento es un acto sobrenatural. Al igual que Jesús sólo podía hacer lo que veía hacer al Padre, los apóstoles participaban solamente en obras iniciadas por Dios. Por ejemplo, en las instrucciones de Jesús en Lucas 10, Él distingue entre las personas especiales denominadas el hombre de paz y las personas corrientes denominadas las personas a lo largo del camino, y aquellas que encontramos yendo de casa en casa. Él da más instrucciones en cuanto a cómo se debe distinguir a una persona de paz de una persona corriente: por el modo en que responden a la bendición en los versículos 4-10.

El punto aquí es que, como dice Jesús, el siervo no es mayor que el señor, ni tampoco el mensajero es mayor que aquel que le envió (Juan

13:16). Si Jesús sólo podía hacer lo que veía hacer al Padre, nosotros no podemos hacer más ni menos. Este proceso de hablar solamente a la persona de paz y a su casa, lo cual Dios indicará, o hacer solamente lo que vemos hacer al Padre es un proceso sobrenatural, no es humano. Por tanto, el evangelismo realizado bíblicamente no es cuestión de predicar al azar a cualquiera que quiera escuchar, según nuestra propia iniciativa. Es Dios preparando las circunstancias para la predicación al igual que Pedro en Hechos 2 y 3. O es Dios preparando las circunstancias para que nosotros conozcamos al hombre de paz, tal como Pablo conoció al carcelero filipense en Hechos 16.

## Historias actuales de lo milagroso en el ministerio del Reino

En el capítulo 2 relaté la historia de mi amiga Mariluz y la sanidad de una mujer embarazada en un hospital por medio de la oración. En realidad hay dos historias posteriores que condujeron a que se plantasen otras dos iglesias.

### Un encuentro "casual" en el metro

Un día, la mujer a la que Jesús había sanado por medio de Mariluz iba viajando en el metro de Madrid. La llamaremos María. Se sentó al lado de una mujer embarazada en los asientos reservados para quienes tienen necesidades especiales. La mujer al lado de la que se sentó María estaba llorando. Cuando María le pregunto por qué lloraba, la mujer respondió que al día siguiente tenía que ir al hospital para que le realizaran un aborto debido a sus problemas en el embarazo. María respondió a aquella noticia diciendo: "¡No lo haga!". Después sacó de su bolso una tarjeta con el nombre de Mariluz y alentó a aquella nueva conocida a que llamase a Mariluz para pedir oración. Aquello también dio como resultado que se plantase una nueva iglesia.

### Lucas 10 en el teléfono

Unos tres meses después de aquellos dos incidentes, yo estaba formando a líderes en las diversas iglesias que habían surgido en Madrid. Casi todas ellas habían sido plantadas por medio de algún tipo de milagro o sanidad. Yo estaba formando a aquellos nuevos líderes según el patrón de Jesús de plantación de iglesias en Lucas 10. Mientras hacía aquello, una de las líderes, Roberta, dijo: "Creo que tengo una historia de Lucas 10". Roberta era originaria de Brasil. Su esposo, practicante de la brujería, muchos años antes le había dado un ultimátum: o ella dejaba a Jesús o él la abandonaría a ella y a los niños. Roberta escogió a Jesús. En esencia, Roberta se quedó viuda. Ella leyó en la Biblia que Dios cuidaría de las viudas, así que le pidió su provisión. Dios proveyó milagrosamente para sus necesidades diarias por muchos años.

Después de que sus hijos ya se hubiesen ido de casa, Roberta decidió trasladarse a España donde esperaba encontrar trabajo. Desgraciadamente, el servicio que ella utilizó era realmente un engaño, lo cual la dejó sin trabajo y sin contactos en el aeropuerto de Madrid. Sin embargo, Dios no la había abandonado. Se encontró con otra persona brasileña en el aeropuerto que le invitó a quedarse con su familia.

Mientras se quedaba con aquella nueva familia, conoció a una joven brasileña llamada Adriana. Resultó que Adriana era la hija de una mujer a quien Roberta conocía en Brasil. Adriana estaba embarazada de su amante casado que había pagado para enviarla a España y que ella le esperase allí, pero él nunca llegó. En cambio, Adriana se quedó sola en España. Roberta predicó el evangelio a Adriana, pero ella no estaba interesada. En cierto modo consideraba que Dios era el culpable del trato tan malo que recibió por parte de su novio.

Roberta perdió el contacto con Adriana cuando Roberta se mudó a una ciudad cercana para vivir con una vieja amiga de Brasil llamada Mirelli. Ella no era cristiana; de hecho, Mirelli estaba amargamente en contra de la iglesia de su juventud.

Poco después, Roberta no sólo tenía un tejado sobre su cabeza sino también un empleo con unos ingresos regulares. Un día, Roberta iba caminando por la calle y se encontró con Adriana. Parece ser que las dos no sólo se habían mudado a la misma ciudad sino también al mismo barrio. Sin embargo, la vida no estaba tratando amablemente a Adriana. Ella no tenía trabajo, estaba embarazada, enferma, y vivía en la calle. Roberta se la llevó a su casa y comenzó a cuidar de ella. La enfermedad de Adriana pronto puso en peligro la vida del bebé no nacido aún, así que fue al hospital. De hecho, Adriana estaba en el hospital mientras nosotros estábamos formando a los líderes de Madrid.

Segundos antes de que Roberta hubiera terminado de contarnos su historia, recibió una llamada a su teléfono celular. Después, me informó de que la llamada en realidad era para mí. Era Adriana, y quería que yo orase por ella. Yo no había conocido antes a Adriana. De hecho, ni siquiera sabía que existía antes de que Roberta contase su historia unos minutos antes. Sin embargo, allí estaba yo hablando por teléfono con ella. Pensé: *¿Dónde está Mariluz cuando se la necesita? Ella es quien es buena para orar por embarazos difíciles.* Sin embargo, yo era la persona a quien Dios había dado ese privilegio. Mientras oraba por la salud de Adriana y de su bebé aún no nacido, escuché claramente a Jesús hablarme. Me dijo que le dijese a Adriana que Él la amaba mucho, lo cual hice. Con detalle le dije lo mucho que Jesús la amaba, culminando con su muerte sacrificial en la cruz para que ella pudiera tener vida eterna. Le pregunté: "Adriana, ¿no quieres eso?".

"Sí, Jesús, quiero ser amada por ti." Adriana se convirtió en cristiana allí mismo al teléfono.

La semana siguiente, en nuestro tiempo semanal de formación, le pregunté a Roberta por la salud de Adriana. Roberta me dijo; "Ah, ella está bien y el bebé está bien".

Yo pensé que aquella era una respuesta extraña. Cuando había estado al teléfono con ella una semana antes, ella estaba muy enferma y tenía temor a perder a su bebé, quizá incluso su propia vida. "¿Qué quieres decir con que ella está bien y el bebé está bien?"

"Bueno, ¡tú fuiste el que oró! Justamente después de colgar el teléfono la semana pasada, entró el doctor y le hizo una revisión. Su presión sanguínea había bajado tanto que inmediatamente le realizaron una cesárea, ya que era seguro realizarle esa cirugía. Ahora ella está en casa con el nuevo bebé. Como dije, ella está bien y el bebé está bien".

## Como nos conectó Adriana con la verdadera persona de paz

Unas semanas después recibí una llamada de Adriana. Ella quería que fuese al apartamento a conocer a su nuevo bebé, Paulo. Nos pusimos de acuerdo en una hora en la que yo pudiera ir. Cuando llegué al apartamento, me recibió en la puerta Mirelli, la mujer con quien se estaban quedando Roberta y Adriana. Ella dijo: "He venido a dar la bienvenida al hombre de Dios a mi casa. Es una bendición tenerle aquí. Roberta, Adriana y el bebé están en la sala. Voy a cocinar para ustedes".

Nunca me he sentido cómodo con ser llamado el hombre de Dios.

Establece dos clases de personas: las que no son "hombres de Dios" y las que sí lo son. Sin embargo, aquel no era el momento de hablar de asuntos como ese, especialmente con Mirelli, una mujer que no conocía a Jesús. Roberta, Adriana y yo pasamos un tiempo maravilloso jugando con el bebé mientras hablábamos de la nueva fe en Jesús de Adriana. Unos cuarenta y cinco minutos después, Mirelli entró en la sala y dijo: "Odio la iglesia, pero me encanta lo que ustedes están haciendo". Yo pensé que aquella era una declaración extraña que decirle al "hombre de Dios". Yo respondí: "¿Sí? ¿Qué es lo que no le gusta de la iglesia?". Ella procedió a explicármelo. No le gustaba el poder y el control del clero; no le gustaba lo desconectados que estaban de la vida real. De hecho, no le gustaba nada sobre la religión organizada.

"Ya que parece que le gusta lo que estamos haciendo, ¿le parecería bien si le leo un breve pasaje de la Biblia?", le pregunté.

Mirelli respondió: "Sí, estaría bien".

Leí Lucas 10:1–7. "Mirelli, usted sabe por Roberta que algunos de nuestros amigos están comenzando pequeñas iglesias sencillas en casas y apartamentos de personas. De hecho, lo que hacemos es justamente lo que usted está haciendo con nosotros. Y si se da cuenta, Jesús envía a personas como Roberta y yo en parejas para comenzar esos grupos. ¿Recuerda lo primero que me dijo cuando me abrió la puerta?".

"Sí, le dije bienvenido a mi casa y es una bendición tenerle aquí."

"¿Recuerda que Jesús dijo que cuando personas como Roberta y yo entren en una casa debemos decir 'paz sea a esta casa'? Eso es una bendición. También debemos observar cómo es recibida esa bendición. Si alguna persona de paz está allí, recibirá la bendición. Si no, la rechazará en nuestra cara. Usted no sólo recibió mi bendición, sino que también la esperaba. ¿Qué otra cosa hizo?"

"Nada, sólo fui a cocinar para ustedes."

"Muchas gracias por su hospitalidad, pero yo en realidad no vine esperando que usted me preparase una comida. ¿Observó lo que yo debo hacer cuando llegó una casa? ¿Qué dice la Biblia?", pregunté.

"Bueno, dice que debe quedarse ahí, comiendo y bebiendo todo lo que le ofrezcan."

"Correcto, así que llegué a una casa y alguien a quien no conocía antes dice que sólo llegar a la casa es una bendición. Además, usted fue tan amable que fue a la cocina y preparó de comer. Lea el texto otra vez. ¿Quién cree que es usted?"

Después de volver a leer el texto, Mirelli dijo: "Yo soy el hombre de paz". "Creo que tiene razón, usted es la persona de paz. Mirelli, ¿qué hacen las personas de paz?"

Ella preguntó: "¿Cómo voy a saberlo? Usted es quien conoce la Biblia. ¿Qué hacen las personas de paz?".

"Bien, las personas de paz nos permiten comenzar una pequeña iglesia como esta en su hogar e invitan a sus amigos a acudir. ¿Está usted dispuesta a hacer eso?".

"Claro, puedo hacer eso, y me alegraría hacerlo". Y así es como la última de las "iglesias bebé" comenzó en nuestra red en la zona de Madrid.

## El hombre de negocios

Es muy fácil caer en la trampa de pensar que esas cosas suceden solamente en países extranjeros. Claro que cualquiera que tenga experiencia en España sabe que es un ambiente espiritual mucho más difícil que cualquier lugar en los Estados Unidos. De hecho, después de nuestro regreso de España, yo estaba impresionado por lo espiritualmente abierta que era la zona de la bahía de San Francisco. Pero para los escépticos, me gustaría incluir un par de historias de nuestro ministerio en el norte de California.

Una tarde cuando salí a revisar el correo, vi a un vecino que estaba trabajando en su jardín. Él dijo: "¡Hola, Ross! Vamos a tener un estudio bíblico esta noche. ¿Quieres asistir?". Yo estaba un poco cansado y pensaba que tan sólo me gustaría descansar un poco. "Vamos a tener algunas parejas no cristianas."

Mi amigo si sabía cómo atraerme. Yo respondí: "Claro, iré".

Hablamos sobre el material de estudio bíblico que él iba a compartir. Era sobre Juan 1:1–17. Sin embargo, era muy detallado y muy teológico. Aunque era un buen material para los cristianos experimentados, yo no estaba tan seguro de que fuese útil para no cristianos, y por eso lo mencioné. Mi amigo me preguntó qué haría yo, y yo le dije que tan sólo haría a los participantes en el estudio bíblico cuatro preguntas de discusión y confiaría en que Jesús hiciera el resto.

1. ¿Qué dice?

2. ¿Qué significa?

3. ¿Qué va a hacer usted al respecto?

4. ¿A quién se lo va a decir?

Además, sugerí que cada pregunta tuviera un símbolo sencillo a su lado para ayudarles a recordar las preguntas. ¿Qué dice? fue simbolizado por un sencillo dibujo de un libro que representa la Biblia. ¿Qué significa? fue simbolizado por un signo de interrogación. ¿Qué va a hacer usted al respecto? fue simbolizado por una bombilla. ¿A quién se lo va a decir? fue simbolizado por una sonrisa y una oreja.

La primera pareja que llegó eran personas de negocios acomodadas. El hombre era corpulento, agresivo y musculoso. La mujer era tímida y reservada. El hombre era abusivo hacia su esposa; parecía que no podía decirle nada amable. Su lenguaje era hostil y ofensivo. De hecho, no recuerdo haber escuchado a nadie maldecir tanto.

Después de un breve rato de comer unos aperitivos y disfrutar de la cálida noche en el porche, pasamos a la sala. Nuestro anfitrión sugirió que leyésemos el primer capítulo del Evangelio de Juan en el Nuevo Testamento. Entonces anunció que yo dirigiría el estudio. Yo sencillamente hice las cuatro preguntas y también dice que alguien leyese el pasaje. Entonces comenzó la conversación. ¿Quién era el Juan mencionado en el pasaje? ¿Era el mismo hombre que escribió el Evangelio de Juan? ¿A quién se refiere cuando dice "los suyos" en los versículos 11 al 13: "A lo suyo vino, y los suyos no le recibieron. Mas a todos los que le recibieron, a los que creen en su nombre, les dio potestad de ser hechos hijos de Dios; los cuales no son engendrados de sangre, ni de voluntad de carne, ni de voluntad de varón, sino de Dios". Si ellos no le recibieron, ¿quién lo hizo? ¿Qué significa ser nacido de Dios?

Justamente en mitad de aquello, el hombre de negocios soltó varias palabrotas y dijo: "¡Yo quiero a Jesús!". Yo me quedé totalmente anonadado. No estaba seguro de qué hacer, pero se me ocurrió una respuesta brillante: "¿Qué?".

"He dicho que quiero a Jesús." Por alguna razón, en aquel momento me sentí impulsado a ponerme de pie, disminuir la distancia entre aquel hombre y yo, y realmente poner mi cara delante de la suya.

"¿De verdad quiere a Jesús?"

"He dicho [palabrota] que sí."

"¿Pero de verdad quiere a Jesús?" Me sentí un poco como un sargento de los Marines.

"¡Sí, lo quiero!"

Le di un abrazo y dije: "Bienvenido al Reino".

Después de darle la bienvenida al Reino, dice una declaración sorprendente: "Quiero comenzar una iglesia en su casa. Quiero que usted reúna a sus amigos que no conocen a Jesús. ¿Cuándo lo haremos?".

"Mañana a las cinco en punto", respondió él. Y eso es exactamente lo que sucedió. Aquella iglesia enseguida dio como resultado que varias personas acudieran a Cristo y, de hecho, comenzamos una iglesia hija donde más personas acudieron a Cristo. Ambas iglesias estaban en barrios acomodados de California, entre personas muy ricas.

Puede que usted se pregunte qué tiene que ver esto con lo sobrenatural. Sin duda alguna, el encuentro que mencioné anteriormente, y su momento, fueron establecidos por el Padre. Él utilizó a la pareja anfitriona, me utilizó a mí y utilizó al hombre de negocios para reunir más adelante a sus amigos. Esto, a propósito, significa que el hombre de negocios fue la persona de paz mencionada en Lucas 10:6. Dios dirigió todo aquello. Y al igual que Jesús, yo sólo pude hacer lo que veía hacer al Padre.

Sin embargo, hubo otro elemento sobrenatural. Cuando los setenta y dos salieron en el viaje apostólico con Jesús mencionado en Lucas 10, regresaron con el siguiente informe en el versículo 17: "Señor, aun los demonios se nos sujetan en tu nombre". Mi nuevo amigo había tenido graves problemas con demonios. De hecho, durante las siguientes semanas mis compañeros de plantación de iglesias y yo tuvimos algunos encuentros con lo demoníaco, y ellos se sometieron al nombre de Jesús. Me gustaría decir que mi nuevo amigo fue completamente limpiado, pero eso no sería cierto. Él tomó decisiones, después de obtener algún alivio inicial, que hicieron que no obtuviese una libertad completa. Sin embargo, de aquello salió que varias personas acudieran a Cristo y le siguieran. Eso era lo que el Padre estaba haciendo.

## Tragedia y renacimiento en el desierto

Amado decidió un jueves que intentaría encontrar una vida mejor en Estados Unidos. El sábado estaba en la frontera entre E.E.U.U. y México intentando cruzar. Desgraciadamente para él, escogió al "coyote" equivocado para ayudarle. (Un coyote es alguien que los extranjeros indocumentados contratan para facilitar el cruce de la frontera y entrar en los Estados Unidos desde México). En lugar de ganarse su dinero haciendo cruzar la frontera a Amado y llegar con seguridad al otro lado, lo dejó tirado en el desierto con otras siete personas y se fue. Aquellos inmigrantes fueron abandonados sin tener comida ni agua en el desierto de Arizona en marzo. Poco después, miembros del grupo comenzaron a morir. Amado formó equipo con una de las personas del grupo para alentarse. Mientras Amado y su nuevo amigo vagaban por el desierto, se cruzaron con alguien de otro grupo a quien habían apuñalado y robado. Estaba tendido muerto en un charco de sangre seco, con su mochila colgando de las ramas de un árbol. Amado quedó aterrorizado.

Pero ver a miembros de su propio grupo morir y encontrar a personas asesinadas en el desierto no eran sus mayores problemas. Él mismo se estaba muriendo de sed. Si no encontraba agua en el desierto pronto, él y su amigo seguramente morirían. Amado no era un hombre religioso; sus padres creían en Dios, pero él no estaba seguro. Sin embargo, en su desesperación clamó al Dios de sus padres pidiéndole que le salvase la vida.

Justamente entonces, pasaron por un sendero de tierra dos personas que iban corriendo, aparentemente saliendo de la nada. Enseguida se acercaron a Amado y a su amigo y les dieron botellas de agua. Por alguna razón, ellos tenían una dirección y el número de teléfono de una iglesia en un pedazo de papel y, en cierto modo, a pesar de la dificultad del idioma sugirieron que Amado y su amigo hicieran una llamada, y la iglesia se ocuparía de ellos.

Después de calmar su sed, Amado y su amigo vieron algunas casas en la distancia y decidieron caminar hacia ellas. Cuando llegaron a una placa con el nombre de una calle, el amigo de Amado tomó una terrible decisión. Decidió llamar al coyote que les había abandonado, pensando que en cierto modo haber sido abandonados en el desierto había sido un error.

El coyote llegó en un auto y los llevó a una hermosa casa en un barrio acomodado de Phoenix. Pero en lugar de ayudarles, el coyote y su equipo les secuestraron. Les golpearon y les intimidaron; y dijeron que nunca saldrían de allí vivos a menos que se pusieran en contacto con sus familias en México para que les enviasen dinero. Para dejarlo claro, uno de los secuestradores tomó otra víctima que no había podido pagar, le quitó el cinturón, se lo puso alrededor del cuello y le asesinó delante de Amado y su amigo. Afortunadamente, el amigo de Amado fue capaz de convencer a algunos amigos en México para que les enviasen dinero a los dos. De nuevo fueron abandonados, pero pudieron llegar hasta California.

Yo conocí a Amado en una clase de inglés para obreros hispanos. Con el tiempo, comencé a desarrollar una relación con Amado. Él era un hombre extrovertido y amigable. De hecho, tenía una personalidad magnética; hacía amigos con facilidad y sabía cómo mantenerlos. Un día cuando yo salía del edificio, Amado me estaba esperando.

Amado quería hablar más sobre Dios. Estaba interesado en Dios, pero no estaba muy seguro de a qué Dios seguir. Yo sentí inmediatamente que el Espíritu Santo me decía: "No hables mal de otras religiones, o vas a perder a este hombre. Guíale como si estuvieras domando un caballo". Debido a que yo me había criado en un rancho de trigo y ganado al este de Oregon, sabía sobre caballos. Si usted quiere domar un caballo, no se aproxima a él, o probablemente él se alejará corriendo. A pesar de lo rápido que pueda usted correr, el caballo puede correr con más rapidez. En cambio, tiene que hacer que el caballo se acerque usted, y lo hace ofreciéndole grano o algún otro alimento que le guste. En otras palabras, el Espíritu Santo sabía exactamente la metáfora correcta para hablarme, de modo que yo supiera qué hacer a continuación.

"¿Son todos los dioses iguales? ¿Cómo sabe usted que su Dios es mejor? ¿Es el Dios de los católicos distinto al Dios de los protestantes?" Él en realidad no estaba haciendo preguntas tanto como afirmaciones para ver cómo reaccionaría yo. Yo le dije que pensaba que había una diferencia en las religiones, pero discutir sobre cuál era la mejor no era algo en lo que yo estuviera interesado. De hecho, no estaba interesado particularmente en hablar de teología. En cambio, sugerí que si tenía curiosidad, podíamos hacer un experimento espiritual. Él podía comenzar a hablarle al Dios del universo y pedirle que se revelase a sí mismo.

"Yo creo en Dios. Sencillamente no sé quién es Él." Yo no me di cuenta en aquel momento que esa afirmación estaba respaldada por un encuentro sobrenatural en el desierto de Arizona. Yo sólo sabía que Amado estaba interesado en Dios. Dije: "Bien, ¿por qué no ora al Dios que creó el universo y le pide que se revele a sí mismo?".

Amado puso una gran sonrisa en su cara: "Haré eso".

Yo dije: "Estupendo. Pero una última cosa, Amado: yo conozco a mi Dios. Si usted le busca con todo su corazón, Él le encontrará. Puede usted contar con eso".

Durante las siguientes semanas, Amado y yo comenzamos a estudiar juntos la Biblia. Simplemente la leíamos juntos y utilizábamos las cuatro preguntas que mencioné anteriormente para estimular la conversación. A Amado le gustaba aquello, y seguía haciendo preguntas. Yo tenía cuidado para responder con afirmaciones calificativas, como: en mi opinión... yo creo... Pero también le contaba historias de mis propios encuentros con Dios, y le sugerí que estuviese atento en cuanto a algo como aquello. No pasó mucho tiempo hasta que Amado se convirtió en cristiano, y un cristiano muy serio que comenzó a hablar a sus amigos de su Salvador. Amado ha tenido sus altibajos, como los tienen muchos nuevos cristianos, pero su viaje no ha terminado.

## Caminata de oración

Isaiah Hwang (mi buen amigo que diseñó la cubierta de *El Jesús viral*) y Mike Kim estaban reunidos en una cafetería Starbucks en Cupertino, California, cerca del cruce de Homestead Road y Stelling Road. Sintieron que Dios les estaba pidiendo que caminasen el oración por la zona. Mientras lo hacían, se encontraron bendiciendo la zona y a las personas, concretamente para que encontrasen a una persona de paz. Por medio de la caminata de oración, se encontraron en una bolera cercana, así que oraron por aquella bolera concreta.

Unas semanas después invitaron a Isaiah a la fiesta de cumpleaños de su primo, y resultó que se realizaba en aquella bolera en particular. Mientras Isaiah estaba fuera de la bolera, se acercó a él un hombre borracho.

"Hola, ¿es usted Isaiah Hwang? ¿No era usted el hombre que conducía el Honda con las ruedas bonitas? Sí, es usted. ¿Sigue haciendo esas cosas en la iglesia?"

Isaiah no le reconoció. "¿Le conozco?".

"Sí, soy un amigo de Calvin. Calvin me habló de usted y de las cosas de las que usted solía hablar." Calvin era un joven al que Isaiah había conocido en un ministerio con jóvenes en el que él participaba.

El borracho le preguntó: "Oiga, ¿qué dice la Biblia sobre la bebida? ¿Cuánto es demasiado?".

Aquello condujo a una conversación sobre la Biblia y la bebida, y después a temas espirituales más profundos. "Oiga, cuando esté sobrio vamos a tener que hablar más. Aquí tiene mi número. Llámeme mañana."

Isaiah imaginó que aquel joven no estaría tan abierto a aquellas conversaciones profundas cuando le llamó al día siguiente, pero estaba equivocado. El amigo de Calvin estaba ansioso por hablar con Isaiah y tocar temas espirituales. Eso condujo a una relación de discipulado que llevó al joven a una cercana relación con Dios. De hecho, su vida dio un giro tan grande que él terminó estudiando medicina en la universidad.

En los primeros tiempos de la vida cristiana de Isaiah, él habría sido muy reticente a acudir a lugares donde la gente fumaba, festejaba y bebía. Habría sentido que pondría en un compromiso su testimonio. Pero ahora piensa: *Esos son los lugares donde Jesús iría. Si nosotros no vamos a esos lugares para ser luz, ¿quién irá?*

## ¿Es siempre así de sobrenatural?

Jesús es el Señor de la cosecha; nosotros no lo somos. Él es quien decide lo que va a hacer, cuándo va a hacerlo, y cómo se producirá. ¿Es siempre sobrenatural? Yo creo que sería más honesto decir que lo sobrenatural era normal y esperado en el evangelismo y la plantación de iglesias en el Nuevo Testamento. Mis amigos y yo también hemos llegado a esperar que sea parte de nuestro ministerio. Pero no necesariamente esperamos milagros cada vez. No tenemos idea alguna de lo que sucederá, de cuándo sucederá o cómo. No sabemos si dentro de cinco minutos estaremos en medio de una conversación telefónica orando por sanidad. No sabemos cuándo nos pedirán que realicemos un estudio bíblico en un barrio acomodado. No sabemos cuándo ni cómo nos encontraremos con un obrero hispano que ya ha conocido a Dios en el desierto. Tampoco sabemos si lo milagroso se producirá. Aun así, cualquier cosa que suceda será sobrenatural, porque Dios, que es un Dios sobrenatural, está dirigiendo el proceso.

Nosotros sólo podemos hacer lo que veamos hacer al Padre. Jesús no podía hacer más que eso, y nosotros tampoco. Sin embargo, al igual que Jesús en los Evangelios, podemos orar a menudo, escuchar y obedecer lo que oigamos. Ese es el secreto. No hay poder alguno en la técnica, pero hay un tremendo poder en escuchar en oración y en la obediencia inmediata. Lo recomiendo encarecidamente. Cuando usted comience a hacer eso, no se sorprenda cuando vea a Dios responder con poder sobrenatural.

## Los patrones y las prácticas cuentan

Los patrones y las prácticas cuentan. O bien reflejan la realidad de Jesús como Señor y viven dentro del sistema operativo del nuevo pacto, o no.

Podemos sucumbir a la filosofía platónica de que lo único que cuenta es la idea, la doctrina proposicional correcta; o podemos tener una cosmovisión bíblica. En la cosmovisión bíblica demostramos lo que creemos por medio de nuestra conducta. En la cosmovisión bíblica, Jesús tiene que ser Señor del modo en que nos congregamos como iglesia y del modo en que realizamos el ministerio. Él tiene que ser Señor de cada cosa que hagamos, incluso de nuestro modo de pensar. No es meramente una doctrina correcta; es un modo de vida. Solamente entonces, cuando saquemos la filosofía griega de nuestra cosmovisión y de nuestra práctica y comencemos a seguir realmente a Jesús, veremos un movimiento viral de Jesús sostenido una vez más en Occidente. Han pasado 1,700 años. ¿No es bastante tiempo?

## Conclusión

Ningún cristiano del primer siglo que oyese o leyese cualquier parte del Nuevo Testamento habría creído que algunos de sus hermanos en siglos posteriores sugerirían que el poder sobrenatural fue algo que sucedió en el primer siglo después de Cristo pero que después de algún modo cesó. Ellos quedarían anonadados al oír que algún cristiano creería que la profecía era algo del pasado, al igual que los milagros, señales y maravillas. Aunque la palabra *misticismo* probablemente no fuese parte de su vocabulario, los primeros cristianos eran místicos: todos ellos. No consideraban extrañas prácticas místicas como escuchar a Dios y obedecer lo que oían. Era el modo en que se vivía la vida cristiana. Todo tipo de experiencia sobrenatural mencionada en la Biblia era normal para ellos. Ellos esperaban que se manifestase poder cuando se reunían. Eso era una parte normal de la vida con el Espíritu Santo. Era parte de tener una relación con Dios.

Lo mismo debería ser cierto en la actualidad. No hay ninguna razón sólida creíble, desde un punto de vista bíblico, para creer que aquello que los cristianos del primer siglo experimentaron debería ser distinto a nuestra propia experiencia. La necesidad sentida de "desacreditar" el poder sobrenatural dentro del cristianismo es fomentada por la cosmovisión occidental, no por la Biblia. Este es un clásico "débil y pobre rudimento" que Pablo mencionó en Gálatas 4:9. La respuesta a esos principios del mundo debería ser la misma en la actualidad que la que Pablo sugirió a los colosenses en Colosenses 2:20: no someternos a sus preceptos.

En cambio, deberíamos tener un encuentro con el Dios trino vibrante, poderoso, místico, rico y sobrenatural. Eso es parte de nuestra herencia del nuevo pacto. Es la realidad normal para quienes quieren seguir a Jesús como Señor. Y si queremos ver un movimiento viral de Jesús en Occidente en nuestra época, necesitamos aprender a vivir en esa herencia, y no meramente hablar de ella. Puede que eso requiera mucha oración, práctica, escucha y obediencia para muchos de nosotros. Lo entenderemos de modo equivocado tantas veces como las que lo entenderemos de modo correcto, pero aprenderemos en el proceso. La curva de aprendizaje será pronunciada, ¿pero no es esa la relación con Dios que siempre hemos anhelado en la parte más profunda de nuestro corazón, creyésemos o no que era posible?

## CAPÍTULO 4

# La Iglesia primitiva: El primer movimiento viral de Jesús

S UNA PEGAJOSA noche de verano en la calzada romana que conduce a la salida de Nicomedia, en agosto del año 112 d. C. El olor a carne descompuesta está en el aire como un putrefacto miasma. Cuerpos muertos hinchados yacen al lado de los bebés recién nacidos, ruidosos y no queridos, que han quedado "expuestos"; es decir, abandonados para que mueran entre los ya muertos. En medio de esa vil escena, pueden oírse los sonidos de una excavación. Los cristianos han llegado para enterrar a los muertos con dignidad. Han llegado para recoger a los bebés expuestos; para darles un hogar donde puedan ser amados y cuidados. Los romanos enterraban a sus muertos o los cremaban; es decir, a quienes podían permitirse tales lujos. Sin embargo, los pobres, los esclavos, los criminales y los extranjeros con frecuencia se dejaban simplemente al lado de las calzadas fuera de la ciudad. De la misma manera, los bebés no deseados, en su mayoría niñas, se abandonaban para que muriesen entre los cadáveres en descomposición.

En ese horrendo y vil escenario social fue cuando los cristianos se ganaron su primer reconocimiento, no como una nueva religión sino como una sociedad que enterraba. Esa desconcertante tendencia de los cristianos a dar amor y dignidad a los muertos y a los no queridos fue lo que primero les causó una pequeña pizca de aceptación. Desde la perspectiva de un incrédulo, la mayoría de los cristianos podrían haber sido pobres, no tener educación formal y ser decididamente extraños, pero al menos retiraban los hinchados cuerpos de los sumideros y los ríos. Al menos ellos enterraban a los criminales, los esclavos y los pobres a los que dejaban al lado de los caminos que salían de las ciudades del imperio. Al menos ellos limpiaban la suciedad. Ese hábito de llevar a casa a bebés vivos, amarles, cuidarles como si fuesen propios; bueno, eso era simplemente extraño. Sin embargo, uno tiene que mostrar respeto aunque sea a regañadientes a cualquier grupo que limpie la putrefacción. No es que cualquiera en sus cabales haría tal cosa, pero aun así, en general, era bueno para la sociedad.

## Cómo eran realmente los primeros cristianos

Nuestra perspectiva de los primeros siglos de la Iglesia a menudo se ve nublada por el romanticismo, el asombro y, sobre todo, un entendimiento institucional del cristianismo que evita que veamos con claridad sencillamente lo insólito y fenomenal que fue el crecimiento de la Iglesia. Los primeros cristianos no tenían muchas cosas a su favor, al menos desde una perspectiva humana. Eran en su mayor parte pobres, y tenían su mayor crecimiento y cantidad de personas en las clases más bajas del imperio romano, particularmente entre los esclavos. Aun así, era cierto que los seguidores de Jesús podían encontrarse en casi todos los estratos sociales desde el principio. Pero en su mayor parte, eran despreciados y ridiculizados, al menos cuando se les observaba.

No tenían una gran estructura organizativa que les uniese. En esta etapa primera, realmente no tenían un liderazgo tal como nosotros lo pensamos. No había clero, ninguna posición titular, solamente el reconocimiento de quienes eran dignos de confianza y los dones que tenían. No sólo eran normalmente pobres, sino que también tenían el hábito contrario a la intuición de regalar sus recursos, incluso a personas a quienes no conocían y que no podían dar avance a su causa. En su mayor parte, esa generosidad era despreciada y ridiculizada, a veces incluso por los beneficiarios. Es decir, si los beneficiarios estaban vivos o eran lo bastante mayores para despreciar a sus benefactores.

Desde una perspectiva humana, no deberían haber crecido, no deberían haber prosperado, no deberían haber sobrevivido, y mucho menos haberse convertido en la religión favorecida del imperio romano en el siglo IV. Ese espectacular crecimiento y el ascenso de los cristianos de la oscuridad a la importancia es lo que la mayoría de cristianos actuales conocen. Sin duda, es una historia espectacular, y es un hecho innegable de la Historia.

Sin embargo, no es una historia fácil de componer, particularmente los primeros años de la Iglesia. Los primeros cristianos no estaban exactamente en la pantalla del radar de los tipos de personas cuyos escritos tendieron a sobrevivir hasta el siglo XX. Los cristianos eran mencionados de pasada, muy de vez en cuando, y normalmente se relacionaba con sus breves escaramuzas con los oficiales romanos. Probablemente el más famoso de esos incidentes sea un intercambio de cartas entre el emperador Trajano y Plinio el Joven, gobernador de Ponto y Bitinia, en la costa sur del mar Negro. Ese intercambio de cartas tuvo lugar entre los años 111–113 d. C.

En ese intercambio, vamos a aprender varias cosas interesantes. ¿Hasta dónde se había difundido el cristianismo en el siglo II? ¿Quiénes se convirtieron en cristianos? ¿Cuán influyentes eran los cristianos en un lugar como ese en el lugar más lejano del imperio? ¿Cuál era la actitud del gobierno romano hacia ellos? ¿Y de la sociedad que les rodeaba? ¿Cómo podía determinar el gobierno quién era un cristiano verdadero y quién estaba sólo experimentando con la nueva religión? ¿Cómo eran castigados los cristianos por sus "delitos"? ¿Cómo era la práctica temprana de una reunión cristiana? ¿Cuán igualitario era el cristianismo? ¿Cuán dispuestos estaban los cristianos a tener líderes de los segmentos menos respetados de la sociedad? ¿Qué podría decirnos eso con respecto a cómo escogían a los líderes y cómo consideraban el liderazgo? ¿Qué tipo de problemas estaba causando el cristianismo a la sociedad romana tradicional?

## Carta de Plinio el Joven al emperador Trajano

Señor, es regla mía someter a tu arbitrio todas las cuestiones en las que tengo alguna duda. ¿Quién mejor para encauzar mi inseguridad o para instruir mi ignorancia? Nunca he llevado a cabo investigaciones sobre los cristianos: no sé, por tanto, qué hechos ni en qué medida deban ser castigados o perseguidos. Y harto confuso me he preguntado si no se debería hacer diferencias a causa la edad, o si la tierna edad ha de ser tratada del mismo modo que la adulta; si se debe perdonar a quien se arrepiente, o bien si a quien haya sido cristiano le vale de algo el abjurar; si se ha de castigar por el mero nombre (de cristiano), aun cuando no hayan hecho actos delictivos, o los delitos que van unidos a dicho nombre.

Entre tanto, así es como he actuado con quienes me han sido denunciados como cristianos. Les preguntaba a ellos mismos si eran cristianos. A los que respondían afirmativamente, les repetía dos o tres veces la pregunta, amenazando con castigo; a quienes perseveraban, les hacía matar. Nunca he dudado, de hecho, fuera lo que fuese lo que confesaban, que tal contumacia y obstinación inflexible merece castigo al menos. A otros, convictos de la misma locura, he hecho trámites para enviarlos a Roma, puesto que eran ciudadanos romanos.

Y muy pronto, como siempre sucede en estos casos, propagándose el crimen al igual que la indagación, se presentaron numerosos casos distintos. Me fue enviada una denuncia anónima que contenía el nombre de muchas personas. Quienes negaban ser haber sido cristianos, si invocaban a los dioses conforme a la fórmula que les impuse, y si hacían sacrificios con incienso y vino a tu imagen, que a tal efecto hice instalar, y maldecían además de Cristo —cosas todas ellas que, según me dicen, es imposible conseguir de quienes son verdaderamente cristianos— consideré que debían ser puestos en libertad. Otros, cuyo nombre me había sido denunciado, dijeron ser cristianos pero poco después lo negaron; lo habían sido, pero después habían dejado de serlo, algunos al pasar tres años, otros más, otros incluso tras veinte años. También todos estos han adorado tu imagen y las estatuas de nuestros dioses y han maldecido a Cristo.

Por otro lado, ellos afirmaban que toda su culpa o error había consistido en la costumbre de reunirse un día fijo antes de salir el sol y cantar a coros sucesivos un himno a Cristo como a un dios, y en comprometerse bajo juramento no ya a perpetuar cualquier delito, sino a no cometer hurtos, fechorías o adulterios, a no faltar a nada prometido, ni a negarse, a hacer un préstamo del depósito. Terminados esos ritos, tienen por costumbre separarse y volverse a reunir para tomar alimento, por lo demás común e inocente. E incluso de estas prácticas habían desistido a causa de mi decreto por el que prohibí las asociaciones, siguiendo tus órdenes. He considerado necesario arrancar la verdad, incluso con torturas, a dos esclavas que se llamaban servidoras. Pero no conseguí descubrir más que una superstición irracional y desmesurada.

Por eso, tras suspender las indagaciones, acudo a ti en busca de consejo. El asunto me ha parecido digno de consultar, sobre todo por el número de denunciados. Son, muchos, de hecho de toda edad, de toda clase social, de ambos sexos, los que están o estarán en peligro. Y no es sólo en las ciudades, también en las aldeas y en los campos donde se ha difundido el contagio de esta superstición. Por eso me parece necesario contenerla y hacerla acallar. Me consta, de hecho, que los templos, que habían quedado casi desiertos, comienzan de nuevo a ser frecuentados, y que las ceremonias rituales que hace tiempo habían sido interrumpidas, se retoman, y que se vende en todas partes la carne de las víctimas que hasta la fecha tenían escasos compradores. De donde puede deducir qué gran cantidad de hombres podría enmendarse si se aceptase su arrepentimiento.

### Trajano a Plinio el Joven

Querido Plinio, tú has actuado muy bien en los procesos contra los cristianos. A este respecto no será posible establecer normas fijas. Ellos no deberán ser perseguidos, pero deberán ser castigados en caso de ser denunciados. En cualquier caso, si el acusado declara que deja de ser cristiano y lo prueba por la vía de los hechos, esto es, consiente en adorar nuestros dioses, en ese caso debe ser perdonado. Por lo que respecta a las denuncias anónimas, estas no deben ser aceptadas por ningún motivo ya que ellas constituyen un detestable ejemplo: son cosas que no corresponden al espíritu de nuestro siglo.[1]

## La epístola de Matetes a Diogneto

Nuestras otras fuentes históricas para este período son los cristianos que responden a las quejas de la sociedad que les rodea. El contenido de estos argumentos apologéticos nos dice lo que la sociedad pensaba de los cristianos, cuando pensaban en ellos alguna vez, y cómo respondían los cristianos a esas quejas. Estas son fuentes importantes. Lo que se ve de estos escasos datos es una sociedad romana tradicional que no sabía cómo responder a un grupo de personas que crecía rápidamente en medio de ellos; unas personas que tenían una cosmovisión que no encajaba con la de ellos. A veces, la respuesta de las personas del imperio, en particular del gobierno, era violenta. Además, los cristianos respondían a su nueva cosmovisión viviendo vidas muy distintas a las de la sociedad que les rodeaba. No debería sorprender que los cristianos sintieran la necesidad de explicarse, aunque sólo fuese por protección. A continuación al pasaje de uno de los primeros escritos apologéticos, titulado *La epístola de Matetes a Diogneto*.

Los cristianos no se distinguen de los otros hombres por nación, lengua ni por las costumbres que observan porque no habitan en sus propias ciudades ni tienen una forma particular de hablar, ni llevan vidas singulares. Su forma de vida no ha sido desarrollada en base de alguna especulación ni deliberación de hombres inquisitivos, ni tampoco afirman ser proclamadores de doctrinas meramente humanas, como lo hacen algunos. Habitan en ciudades griegas y bárbaras, conforme al juicio de cada uno, y siguen las costumbres de los habitantes con respecto a su vestimenta y su alimentación. Nos demuestran una manera de vivir maravillosa y notable en su conducta. Moran en sus países, pero como residentes temporales. Como ciudadanos comparten todos sus bienes con otros, pero a la vez soportan todas las pruebas como si fueran extranjeros. Toda tierra extranjera es para ellos como si fuera su país natal, y todo país natal como si fuera de extranjeros. Se casan, al igual que los demás; tienen hijos, pero no se libran de su descendencia. Comparten una misma mesa, pero no una misma cama. Están en la carne pero no viven conforme a ella. Pasan sus días en el mundo, pero son ciudadanos del cielo. Obedecen todas las leyes, pero a la vez superan éstas por sus vidas. Aman a todos los hombres, pero son perseguidos por todos. Son desconocidos y condenados, puestos a muerte y restaurados a vida. Son pobres, pero hacen que muchos sean ricos; les faltan todo, pero abundan en todo; son deshonrados pero aun en su deshonra son glorificados. Se habla mal de ellos, pero son justificados; son maldecidos y bendicen; son insultados y devuelven el honor por los insultos. Hacen el bien, pero son castigados como si fueran malhechores. Cuando se les castigan, se regocijan como si fueran resucitados a la vida. Son atacados por los judíos como extranjeros y perseguidos por los griegos, pero aquellos que les odian no pueden dar alguna razón por su odio.[2]

Como documentos históricos de la Iglesia primitiva, estas cartas son un tesoro. ¿Qué podemos aprender de estas antiguas fuentes, que son bastante parecidas a las otras fuentes existentes de su tipo? En primer lugar, estos documentos principalmente están de acuerdo unos con otros. Plinio el Joven, un oficial en los extremos del imperio se encontró con un nuevo tipo de habitante llamado cristiano. Él investigó a muchas de esas personas porque eran denunciadas con una cobarde acusación anónima, que enumeraba nombres. Mediante el interrogatorio, descubrió que ese grupo era bastante nebuloso. Algunas personas solían ser cristianas, pero ya no lo eran. Algunos de aquellos que "solían ser cristianos" se remontan al menos al año 88 d. C. Los verdaderos cristianos se destacan por su terca indisposición a adorar estatuas de los dioses o a maldecir a Cristo. Incluso aquellos que solían ser cristianos afirmaban que lo único malo de los cristianos era que se reunían en un día fijo para cantar un himno a Cristo como un dios. También se comprometían al juramento de evitar el fraude, el robo, el adulterio o a no cumplir su palabra. Además juraban ser dignos de confianza en sus tratos con los demás. También realizaban una comida compartida, sin embargo, dejaron de hacer esas comidas comunales cuando Plinio publicó un edicto que prohibía tales reuniones.

Algunas de aquellas personas eran ciudadanos romanos (que fueron debidamente transferidos a Roma para realizarles más interrogatorios, según la ley romana, si se negaban a renunciar a Cristo). Sin embargo, había otros que no eran ciudadanos. Si ellos se negaban tres veces a renunciar a Cristo, eran ejecutados. Ya que no eran ciudadanos, esa ejecución habría sido cualquier otra cosa excepto rápida. Lo más probable es que fuesen crucificados como su Señor. Al menos dos de aquellos cristianos eran esclavos, sin embargo, esos dos esclavos eran mujeres y líderes (diaconisas). Incluso bajo tortura y amenazas de muerte, aquellas valientes mujeres no se derrumbaron. Sencillamente dijeron la verdad, lo cual Plinio consideró como depravada y excesiva superstición.

Plinio estaba tan preocupado por lo que había descubierto que, como gobernador, sintió la necesidad de escribir al emperador Trajano, debido al número de personas implicadas. Él destacó que personas de toda edad, rango y ambos sexos "están y estarán en peligro". El contagio parecía estar extendiéndose, difundiéndose como un virus. Entonces intentó alentar al emperador con buenas noticias. Los ritos religiosos paganos por mucho tiempo pasados por alto se estaban recuperando de nuevo, incluyendo la compra de animales para el sacrificio, cuya adquisición anteriormente se había descuidado. La clara implicación es que la "multitud" de cristianos estaban comenzando a arrepentirse de sus delitos y a volver a practicar el paganismo oficial. Una vez político, siempre político; la interpretación lo es todo cuando se trata de política, y al tratar con un hombre poderoso como Trajano.

Sin embargo, Plinio probablemente era un observador honesto y objetivo de los cristianos. Es destacado por su descriptiva prosa y su objetividad. De hecho, su descripción de la erupción del monte Vesubio en el año 79 d. C. fue tan precisa que el mismo tipo de erupción se denomina erupción pliniana hasta la fecha.[3] Naturalmente, él escribió desde su perspectiva cultural. Como oficial romano pagano, tenía la responsabilidad de mantener las leyes del imperio y de cortar inmediatamente cualquier cosa que pudiese amenazar el orden social. Y desde luego, interpretó cuidadosamente su participación en el comienzo de los ritos por tanto tiempo abandonados y las magnánimas oportunidades de arrepentimiento que él proporcionaba.

Los cristianos eran sin duda alguna personas extrañas desde un punto de vista pagano. Parecían no tener decoro alguno a la hora de distinguir con quién deberían relacionarse. Los ciudadanos romanos, de hecho personas de todos los rangos, compartían comidas con esclavos. Peor aún, esas agrupaciones con personas de ambos géneros permitían que esclavas sirviesen como líderes. En la cultura romana hipócrita, que respetaba la fidelidad matrimonial y sin embargo era destacada por sus desenfrenadas prácticas sexuales de todo tipo, aquellos grupos con géneros mezclados se reunían regularmente, pero no participaban en ningún acto inmoral. De hecho, no cometían ningún delito a excepción de negarse a adorar a los dioses y ofrecer incienso y vino al emperador. En cambio, hacían juramentos de evitar el adulterio y otros delitos; incluso se comprometían a ser dignos de confianza en todos sus tratos. Por tanto, Plinio, desde el punto de vista de Trajano, hizo lo correcto. Torturó a quienes podía torturar (los no ciudadanos), ejecutó a los recalcitrantes y permitió que el resto se arrepintiese. El único consejo del emperador Trajano fue que evitase permitir que hubiera acusaciones anónimas, lo cual sería un precedente peligroso.

En comparación, desde un punto de vista histórico, las declaraciones del escritor de *La epístola de Matetes a Diogneto* tienen todo el sentido. Básicamente, él dice que nosotros los cristianos estamos por todas partes. Somos como ustedes pero nos comportamos bien. Nos casamos, pero no exponemos a nuestros hijos. Comemos juntos pero no dormimos juntos, a excepción de hacerlo con nuestro cónyuge. Obedecemos las leyes del país e incluso sobrepasamos las leyes mediante nuestras vidas ejemplares. Sin embargo, nos consideramos ciudadanos del cielo. Somos tratados mal, pero no devolvemos mal por mal. Somos perseguidos incluso hasta la muerte, y sin embargo quienes nos odian no pueden mostrar una buena razón de su propia conducta.

No es necesario leer mucho entre líneas para entender lo que estaba sucediendo en el año 113, incluso en lugares como Bitinia y Ponto, los extremos del imperio. Ponto era la región de donde provenía Aquila, de la famosa pareja Priscila y Aquila (véase Hechos 18:2). Bitinia era el destino del apóstol Pablo antes de que el Espíritu Santo le prohibiera viajar allí en Hechos 16. En total obediencia, él fue a Macedonia en cambio. No sabemos exactamente cómo o cuándo llegó el evangelio a esa región. Lo que sí sabemos es que sucedió muy pronto (véase 1 Pedro 1:1). Sin embargo, en la época del escrito de Plinio, había tantos cristianos en todos los estratos sociales que los ritos paganos estaban siendo descuidados. Incluso en esta fecha tan temprana, apenas ochenta años después de Pentecostés, los cristianos estaban cambiando de manera significativa la sociedad en una zona donde no tenemos registro alguno de una visita de la primera generación de apóstoles.

Incluso desde una perspectiva romana, los cristianos normales y corrientes vivían vidas ejemplares, a excepción de un asunto: ellos adoraban a un solo Dios: Jesucristo. No adoraban a ningún otro, incluso hasta el punto de la tortura y la horrible ejecución. De hecho, incluso el gobernador pagano reconoció que la mejor manera de distinguir a un verdadero cristiano de uno falso era intentar obligarle a adorar ídolos, quemar incienso al emperador y maldecir a Cristo. Un cristiano verdadero no haría nada de eso. Los cristianos del segundo siglo vivían mediante un sencillo credo: Jesús es el Señor. Debidamente darían honor a quienes se debiera honor, pero solamente el Señor Jesús controlaba sus vidas.

Y por eso crecieron. Por eso se convirtieron en una fuerza social que, en algunos aspectos, conquistó el imperio aproximadamente en doscientos ochenta años. El secreto de su éxito no era una increíble estructura organizativa; no era una inteligente estrategia humana de complacer a los poderosos y los ricos; no era adhiriéndose a una práctica de sentido común de permitir que quienes tenían educación formal fuesen sus líderes. Con frecuencia, incluso esclavos y mujeres les dirigían. Tampoco era que se mezclasen tanto que no se pudiera distinguir la conducta de un cristiano de la de un pagano, ya que sin duda alguna se podía distinguir. Sus vidas eran diferentes en maneras que realmente contaban. Puede que se vistiesen igual, pero no tenían la misma moralidad. Puede que hablasen un idioma común, comiesen alimentos normales y se casasen como todos los demás, pero ellos eran fieles a sus cónyuges y amaban a los niños, a todos los niños, incluso a los niños que eran desechados como basura por sus propios padres. De hecho, eran conocidos por amar a todos los hombres, incluso a quienes les injuriaban. El secreto de su éxito era sencillo: ellos obedecían a Jesús y solamente a Jesús. La desobediencia al Señor era, para ellos, un destino peor que la muerte.

## Ampliata visita nuestra reunión de la junta de ancianos

Yo acababa de graduarme de la escuela sintiéndome como una moneda de un centavo recién fabricada, bueno, quizá de diez centavos. Aquel era mi primer trabajo remunerado como parte de la plantilla de una iglesia. Tenía mi propia oficina, mi propio escritorio y una máquina de escribir que corregía la ortografía. Obviamente, yo sabía lo que tenía que hacer, y no podía esperar para demostrarlo. Había estudiado los paradigmas; podía realizar encuestas para el crecimiento de la iglesia; sabía leer gráficas; estaba tan encendido que chisporroteaba. Me contrataron para ayudar al crecimiento de la iglesia mediante el evangelismo. Mi cartera estaba llena de libros con buenas ideas. Leí casos de estudios de grandes iglesias que sabían cómo crecer, y estaba en una iglesia que era estupenda. La iglesia era estupenda; incluso tenía una computadora personal para la secretaría. Aquel aparato tenía una pantalla de nueve pulgadas que resplandecía con un brillo color verde. Se parecía a algo salido de una película de ciencia ficción, sólo que más pequeño.

Yo asistía a una de las primeras reuniones de ancianos como nuevo miembro de la plantilla. Pero al ser el cauto participante observador que yo era, ya sabía quién se salió con la suya y quién no. Obviamente, yo estaba en un puesto bajo en la jerarquía social. Después de todo, yo era joven y no era de la ciudad. No sólo provenía de fuera de la ciudad, sino que tenían mucho de muchacho de campo, aunque hubiera asistido a una universidad cristiana de bastante prestigio. Me correspondía quedarme sentado y callado.

Había un anciano que sabía cómo mover a una multitud. Permita que vuelva a decirlo con otras palabras: él sabía cómo fastidiar a la junta de ancianos. Él era enérgico, obstinado y dogmático. De él salía energía negativa en oleadas. Una de sus maneras favoritas de comenzar una frase era: "Bien, no sé...", justamente antes de estar en desacuerdo con una declaración positiva, con cualquiera y con todas las declaraciones positivas. Las personas se sentían verdaderamente intimidadas por ese hombre, y estoy bastante seguro de que a él le gustaba que fuese así. Recuerdo claramente a una mujer nueva en la junta que rompió a llorar y salió rápidamente de la habitación durante una de sus arengas. Él ni siquiera le estaba hablando a ella.

El edificio de nuestra iglesia estaba cerca de una autopista. La aguja del edificio tenía una altura lo bastante grande para que las personas que hacían autostop en la autopista pudieran verla. Para quienes necesitaban algo más que un viaje hasta la siguiente ciudad, era como un puerto que decía "comida libre". Yo tenía una estupenda idea. Si la iglesia podía ahorrar un poco en el presupuesto de los diáconos, yo podría llevar a esas personas hasta un restaurante de comida rápida cercano y compartir con ellas la comida; y también podría compartir el evangelio con ellas. Después de todo, yo era una escopeta cargada, una escopeta cargada y chisporroteante.

Así que preparé mi pequeño discurso para la junta de ancianos. Quién sabe, probablemente incluso obtendría un poco de presupuesto. En la siguiente reunión, comenzamos con una breve oración y discutimos los puntos de la reunión uno por uno. Cuando llegó mi turno, presenté mi idea. Después hubo un profundo ruido sordo desde algún lugar cerca de la presidencia de la mesa. "Bien, no lo sé. Creo que eso podría causar todo tipo de problemas con nuestra política de seguros. Si permitimos que esos tipos estén en nuestra propiedad, podrían demandarnos." Fue breve, no muy dulce y tan fatal como la espada de Plinio el Joven. Yo no dije ni una palabra más después de aquello. Sabía cuál era mi lugar: quedarme sentado y callado.

Al mirar atrás, me pregunto qué habría sucedido si una de aquellas diaconisas de Bitinia hubiese estado allí; uno de los esclavos cristianos martirizados por Plinio. Sí, sé que es imposible, pero únase a mí por un momento. Por diversión, llamemos a esa esclava Ampliata, la forma femenina de Amplias, un nombre que se encuentra en Romanos 16. Ampliata está sentada llevando su harapienta ropa de siempre. Por costumbre, se habría sentado donde sintiera que era el lugar más bajo en la habitación; probablemente en el piso. No habría dicho mucho, probablemente no habría dicho nada en absoluto. Las mujeres no hablaban en las iglesias romanas del segundo siglo. Sin embargo, su silencio habría provenido de su estatus como mujer, no como esclava. Me pregunto lo que habría pensado ella acerca de mi idea de que la iglesia pagase para alimentar a esas personas pobres y necesitadas que pasaban por nuestra puerta. ¿Se habría preguntado ella cuán profundos eran mis bolsillos y por qué fui renuente a reunir el dinero de mi propio bolsillo? Me pregunto qué habría pensado ella de mi cobardía. ¿Se habría preguntado qué universidad cristiana era? Me pregunto lo que ella habría pensado mientras nosotros encontrábamos excusas baratas para ignorar a los pobres. Me pregunto cuál sería su reacción al Sr. Gruñón, el señor de la Junta de Ancianos.

Es cierto que Ampliata era un esclava, y estaba acostumbrada a someterse a su amo. Probablemente era bastante consciente de las declaraciones de Pablo en su carta a la iglesia en Éfeso de que los esclavos debían ser obedientes a sus amos, como si estuvieran sirviendo a Cristo. Pero ella era también una cristiana del segundo siglo acostumbrada a ser querida y respetada en un ambiente eclesial. Su vida cotidiana era una vida de pobreza y falta de respeto, sin embargo, en la iglesia ella era otra persona. En la iglesia era querida como familia por parte de todos, incluso de los cristianos ricos. Ella era diaconisa, alguien destacada por su estilo de vida de servicio. Contrariamente a la actualidad, en la Iglesia primitiva el servicio y el liderazgo eran una misma cosa.

Ese era el tipo de ministerio en el que ella había desempeñado un papel de liderazgo, en el que era respetada, en el que era querida. Incluso Plinio sabía que ella conocería a todo el mundo y sabría las respuestas que él estaba buscando. En otras palabras, ella era una cristiana madura; y sí sabía las respuestas que él buscaba. Plinio sencillamente no entendía lo que ella estaba diciendo; y ella tampoco iba a darle los nombres de sus compañeros cristianos. La traición a su querida familia cristiana habría sido horrible; la traición a su Señor, impensable.

¿Habría tocado ella las marcas de los clavos en sus muñecas donde Plinio el Joven la habría hecho clavar a una cruz en las colinas fuera de Nicomedia? ¿Pensaría ella en el severo dolor mezclado con devoción a Jesús; agonía y humillación, mezclados con un amor inquebrantable? ¿Recordaría la expresión de horror en el rostro de Silvania? Una expresión de horror basada en ver a Ampliata clavada antes que ella. Silvania era su hermana querida en Cristo. Ella estaba más cerca que una hermana en la carne; compañera diaconisa y compañera esclava. Silvania tampoco se derrumbó bajo el interrogatorio de Plinio.

¿Caería una lágrima por la mejilla de Ampliata pensando en una oportunidad perdida para los pobres? ¿Qué habría pensado ella sobre intercambiar una hamburguesa por una presentación del evangelio? ¿Qué habría pensado sobre nuestra extraña preocupación por las políticas de seguros? ¿Qué habría pensado de nuestro edificio? ¿Cómo se habría sentido en cuanto a intentar mantener a "esos tipos" fuera de "nuestra propiedad"? ¿Estaría confundida por el modo en que tratamos esa reunión de negocios? ¿Sabría ella lo que era una reunión de negocios? ¿Qué habría pensado sobre nuestra breve oración de apertura? ¿Habría quedado impresionada por el modo en que nosotros seguimos a Jesús nuestro Señor? ¿Llegaría incluso a pensar de nosotros como cristianos? ¿Qué habría pensado ella? Me lo pregunto. Me lo pregunto.

## ¿Cómo llegamos desde allí hasta aquí?

Es importante lidiar con los problemas históricos muy reales que nos hicieron llegar desde allí hasta donde nos encontramos ahora. Con la palabra "allí" me refiero a lo que alguien en el siglo primero y segundo, como Ampliata, habría experimentado. Por la palabra "aquí" me refiero a lo que la mayoría de nosotros en el cristianismo occidental hemos experimentado. Esta es la historia de un movimiento viral de Jesús que se convierte en cristiandad. No utilizo la palabra *cristiandad* de una manera positiva. Se contrasta con el cristianismo, en particular el cristianismo que está siendo utilizado por Dios para mantener un movimiento viral del evangelio. La palabra *cristiandad*, tal como la utilizo aquí, es el proceso histórico de envejecimiento que atravesó el cristianismo. Cuanto más viejo se hizo, menos apropiado era para encender o sostener un movimiento viral de Jesús. Pronto se volvió tan viejo y tan desgastado que ya no pudo contener un movimiento así. El cristianismo, tal como utilizo la palabra aquí, es lo verdadero; es el Cuerpo de Cristo, la Iglesia. Sin embargo, puede ser cualquier cosa, desde un movimiento viral de Jesús, modo en el cual Jesús pensó que fuese y lo que vemos en el Nuevo Testamento, hasta un odre tan viejo, rígido y cuarteado que ya no puede contener vino nuevo.

No queremos derribar nada por el mero hecho de ser críticos. Tampoco queremos destruir sin intentar construir algo mucho mejor. Sin embargo, si queremos experimentar un movimiento viral de Jesús en Occidente, debemos saber qué está impidiendo nuestro progreso y por qué. La cristiandad que tenemos no ha comenzado, no comenzará y no puede comenzar ni sostener un movimiento viral de Jesús.

## Una mayor ampliación de la metáfora del odre

Vamos a embarcarnos en una mayor investigación del odre viejo. Tenemos mucho que aprender juntos aquellos de nosotros que queremos ver un movimiento viral de Jesús en nuestra vida. Creo que un repaso de la perspectiva de Jesús acerca de los odres sería útil.

Y nadie echa vino nuevo en odres viejos; de otra manera, el vino nuevo romperá los odres y se derramará, y los odres se perderán. Mas el vino nuevo en odres nuevos se ha de echar; y lo uno y lo otro se conservan. Y ninguno que beba del añejo, quiere luego el nuevo; porque dice: El añejo es mejor.

LUCAS 5:37–39

El vino nuevo de un movimiento viral de Jesús no puede contenerse en el odre viejo de la cristiandad occidental. De hecho, intentar hacerlo sería destruir el odre viejo. El vino nuevo se perdería. Sería destructivo sin ser constructivo.

Además, quienes están acostumbrados al odre viejo aman el odre viejo. Muchos en la cristiandad conocen a Cristo. Si aman el odre viejo y son verdaderamente alimentados espiritualmente por él, entonces dejemos que continúen, sin embargo, Jesús está haciendo vino nuevo en nuestro tiempo. Algunos de nosotros estamos escuchando su llamado a vivir en un odre nuevo. Deberíamos observar que Jesús nunca menosprecia el vino viejo en el odre viejo. Lo único que dice es que los odres viejos no pueden mantener el vino nuevo. Tan sólo derramar vino nuevo en la piel vieja hace estallar el odre mismo, perdiendo el vino nuevo. La cristiandad es el odre viejo, no el cristianismo o la Iglesia. Es el conjunto de tradiciones no bíblicas que constituyen la cristiandad lo que hace que no sea adecuado como odre para el vino nuevo que Jesús está derramando en nuestra época.

## El envejecimiento de un hermoso odre

Por tanto, veamos cómo llegamos desde la época de Ampliata hasta la nuestra a fin de poder estar seguros de no volver a construir el mismo odre viejo una vez más. O para utilizar la metáfora de Jesús, veamos cómo es un nuevo odre adecuado para el vino nuevo. Además, necesitamos ver cómo es el proceso de envejecimiento de un odre viejo, que ya no puede mantener el vino nuevo. Para ser sinceros, incluso en la época de Ampliata, el proceso de envejecimiento del odre ya había comenzado. A continuación hay algunos acontecimientos clave en este proceso de envejecimiento, junto con algunas fechas aproximadas.

Me concentro aquí en asuntos de estructura y liderazgo, no en teología. Lo que veremos es el cambio de la Iglesia primitiva desde una estructura de nuevo pacto, algo organizado de manera orgánica (algo organizado como una cosa viva) hasta una estructura organizativa humana como un ejército, gobierno, una institución o un negocio. La nueva estructura se basa en una lógica totalmente diferente (lógica jerárquica) a la estructura del nuevo pacto modelada por Jesús y los apóstoles del primer siglo en el Nuevo Testamento (lógica orgánica). La diferente lógica hace que realizar el ministerio basado en el ejemplo del Nuevo Testamento sea imposible o muy torpe e intrincado. Esto nos lleva de regreso al vino nuevo en odres viejos. El vino nuevo necesita odres nuevos porque si no hará explotar los odres viejos (estructuras). Los problemas históricos que siguen a continuación mostrarán los importantes acontecimientos a medida que el odre nuevo de la Iglesia del Nuevo Testamento envejeció hasta convertirse en una estructura humana basada en una lógica humana.

| AÑO APROXIMADO | |
|---|---|
| Cerca del 97 | Sucesión apostólica |
| Entre 98–117 | Obispo único |
| Antes del 225 | Concepto del clero aparece por primera vez en escritos |
| Después del 313 | Liderazgo jerárquico |
| Antes del 373 | Ordenación |
| Alrededor del 327 | Edificio de la iglesia |
| Alrededor del 347 | Servicio con orden de adoración y sermón |

El cambio de la eclesiología histórica de la Iglesia, como se indicó anteriormente, se basa en una lógica humana. Esta lógica humana puede denominarse jerárquica o institucional. Es el modo en que todos los grupos sociales humanos e instituciones se organizan a sí mismos. Las tribus tienen jefes. Los negocios tienen jefes, jefes de departamento y líderes de equipo. Los ejércitos tienen oficiales de diversos rangos. Las entidades políticas tienen presidentes, dictadores y todo tipo de otras estructuras del liderazgo jerárquicas. Incluso las familias, en todas sus variaciones culturales en todo el mundo, tienen a quienes tienen más poder y a quienes tienen menos. Cuanto más grande y más complejo sea el grupo social, más complejas son las formas de estructura de poder jerárquica e institucional. La lógica humana que está detrás de esta estructura es el poder, la organización y el liderazgo humanos. Los seres humanos, si tienen que tomar decisiones duraderas y funcionar como unidad cohesiva deben, por necesidad, organizarse a sí mismos de esa manera. Alguien tiene que tomar la decisión final; alguien tiene que tener suficiente poder para coordinar a los demás en el trabajo. La otra opción humana es el caos. Dada nuestra naturaleza humana, el caos con frecuencia conduce al derramamiento de sangre.

## Dos excepciones de la regla

Hay dos excepciones importantes de esta regla de los seres humanos que se organizan mediante la estructura organizativa humana o el poder jerárquico humano.

## Israel en la época de los jueces

La primera es la estructura de la nación de Israel desde Éxodo hasta 1 Samuel 8. Esta primera estructura de Israel es una teocracia, una nación gobernada por Dios mismo. Dios, como siempre ha hecho, obró por medio de los hombres a los que escogió. Esta estructura forzaba intencionadamente a la nación de Israel a buscar a Dios. La estructura en sí misma no era sostenible humanamente hablando. No había ejército, con frecuencia no había ningún líder asignado, hasta que el pueblo se acercó a Dios y clamó para tener uno en mitad de una crisis.

Todo esto cambió cuando, debido a su propio sentimiento de seguridad, una seguridad enfocada su propia capacidad humana para protegerse a ellos mismos, Israel buscó convertirse en un reino: una estructura política jerárquica como la de las naciones que les rodeaban.

> Y dijo Jehová a Samuel: Oye la voz del pueblo en todo lo que te digan; porque no te han desechado a ti, sino a mí me han desechado, para que no reine sobre ellos. Conforme a todas las obras que han hecho desde el día que los saqué de Egipto hasta hoy, dejándome a mí y sirviendo a dioses ajenos, así hacen también contigo. Ahora, pues, oye su voz; mas protesta solemnemente contra ellos, y muéstrales cómo les tratará el rey que reinará sobre ellos.
>
> 1 SAMUEL 8:7–9

Lo que tenemos que destacar aquí es fundamental. Buscar liderazgo humano es rechazar a Dios. Como Dios dijo: "Porque no te han desechado a ti, sino a mí me han desechado, para que no reine sobre ellos". Dios quiere conducir a su pueblo. Los seres humanos queremos controlarlo todo nosotros mismos. Nos sentimos mucho más cómodos con la lógica humana de jerarquías que con la estructura orgánica de Dios. La estructura orgánica de Dios se mantendrá solamente si Él participa, razón por la cual Israel continuamente caía en el caos en la fase teocrática. No era que Dios fuese un mal líder; era que una estructura social orgánica no podía funcionar sin Dios. El caos estaba causado cuando el pueblo de Israel intentaba vivir apartado del liderazgo de su Dios.

## La Iglesia primitiva

Anteriormente destaqué que hay dos excepciones significativas de esta regla de personas organizadas por la estructura organizativa humana del poder jerárquico. La segunda excepción es la Iglesia primitiva, mientras vivió en el nuevo pacto. No hubo un momento decisivo en el que la Iglesia, al igual que Israel, escogiera seguir a líderes humanos en lugar de seguir a Dios. En cambio, fue el proceso gradual bosquejado anteriormente, el cual necesitó aproximadamente trescientos años.

Las decisiones que tomó la Iglesia en aquellos siglos, a medida que pasamos de un odre orgánico a un odre institucional, fueron ilógicas cada una de ellas por sí mismas, pero todas estuvieron basadas en una lógica humana básica, que negaba la necesidad de Dios. Las personas estaban sucumbiendo a la *stoicheia*, los principios fundamentales del mundo. Fue un proceso inconsciente, no un proceso intencional. Líderes influyentes intentaron arreglar los problemas que tenían, y utilizaron la mejor razón y lógica humana que tenían en un intento por crear una estructura segura que las personas pudieran entender y dirigir. Esta serie de pasos, basada en los principios fundamentales del mundo, lentamente fue transformando a una Iglesia dirigida por Dios y caracterizada por la obediencia a Dios en una institución humana con todos los problemas inherentes de una institución.

Cuando la Iglesia, bajo este sistema, tiene líderes piadosos, nos va bien; no estupendamente, pero al menos bien, aunque siempre estamos a una decisión humana de distancia del desastre. De ninguna manera estoy diciendo que Dios haya abandonado a la Iglesia. Él no abandonó a Israel y no ha abandonado a la Iglesia, ni siquiera en sus momentos más oscuros.

Las decisiones humanas bosquejadas anteriormente han tenido inmensas consecuencias en el modo en que realizamos el ministerio y en cómo damos fruto. Jesús tenía toda la razón: los odres viejos no pueden contener vino nuevo. Cuando el odre pasa de cierto punto, no puede contener vino nuevo, pues no tiene la flexibilidad para hacerlo. El odre se vuelve rígido, adecuado solamente para el vino viejo.

Cuando la Iglesia, al igual que Israel, se convirtió en un odre viejo, ya no pudo contener a los nuevos cristianos que llegaban. Eso es lo que le sucedió a la Iglesia en Occidente. Ahora nos hemos convertido en una cristiandad con concesiones, en lugar de ser la vibrante Iglesia de los primeros siglos. Ahora, particularmente a la luz de los importantes cambios sociales del posmodernismo, ya no podemos contener el vino nuevo que Jesús quiere darnos.

En el capítulo siguiente veremos con más profundidad los acontecimientos históricos clave en la eclesiología de la historia de la Iglesia aproximadamente entre los años 100 y 400 d. C. Veremos las consecuencias estratégicas de esos acontecimientos y mostraremos cómo se resisten al ministerio del nuevo pacto del modo en que Jesús y los primeros apóstoles lo modelaron. Será importante destacar cómo las decisiones se sitúan una sobre otra, hasta que se desarrolla un sistema totalmente nuevo basado en la lógica y el poder humano.

## CAPÍTULO 5

# El desmoronamiento de un movimiento viral de Jesús

*P*UEDE ALGUIEN SER un héroe y un problema no intencionado al mismo tiempo? Yo creo que se puede. Y de hecho, esta realidad agridulce está lejos de ser extraña en la historia de la Iglesia. Veamos la historia de uno de los primeros padres de la Iglesia, Ignacio de Antioquía, como ejemplo del modo en que las buenas personas con la mejor de las intenciones pueden introducir ideas que tienen consecuencias malintencionadas, duraderas y devastadoras en el Reino de Dios.

Ignacio (al que no hay que confundir con Ignacio de Loyola, un líder de la Iglesia posterior que fundó la orden monástica jesuita en el siglo XVI) murió durante el reinado del emperador Trajano. Fue el tercer obispo de la ciudad de Antioquía, en el sur en la actual Turquía. Fue martirizado por su abierta devoción a Jesús su Señor. Fue llevado con buena disposición hacia su destino final, para ser comido por leones en el Coliseo de Roma.

> Escribo a todas las iglesias y anuncio a todos que voluntariamente muero por Dios si vosotros no lo impedís. Os ruego que no tengáis para mí una benevolencia inoportuna. Dejadme ser pasto de las fieras por medio de las cuales podré alcanzar a Dios. Soy trigo de Dios y soy molido por los dientes de las fieras para mostrarme como pan puro de Cristo.[1]
>
> CARTA DE IGNACIO A LOS ROMANOS, CAPÍTULO 4

En su viaje escribió cartas a seis iglesias locales para alentarlas y darles enseñanza.

No hay duda alguna de su inquebrantable devoción a Jesús. No hay duda de su deseo de hacer avanzar el Reino de Dios. Por todo eso debería ser respetado como un héroe de la Iglesia primitiva; sin embargo, al mismo tiempo Ignacio introdujo algunas ideas en la Iglesia primitiva que también dañaron el movimiento viral del Reino al que estamos denominando movimiento viral de Jesús.

> Yo os exhorto a que pongáis empeño por hacerlo todo en la concordia de Dios, bajo la presidencia del obispo, que ocupa el lugar de Dios; y de los presbíteros, que representan al concilio de los apóstoles; y los diáconos, para mí muy queridos, el ejercicio que les ha sido confiado del ministerio de Jesucristo, el cual estaba junto al Padre antes de los siglos y se manifestó en estos últimos tiempos.[2]
>
> Carta a los magnesios, 6

En este breve pasaje, Ignacio había introducido varias ideas que causaron estragos en un movimiento viral del Reino que se difundía con rapidez en el que Jesús y solamente Jesús es Señor. Veamos estas ideas.

- Obispo (él utiliza la palabra para representar ancianos) que "preside". Es decir, que ocupa el lugar del control, actuando como presidente o moderador.
- Lo hace "en lugar de Dios".
- Lo hace en una nueva estructura jerárquica con "el obispo" ejerciendo este control sobre los "presbíteros".
- A estos diversos funcionarios jerárquicos se les confían los negocios de Jesucristo.

¿De dónde provienen estas ideas? No del Nuevo Testamento. Ignacio, quizá con la mejor de las intenciones, tomó prestadas ideas de las estructuras mundanas que le rodeaban. Esas ideas provenían de su sistema de valores cultural no cristiano. Pero al introducir ideas del mundo, Ignacio, junto con otros primeros líderes cristianos como él, abrió la caja de Pandora.

# Abrir la caja de Pandora rechazando el nuevo pacto de Dios

La caja de Pandora que aquellos líderes abrieron fue algo sobre lo que Pablo, en los libros de Gálatas y Colosenses, nos advirtió. Esta caja de Pandora es confiar en el sistema operativo equivocado, en lugar de confiar en el sistema operativo de Dios: su nuevo pacto (véase Jeremías 31:31; Lucas 22:20; 2 Corintios 3:6; Hebreos 8:8).

Lo que yo denomino utilizar el sistema operativo equivocado, Pablo lo denomina confiar en los principios fundamentales o básicos del mundo. La palabra griega para esos principios fundamentales o básicos es *stoicheia*. Al volvernos a esos principios fundamentales del mundo, hemos cambiado desde un cristianismo del nuevo pacto y controlado por el Espíritu a una cristiandad controlada por el hombre. Estamos confiando en el hombre y en la fuerza de nuestra carne en lugar de confiar en Dios. Nos estamos alejando del liderazgo de Dios y de su señorío y confiando en el liderazgo de los hombres.

> Ciertamente, en otro tiempo, no conociendo a Dios, servíais a los que por naturaleza no son dioses; mas ahora, conociendo a Dios, o más bien, siendo conocidos por Dios, ¿cómo es que os volvéis de nuevo a los débiles y pobres rudimentos, a los cuales os queréis volver a esclavizar? Guardáis los días, los meses, los tiempos y los años. Me temo de vosotros, que haya trabajado en vano con vosotros.
>
> Gálatas 4:8–11

Hay dos cosas interesantes aquí. En primer lugar, Pablo afirma que hay principios fundamentales del mundo, que nos mantienen en esclavitud. En segundo lugar, afirma que al volver a guardar la ley del viejo pacto (observando días, meses, períodos y años especiales), uno está, en esencia, regresando esos principios fundamentales.

Pablo advirtió a los colosenses acerca de algo parecido: "Mirad que nadie os engañe por medio de filosofías y huecas sutilezas, según las tradiciones de los hombres, conforme a los rudimentos del mundo, y no según Cristo" (Colosenses 2:8).

Al igual que seguir la ley del viejo pacto era regresar a miserables principios fundamentales, así también lo era añadir filosofía griega a la mezcla.

Hacerlo sería ser hecho cautivos, convertirnos en esclavos, tal como él advirtió a los gálatas.

> Pues si habéis muerto con Cristo en cuanto a los rudimentos del mundo, ¿por qué, como si vivieseis en el mundo, os sometéis a preceptos tales como: No manejes, ni gustes, ni aun toques (en conformidad a mandamientos y doctrinas de hombres), cosas que todas se destruyen con el uso? Tales cosas tienen a la verdad cierta reputación de sabiduría en culto voluntario, en humildad y en duro trato del cuerpo; pero no tienen valor alguno contra los apetitos de la carne.
>
> Colosenses 2:20–23

Regresar a la ley del viejo pacto, al igual que volverse a la filosofía griega, era volverse a los principios básicos de este mundo (*stoicheia*). Tales cosas parecen ser sabias, pero de hecho son en realidad increíblemente necias.

Una cosa es afirmar que regresar a una relación no de pacto con Dios estaría operando bajo esos miserables principios. Eso es lo que hicieron los colosenses al intentar añadir la "sabiduría" de la filosofía griega al nuevo pacto. Pero ¿por qué operar en una relación de pacto, aunque sea el pacto equivocado, como hicieron los gálatas, sigue regresando a los principios fundamentales necios? ¿Y a qué se debe esa esclavitud? Con palabras sencillas, o bien regresar al viejo pacto de la Ley o confiar en la sabiduría humana de la filosofía griega, es confiar en capacidades humanas y estructuras humanas. Ya no estamos operando en el nuevo pacto del Nuevo Testamento, en el que Dios pone la ley en nuestro corazón y nuestra mente mediante su Espíritu, sino que ahora funcionamos en la capacidad humana. Estamos siguiendo la ley del Antiguo Testamento en nuestra capacidad humana o estamos siguiendo nuestra sabiduría humana. Ambas cosas se reducen a lo mismo, y las dos rechazan el señorío de Jesús.

## Las consecuencias estratégicas de los cambios históricos

La Iglesia primitiva era un vibrante movimiento del Espíritu de Dios. Tenía una estructura orgánica distinta a cualquier cosa que el mundo hubiese visto anteriormente. Israel, sin embargo, antes de rechazar a Dios a cambio de liderazgo humano estaba, al igual que la Iglesia, dirigida por Dios mismo. En el capítulo anterior vimos que igual que Israel rechazó a

Dios como su rey, así la Iglesia primitiva también terminó abandonando el liderazgo divino a cambio de liderazgo humano. Sin embargo, contrariamente al rechazo decisivo de Israel del liderazgo de Dios en 1 Samuel 8, vemos a la Iglesia dando pequeños pasos cada vez mayores. Sin embargo, terminó teniendo el mismo efecto devastador.

En este capítulo veremos esos pasos cada vez mayores con más detalle y lidiaremos con sus implicaciones estratégicas dañinas. También hablaremos sobre el modo en que esos pasos históricos siguen inhibiendo un movimiento viral del Espíritu en Occidente en la actualidad. Veremos esos pasos en general en el orden histórico de su aparición. Cada paso es importante, sin embargo, cada paso es pequeño y parecía tener sentido en su momento. Sin embargo, el efecto acumulativo fue monumental y devastador. A continuación están algunos de los pasos que la Iglesia dio a medida que se fue transformando lentamente de ser un movimiento vibrante del Espíritu a ser una cristiandad institucional controlada por el ser humano.

## Gobierno de un solo obispo

Con este primer paso tenemos un cambio pequeño, pero distintivo en la dinámica de poder de la Iglesia. Ignacio de Antioquía (35–107; la fecha de la muerte de Ignacio es asunto de debate histórico) exaltó el estatus y la autoridad de un hombre por encima de los demás. Él escribió en su *Epístola a los Efesios*: "Es manifiesto, por tanto, que deberíamos mirar al obispo incluso como miraríamos al Señor mismo".[3] Este pequeño paso es la primera semilla plantada de una serie que finalmente brotaría para convertirse en sacerdotes católicos romanos y pastores protestantes.

Este es en realidad el primer pequeño paso hacia la estructura jerárquica. Sin embargo, en este punto la estructura es pequeña y sencilla; es también esporádica. Esta idea no cuajó enseguida. Viola y Barna escriben: "En la época de Ignacio, el gobierno de un solo obispo no había cuajado en otras regiones. Pero a mitad del siglo II, este modelo quedó firmemente establecido en la mayoría de iglesias. Al final del siglo III, prevalecía por todas partes".[4] Hay una buena razón de que esto no cuajase inmediatamente: es distintivamente ajeno al pensamiento del Nuevo Testamento.

Con el gobierno de un solo obispo hemos establecido un sacerdote en el sentido pagano y de viejo pacto de la palabra. El concepto clave fue la introducción otra vez del sacerdocio exclusivo en una fe en la cual todos éramos sacerdotes. La idea del sacerdocio en el Nuevo Testamento era que todos tienen acceso igualitario y directo a Dios (véase 1 Pedro 2:9). Con este cambio, tenemos a una persona especial que está entre Dios y la persona promedio. Los seres humanos, y no Cristo como cabeza de la Iglesia, toman decisiones de liderazgo por otros. El principio fundamental del nuevo pacto ha sido violado.

¿Qué iglesia congregacional no tiene un sacerdote o pastor? En algunas estructuras, esos líderes son más responsables ante otros; en otras, lo son menos. En todas ellas, tienen poder sobre las vidas de los demás. En todas terminan "presidiendo en lugar de Dios", como lo expresó Ignacio. Y en todas, se saltan sin hacerlo intencionadamente el señorío de Jesucristo aferrándose al principio fundamental del liderazgo humano en lugar de seguir el sistema operativo controlado por el Espíritu del nuevo pacto. Al hacerlo, muchos se han vuelto como Ignacio, una persona de intenciones heroicas, pero también un problema no deliberado. El problema está en la estructura humana misma, no meramente en los corazones de los hombres. Peor aún, buenas personas con puras intenciones pueden crear problemas no deliberados tan sólo participando en una estructura que refleja los principios fundamentales del mundo en lugar de reflejar la estructura orgánica del nuevo pacto de Dios.

## Niveles de liderazgo

Ignacio de Antioquía es también la persona que introdujo la idea de los niveles de liderazgo. "Para Ignacio, el obispo ocupaba el lugar de Dios mientras que los presbíteros, o ancianos, ocupaban el lugar de los doce apóstoles. Correspondía solamente al obispo celebrar la Comunión, dirigir bautismos, dar consejo, disciplinar a los miembros de la iglesia, aprobar matrimonios y predicar sermones".[5] El concepto estratégico clave aquí es el comienzo del liderazgo multinivel.

La estructura jerárquica de la pirámide de poder humano es endémica de todo el liderazgo controlado por los seres humanos, pero es una contradicción directa del nuevo pacto y de nuestra declaración de lealtad: Jesús es Señor. No necesitamos niveles cada vez más complejos de liderazgo humano. Necesitamos aprender a confiar en el Espíritu que pone su ley en nuestro corazón y nuestra mente, lo cual es lo mismo que confiar en Jesús nuestro Señor. Al mismo tiempo necesitamos aprender a vivir rindiéndonos cuentas mutuamente entre cristianos controlados por el Espíritu. Escuchamos a su Espíritu individualmente, y aprendemos a escuchar y confirmar en comunidad. Somos guiados por el Espíritu bajo el nuevo pacto y nuestra comunidad es guiada por el Espíritu. Esto no es independencia; es dependencia de Jesús como individuos y como comunidad. Es también interdependencia el uno del otro a medida que Jesús dirige la comunidad; es confiar en que Jesús nos hable como individuos. Él lo hace cuando habla a nuestros corazones, y lo hace mediante nuestra comunidad llena del Espíritu. En cada ocasión Él es el Señor; Él es el líder. Tristemente, las capacidades de discernimiento de escuchar al Espíritu y buscar su confirmación se han perdido en gran parte en la Iglesia occidental. En su lugar, regresamos al liderazgo controlado por el ser humano, al poder humano, los planes humanos y los resultados humanos.

## Sucesión apostólica

A Clemente de Roma (finales del primer siglo y principios del segundo) se le ocurrió la idea de que un líder nombrase a otro que pudiera sucederle en el ministerio.[6] Él inventó la idea por sí mismo; no se encuentra en el Nuevo Testamento. El concepto clave aquí es que un poder especial se deriva de otros hombres. Ahora, la función de aquel que dirige y cuándo le ha sido arrebatada a Cristo y se ha situado en manos de personas.

¿De dónde derivan nuestros líderes sus posiciones y su poder? ¿Proviene de la denominación? ¿Proviene del consejo de ancianos? ¿Proviene de Roma o de Colorado Springs? La Iglesia Católica romana practica abiertamente la sucesión apostólica. Las diversas expresiones del protestantismo practican un equivalente funcional de modo encubierto o sin ni siquiera saberlo. En cada caso, los seres humanos dan poder a otros seres humanos. Al hacerlo, se saltan el nuevo pacto y a Jesús el Señor.

## Laicismo

Clemente de Roma también fue la primera persona conocida en utilizar el concepto de "laicismo" en los escritos cristianos.[7] Proviene de la palabra *laós*, que sencillamente significa "personas". Ahora tenemos definidas a dos tipos de personas, no sólo a los obispos y al resto sino a los obispos y a las demás personas, que tienen su propio término: laicismo. Existe una lógica subyacente en la distribución de estos dos términos que claramente tiene un origen humano.

El concepto clave aquí es el derribo del estatus e importancia de quienes no tenían títulos o posiciones oficiales. Esto conduce a aquellos que "realizan el ministerio" y aquellos "a quienes se ministra". Esto es completamente distinto al concepto del Nuevo Testamento de un cuerpo orgánico en el que el ojo no puede decirle a la mano: "No te necesito" (1 Corintios 12:21). También interrumpe la relación interactiva del Cuerpo donde se ministran unos a otros mediante el impulso del Espíritu, tal como vemos descrito en 1 Corintios 14:26-32. Con este cambio estamos viendo una importante perversión del modo en que los cristianos se relacionan los unos con los otros.

De nuevo el problema no está solamente en los corazones de las personas; está en el mundo en que nos hemos organizado. La estructura organizativa que damos por sentada no refleja la nueva estructura práctica del Nuevo Testamento ni refleja el señorío de Jesús. ¿Cómo es que muchas iglesias que tienen "laicismo" (por ejemplo, miembros de la congregación) tienen un 100 por ciento de su cuerpo operando en sus dones espirituales, o un 50 por ciento, o incluso un 20 por ciento? ¿Cuántos "miembros laicos" pueden utilizar sus dones espirituales en un culto en la iglesia de una semana en particular del mes? ¿Cuántos pueden realmente utilizar sus dones semanalmente o mensualmente fuera de un culto en la iglesia? ¿Cuántos ni siquiera saben cómo les ha dotado de Dios o cuál es el llamado de Dios en su vida? ¿Cuántas personas laicas sienten que su función es ser ministradas? ¿Cuántas son pasivas? ¿Cuántas son espiritualmente débiles? Todos estos asuntos son las consecuencias no deliberadas de lo que Clemente se sacó de la nada.

## Clero

Tertuliano (nacido en el año 160) fue la primera persona conocida en utilizar el término "clero"[8]. Se utiliza por primera vez en su obra *On Monogomy*,[9] que fue escrita alrededor del año 217.[10] El uso del término denota un claro cambio de pensamiento. El término *clero* se deriva de la palabra griega *kleros*, que significa "terreno, una parte o una herencia". El Nuevo Testamento nunca utiliza la palabra *kleros* para los líderes; en cambio, la utiliza para todo el pueblo de Dios. La división entre laicismo y clero también se adoptó lentamente y no fue universalmente aceptada. Esto se debe a que es una clara violación de la enseñanza de Jesús sobre el liderazgo.

Con la introducción de este título, tenemos una "clase" especial de personas. Eso es lo mismo que decir que la Iglesia está comenzando a pensar en el clero como el grupo distintivo con poder, privilegios y estatus especiales. El concepto clave aquí es la división de clases. Cada clase tiene su propio nombre: clero y laicos. El clero no está solamente definido por su título, "obispo", sino también por su distinción de clase como grupo. Esto es un reflejo de los conceptos religiosos de las religiones paganas que prevalecían en la sociedad grecorromana. La idea del clero también refleja la normal estructura de poder humano de todas las sociedades. Notemos cómo un pequeño paso se sitúa sobre otro.

El clero es una distinción de clase espiritual, una distinción que no está reflejada en el lenguaje y la historia del Nuevo Testamento mismo. ¿A cuántas personas conocemos que están dispuestas a seguir a sus "líderes espirituales" en lugar de escuchar a Jesús mismo en el contexto de comunidad? ¿Cuántas sienten que hacer eso es fidelidad a Dios mismo? ¿Cuántas creen erróneamente que tales personas están por encima de ellas espiritualmente y en estatus? ¿Cuántos clérigos sienten que es su responsabilidad o derecho "gobernar" o liderar a los laicos? ¿A cuántos cristianos conoce usted que hayan sido espiritualmente heridos por quienes tenían poder posicional sobre ellos en la iglesia?

Una vez más, el problema está en los corazones de las personas mientras que al mismo tiempo está también incorporado en la estructura. Las personas laicas tienden a volverse espiritualmente débiles y vacías, y lo hacen porque el sistema tiende a desconectarlas de su Señor sustituyéndole a Él por seres humanos de un mayor estatus. Mientras que este sistema daña a los laicos, es también muy peligroso para las almas de aquellos a quienes se les otorga estatus especial, poder y control. Cuando los líderes dan por sentado su derecho a tomar decisiones, su poder, su estatus y control, usurpan sin querer el señorío de Jesús. Esto es muy peligroso espiritualmente. Al menos a veces esa usurpación no es deliberada. Sea deliberada o, ellos han pecado y sus almas son dañadas por un sistema que no es del Nuevo Testamento.

## Religión civil

Después del Edicto de Milán en el año 313, adoptamos con bastante rapidez la jerarquía de liderazgo humano multinivel del gobierno romano como nuestro modelo. Esto se debe a que la Iglesia comienza a pensar en sí misma como la religión aprobada oficialmente del imperio romano.

En la sociedad romana pagana, la religión no era meramente espiritual; ocupaba un papel civil, profundamente entretejido en la cultura y relacionada oficialmente con el Estado. El cristianismo comenzó a adoptar ese papel. Inicialmente, fue una actitud subyacente y no expresada, pero al final se convirtió en política estatal oficial. El Edicto de Milán solamente comenzó el proceso de la "civilización" del cristianismo; sin embargo, con el tiempo, nos identificamos fuertemente con el Estado romano y su estructura.

El cristianismo comenzó a modelar la estructura del gobierno, incluso hasta el punto de adoptar nombres paganos de la religión pagana, por ejemplo *Pontifex Maximus*. "El *Pontifex Maximus* era el sumo sacerdote pagano de la antigua escuela romana de pontífices. Era la posición más importante en la antigua religión romana, abierta solamente para los patricios hasta el año 254 a. C., cuando un plebeyo ocupó por primera vez esta posición. Siendo un oficio religioso distintivamente en los primeros tiempos de la República Romana, gradualmente se fue politizando hasta que, comenzando con Augusto, fue incluido en el oficio imperial".[11] El título *Pontífice*, que significa sacerdote, fue utilizado por primera vez por el Papa Dámaso I, obispo de Roma desde el año 366 hasta el 384.[12] Muy posteriormente se utilizó *Pontifex Maximus*, como se utiliza en la actualidad, por parte de la Iglesia Católica romana para significar el sacerdote más alto de la jerarquía, es decir el papa.

Una grave y peligrosa línea se ha traspasado aquí. La Iglesia no sólo se estaba organizando basándose en la estructura de gobierno pagana, sino que también estaba adoptando títulos de una religión pagana. Se veía a sí misma relacionada con el gobierno pagano del mismo modo en que la religión pagana se había relacionado con él. Este no era sólo un principio de organización, sino que también ligaba a la Iglesia con el pensamiento, la religión y el gobierno paganos. Ahora nos estamos revolcando en los principios fundamentales del mundo. Todo esto se hizo por causa del poder, el prestigio y la protección percibida que el gobierno podría otorgar a la cristiandad. Ese mismo gobierno, tan sólo unas décadas antes, asesinaba a los cristianos por no postrarse ante el emperador y los ídolos como dioses. La Iglesia buscaba claramente legitimidad y poder, pero pensaba en el poder y la legitimidad según la fuente equivocada. La Iglesia, al igual que Israel antes que ella, se había desligado de Dios y se había ligado a sí misma a los reyes (o emperadores).

La relación de la religión con el poder y la autoridad gubernamentales nunca ha sido buena para la espiritualidad de los involucrados. Además, la Iglesia ya no suponía tácitamente que el clero fuese en cierto modo superior a los laicos. Adoptamos explícitamente títulos para tales personas y les dimos poder oficial. Esos títulos se referían concretamente a los sacerdotes, quienes están entre los hombres y Dios. Esta separación entre clero y laicos se ha vuelto explícita.

¿Cuántos cristianos en Occidente en la actualidad ven su fe con unos lentes políticos? ¿Cuántos permiten que la orientación política nuble el modo en que responden a los asuntos políticos y sociales, viéndolos mediante el modo de pensar de un partido o ideología política en lugar de verlos tal como la Biblia dice? ¿Cuántos cristianos están tristes porque ya no se ora en las escuelas, por ejemplo? ¿Cuántos buscan influencia política cristiana para lograr los planes morales en lugar de confiar en el vibrante testimonio de un pueblo santo que vive vidas santas? ¿Cuán moralmente diferentes son las vidas de los cristianos de las vidas de los no cristianos que nos rodean? ¿Es nuestro índice de divorcios distintivamente diferente? ¿Son nuestros matrimonios distintivamente mejores?

Esta relación de la Iglesia con el poder político es un legado del matrimonio de la cristiandad con el Estado romano. Desde esa época, el cristianismo ha sido considerado como la religión del Estado en Occidente. Hemos sido considerados los árbitros morales de la sociedad. Muchos de nosotros seguimos considerando el papel de la cristiandad como de árbitro moral de la sociedad como derecho de nacimiento del cristianismo. La sociedad occidental ya no quiere que el cristianismo desempeñe ese papel. Si insistimos en desempeñar ese papel, cuando la sociedad ya no lo quiere, nos arriesgamos a perder el privilegio de ser escuchados, no sólo sobre política y moralidad sino también sobre el evangelio mismo. ¿Vamos a considerar esto como una pérdida o como una oportunidad para ser distintos y hermosos para la sociedad que nos rodea?

## Ordenación

Ahora, las malas ideas se están apilando una sobre otra con mucha rapidez. Debido a que la Iglesia se modeló a sí misma según la estructura gubernamental romana, adoptamos una costumbre romana de designar hombres para un oficio. Este proceso gubernamental fue denominado ordenación. La Iglesia se ha quedado fija en su pensamiento pagano, con algunas personas que designan a otras para "oficios". Quienes son designados para esos oficios son considerados los hombres santos de Dios.

¿A cuántos clérigos hemos visto que consideran que su papel como "los ordenados" les conceden privilegios y derechos especiales? ¿Cuántas veces hemos considerado sacramentos como el bautismo y la Comunión como exclusivos del estado de los ordenados? ¿Tiene derecho un cristiano de dieciséis años de edad a bautizar a alguien a quien ha guiado al Señor? ¿Puede dar la Comunión quien no está ordenado? ¿Qué dicen las Escrituras sobre estas cosas? ¿Qué puede hacer esta idea pagana de la ordenación a quienes no están ordenados? Peor aún, ¿qué puede hacer a los ordenados?

## Edificios de iglesias

El concepto de reunirse en edificios específicos ha tenido un significativo efecto en nuestra práctica ministerial. Comenzamos a pensar en los edificios como un lugar santo donde se realiza el ministerio en momentos predeterminados, y más adelante como el único lugar legítimo donde ha de realizarse el ministerio. Además, la disposición del edificio subraya las distinciones de poder entre clero y laicos. Quienes tienen poder están en el frente; quienes no tienen poder están sentados enfrente de ellos. El ministerio se quedó atascado en el espacio y el tiempo. El ministerio apostólico, tal como fue enseñado por Jesús y como fue practicado en el Nuevo Testamento, se volvió casi imposible. En su lugar, desarrollamos parroquias. Las parroquias son territorios locales relacionados con el edificio de la Iglesia en la localidad.

Esta lógica del lugar santo donde se desempeña el ministerio también se refleja en la actual práctica ministerial. El ministerio se ha convertido en un deporte de interior con horarios especiales. En el mejor de los casos, ahora podemos ser lo que Frost y Hirsch denominan "atrayentes": "un enfoque de la visión cristiana en la cual la Iglesia desarrolla programas, reuniones, cultos u otros 'productos' a fin de atraer a los no creyentes a la influencia de la comunidad cristiana".[13]

Estratégicamente, esto no es poca cosa. Ya no estamos saliendo; intentamos de algún modo convencer a otros a que se acerquen a nosotros. Jesús nos mandó que saliéramos. Más precisamente, Él en realidad supuso que saldríamos. Él nunca ni siquiera supuso o dio a entender, y menos aún nos ordenó, establecer nuestra tienda e intentar que los no creyentes visitasen nuestros bonitos programas. La primera línea de estrategia de Jesús son los apóstoles. Él los envía. Eso es lo que son los apóstoles: enviados. Los apóstoles son personas nombradas por Dios y enviadas por Dios. Los edificios de las iglesias interrumpen por completo y destruyen la flexibilidad y el movimiento externo de ese tipo de ministerio. No debería ser una sorpresa que la cristiandad haya dejado de hablar y de practicar el ministerio apostólico tal como fue diseñado y enseñado por Jesús.

## El culto con orden de adoración y sermón

La emergencia gradual del culto religioso está entretejido con los conceptos de un clero o clase sacerdotal y la idea de un espacio o templo sagrado. La Iglesia pasó a ser una imagen igual a la de las religiones paganas que la rodeaban, que resultó imitar la estructura del judaísmo. Hay una especial casta sacerdotal y una casta común que necesita que los sacerdotes la conecten con Dios. Hay un lugar santo en el que los sacerdotes realizan sus tareas por nosotros. Hay un ritual santo, que se denomina culto o misa. Si queremos ayudar a alguien a conocer a Cristo, en cierto modo debemos convencerle de que acuda a ese lugar "especial" con personas "especiales", esperando que de alguna manera obtenga algo de ese ritual "especial". La asistencia a ese ritual en cierto modo se espera que haga algo espiritual para nosotros también. Al menos esa es la esperanza. El culto ritualizado mismo ha pasado a ser un acontecimiento ordenando, rígido y estructurado. Con frecuencia, esos rituales son simbólicos y su significado no está necesariamente claro para nosotros; por tanto, terminamos expresándonos en un lenguaje "especial" que no entendemos por completo, y que quienes no conocen a Cristo es imposible que entiendan.

¿Cuántos de nosotros equiparamos asistir a un culto en la iglesia con asistir a la iglesia? ¿Cuántos de nosotros confundimos la asistencia y quizá la participación pasiva en un culto en la iglesia con la verdadera vida espiritual? ¿Cuántos de nosotros equiparamos escuchar un sermón a ser enseñados y cantar cantos como adoración? ¿Qué sucedería si el Espíritu Santo quisiera hacer algo diferente a lo que estaba impreso en el boletín? ¿De qué modo permitir un culto controlado y ritual nos desconecta potencialmente de Dios? ¿Cuánto habla en realidad el Nuevo Testamento sobre "cultos de iglesia"? La congregación intencional de cristianos solamente se describe una vez en el Nuevo Testamento (1 Corintios 14:26–32). ¿De qué modo se compara eso con lo que hacemos comúnmente en la actualidad?

## Adoptar la lógica de los tiempos

A medida que la sociedad cambió alrededor de la Iglesia, la Iglesia se adaptó a la sociedad. Esto no es totalmente malo. Necesitamos comunicarnos con la sociedad que nos rodea de maneras que sean entendibles. Pero cuando adoptamos los principios elementales de la época en la cual vivimos, nos volvemos esclavizados a ellos (Colosenses 2:8). Una cosa es adoptar costumbres como vestimenta, música o figuras del lenguaje (obviamente, es necesario observar la discreción moral en estos asuntos también). Otra cosa totalmente distinta es acomodarlos a valores y principios. Hemos observado con cierto detalle el modo en que la Iglesia primitiva sucumbió a los principios fundamentales del imperio romano. Esa no fue la última vez en que nos volvimos esclavos de la filosofía engañosa y la tradición humana.

Esos cambios a lo largo de las épocas nos han desconectado de manera lenta pero segura de nuestras raíces bíblicas, y también nos han desconectado de Dios mismo. La conducta de la Iglesia primitiva era mucho más sencilla y a la vez mucho más profunda. Estaba basada en el nuevo pacto. El Espíritu de Cristo vivía en cada creyente en una relación duradera. Él les hablaba y ellos le obedecían porque Él era su Señor. Esta obediencia amorosa se practicaba en todos los aspectos de la vida, tanto individualmente como en amorosa comunidad.

El clero crea una barrera para esta conducta de un nuevo pacto, porque ahora "los laicos" necesitan liderazgo o quizá incluso permiso por parte del clero para operar dentro del sistema de la iglesia. Algunos incluso sienten que necesitan al clero para tener acceso a Dios.

Los edificios y cultos especiales evitan que permanezcamos y obedezcamos durante todo el día. Tendemos a sentir que necesitamos acudir a un culto especial en un momento especial y en un lugar especial. Hemos llegado a apoyarnos en el programa especial, evento o proyecto como la mejor manera de ministrar a nuestros amigos no cristianos. Además, el culto no está basado en escuchar a Dios individualmente y en comunidad; está basado en una agenda programada, planeada y con tiempo. ¿Dónde está el espacio para que el Espíritu Santo haga algo diferente? ¿Qué sucede cuando Él quiere hacer algo que no estaba anteriormente programado?

El cristianismo ha llegado a basarse en el conocimiento y el ritual/evento/proyecto/programa. Ya no está basado en el nuevo pacto/

permanecer/escuchar/oír/obedecer. O más sucintamente, está basado en el conocimiento y no en la obediencia; está basado en los seres humanos y no en Jesús. Hemos sido desconectados del Dios del nuevo pacto por el sistema. En el mejor de los casos, ahora podemos conocer a Cristo y permanecer en Él a pesar del sistema.

La desconexión más peligrosa de todas, que el sistema de la cristiandad perpetra en los cristianos, es nuestra desconexión de Cristo mismo. En la cristiandad, Cristo ya no puede funcionar fácilmente como Cabeza de la Iglesia, que está íntimamente conectado con todas las partes del Cuerpo, las cuales a su vez están conectadas las unas con las otras. El sistema mismo nos distancia de nuestro Señor.

La extensa metáfora de Pablo en 1 Corintios 12 es una metáfora orgánica basada en el diseño de Dios de su creación. Y en esta estructura, Él es Cabeza y Señor absoluto. Él lo controla todo. No hay señores humanos ni mediadores entre Dios y el hombre. Esa es la función de Cristo (1 Timoteo 2:5). Toda la estructura del nuevo pacto se basa en el Espíritu de Jesús en nosotros y obrando por medio de nosotros. Él hace eso de manera individual y colectiva.

¿Cómo es entonces esta vida del nuevo pacto? Como individuos, es como la relación de permanencia en Juan 15:1–17. Estamos tan íntimamente relacionados con Jesús que somos como la vid (Jesús) y los pámpanos (nosotros). Como individuos, también estamos tan profundamente relacionados con Jesús que es imposible decir dónde termina la vid y dónde comienza el pámpano. La relación de permanencia está marcada por la profunda intimidad.

El pasaje de 1 Corintios 14:26–32 es el estilo de vida compartido del nuevo pacto en acción. No necesitamos copiar esto como si fuera un orden de servicio. Pablo sólo está mencionando qué tipos de cosas suceden cuando los cristianos se reúnen y el Espíritu de Jesús les dirige colectivamente. Cada cristiano desempeña un papel espontáneo basado en sus dones, su madurez, su experiencia y, sobre todo, la dirección del Espíritu Santo.

Este es el cristianismo del nuevo pacto expresado en odres del nuevo pacto. No tiene clero. Este cristianismo no tiene orden de servicio, porque no tiene cultos. No hay edificios especiales; puede realizarse en cualquier lugar que parezca oportuno. No hay horas o días especiales, ni tiempo sagrado. Puede haber una reunión semanal si eso parece ser lo que el

Espíritu quiere, pero probablemente también será un sólo un grupo que se reúna espontáneamente o en grupos más pequeños a lo largo de la semana. Este tipo de cristianismo no sólo se expresó en los primeros siglos de la Iglesia, sino que también nuevas comunidades como esas están surgiendo por todo el mundo, incluyendo Occidente. El odre de la cristiandad no puede contener el cristianismo de este tipo. Hay demasiadas incrustaciones históricas que obstaculizan el acceso inmediato y permanente, el escuchar, oír y obedecer. Estos creyentes entienden que el odre de la cristiandad en realidad les distancia de Dios, y evita que tengan un encuentro pleno con Cristo y le obedezcan. Las consecuencias negativas de la cristiandad sin duda no son intencionales por parte de nadie, pero debemos ser sinceros con nosotros mismos. Pasar por alto estas ramificaciones no ayudará a nadie a conectar con Dios en el nivel más profundo.

## Corrección política y obstáculos para un movimiento viral de Jesús

Actualmente es políticamente correcto en muchos círculos ministeriales decir que la forma de la Iglesia realmente no importa. Lo que importa es si la Iglesia es el tipo de Iglesia que tiene la doctrina correcta. El que una iglesia tenga estructura orgánica o estructura institucional es solamente asunto de preferencia personal o de gusto eclesial. Aunque yo agradezco la bondad, el amor y la generosidad que esto expresa, creo que es totalmente equivocado.

Esto demuestra la mentalidad de la Ilustración, que dice que lo único que cuenta son los hechos de doctrina proposicional. La doctrina es importante; sin embargo, el modo en que expresamos la doctrina pone al descubierto lo que realmente creemos. La doctrina fundamental de la Iglesia primitiva era Jesús es Señor. Plinio el Joven sacrificó a cristianos porque ellos se mantuvieron firmes en esa doctrina. Sostener tal creencia, no sólo como hecho proporcional sino también como asunto de vida o muerte, era importante para los primeros cristianos. Era lo bastante importante para morir por ella.

Vivimos en un mundo que separa creencia de conducta. Desde un punto de vista bíblico, esto es extraño. Ese modo de pensar proviene de la filosofía platónica pagana que trata las ideas como un "ideal", no como algo que necesariamente controle nuestra conducta. Notemos que las palabras *idea* e *ideal* están relacionadas. Esta extraña dicotomía entre lo que creemos y el modo en que nos comportamos es lo que trata Santiago en Santiago 1:22–25 y de nuevo en el capítulo 2:14–24. Santiago deja claro que el modo en que tratamos a los ricos y a los pobres importa. Nuestra conducta importa. Una creencia y una conducta verdaderamente sinceras están profundamente relacionadas.

Contrariamente a la Ilustración, la cosmovisión bíblica no se basa en ideales griegos paganos; se basa en un modo de pensar orgánico, en el que todo está relacionado en un todo cohesivo. Ese es el modo en que pensaban los hebreos. Ese es el modo en que pensaba Jesús. Y esa es la cosmovisión en la cual fue escrito el Nuevo Testamento. No es un documento conceptual griego; es un documento divino escrito en un contexto hebreo, desde un punto de vista holístico. Fue escrito en idioma griego, que era la lengua franca de la época, pero su marco conceptual es hebreo. Por tanto, lo que alguien crea, crea verdaderamente, se manifestará en su modo de vivir. Podemos vivir de boca para afuera cualquier cosa. Incluso podemos engañarnos a nosotros mismos para pensar que creemos algo, pero entonces ponemos al descubierto lo que creemos verdaderamente por nuestro modo de actuar. Tal creencia sin la conducta consecuente no vale la pena, es como un cuerpo muerto; no tiene vida, es sólo un caparazón vacío.

Al ser esto así, necesitamos pensar cuidadosamente no sólo en lo que creemos de la verdad proposicional (lo cual es importante), sino también en cómo actuamos; y en lo que esas conductas dicen acerca de lo que verdaderamente creemos y quiénes somos. Santiago, por ejemplo, destaca claramente que si alguien tiene las proposiciones correctas con respecto a la salvación (fe) pero no las practica, algo anda mal. Después pasa a declarar la proposición más importante del Antiguo Testamento, el shema: "Oye, Israel: Jehová nuestro Dios, Jehová uno es" (Deuteronomio 6:4). Lo sorprendente es que incluso los demonios conocen eso como hecho proposicional, sin embargo, su conducta se basa en algo más. De hecho, el shema les hace temblar de temor.

Cuando practicamos la eclesiología de la cristiandad, estamos dándole piernas a cosas que puede que realmente no creamos a nivel proposicional. Sin embargo, estamos practicando algo que puede ser contrario a lo que he denominado declaración de lealtad cristiana: Jesús es Señor. Nuestra declaración de lealtad nos dice quién es Él.

Las conductas que hemos heredado de la cristiandad han tenido efectos devastadores en nuestra capacidad de participar en un movimiento viral del evangelio. Esas conductas heredadas siguen siendo obstáculos para un movimiento viral del evangelio en la actualidad.

La Iglesia primitiva era un movimiento viral del Espíritu. Estaba diseñada para ser así por Dios mismo. Cuando los hombres, con buenas intenciones pero equivocadas, intervinieron fue cuando nuestra fe lentamente dejó de cumplir su propósito del Reino y vivir en un odre de nuevo pacto.

En este capítulo hemos visto cómo el cristianismo viral primitivo se convirtió en la cristiandad de odre viejo. Fue la cristiandad la que eliminó el primer movimiento viral del evangelio en el siglo IV.

En el siguiente capítulo veremos cómo una y otra vez Dios nos dio oportunidad de romper el molde de la cristiandad y volver a ser virales. Veremos un ejemplo tras otro del modo en que el pensamiento equivocado tomó movimientos potencialmente virales y los eliminó en sólo unas décadas.

Prepárese para emocionarse por lo que Dios hizo, incluso en las estructuras más difíciles y equivocadas. Después prepárese para entristecerse a medida que la cristiandad, una y otra vez, suprimió el Reino de Dios.

## ∽ CAPÍTULO 6 ∾

# Una historia de movimientos virales de Jesús parciales

L AÑO ERA 1801, en agosto, para ser exactos. Las carretas retumbaban por los polvorientos caminos del Kentucky rural para converger en un lugar llamado Cane Ridge. Fue en ese oscuro destino donde uno de los acontecimientos más fascinantes y a la vez poco conocidos en la historia del cristianismo americano tuvo lugar. Algunos calculan que las multitudes que se reunieron llegaron a las 25,000 personas. Doce mil sería un cálculo bastante conservador. Probablemente una octava parte de la población no esclava de Kentucky llegó a reunirse en ese claro recién formado en el bosque virgen. Los duros y ásperos carpinteros de esa zona se habían reunido anteriormente para talar los árboles, hacer bancos con los troncos y construir al menos siete atriles elevados para la predicación. Durante los días y semanas posteriores, poderosas e inusuales manifestaciones de Dios se producirían allí. Miles de personas acudieron a Cristo. Como resultado, se plantaron cientos y cientos de iglesias. Se convirtieron peligrosos hombres y mujeres de carácter cuestionable, y la historia de E.U. sería cambiada, todo ello debido a lo que sucedió en aquel claro del bosque.

Quizá sería mejor describir lo que sucedió allí en palabras de los participantes mismos.

97

En esa reunión reparé, un pecador culpable, miserable. En la tarde del sábado de dicha reunión, fui, con multitudes llorando, y me incliné ante el estrado, y oré fervorosamente por misericordia. En medio de una lucha solemne del alma, una impresión se hizo en mi mente, como si una voz me dijese: "Tus pecados te son perdonados". Luz divina brilló a mi alrededor, y un gozo inefable surgió en mi alma. Me puse de pie, abrí los ojos, y realmente parecía como si estuviera en el cielo; los árboles, las hojas en ellos, y todo parecía, y yo realmente pensaba, que estaba alabando a Dios. Mi madre levantó el grito, mis amigos cristianos me rodearon y se unieron a mí en alabanza a Dios, y aunque he sido desde entonces, en muchos casos, infiel, sin embargo nunca, ni por un momento, he dudado de que el Señor perdonó, allí, mis pecados y me dio la religión.[1]

Un ruido era como el rugido de las cataratas del Niágara. El vasto mar de seres humanos parecía estar agitado, como si por una tormenta. Conté siete ministros, todos predicando a la vez, algunos sobre troncos de árbol, otros en carromatos... Algunas de las personas estaban cantando, otras rezando, algunas rogando misericordia con los acentos más lamentables, mientras que otras gritaban de modo más vociferante. Mientras presenciaba esas escenas, una sensación peculiar, extraña, como yo nunca antes había sentido, se apoderó de mí. Mi corazón latía tumultuosamente, mis rodillas temblaban, mis labios temblaban y me sentía como si debiera caer al suelo. Un extraño poder sobrenatural parecía invadir toda la masa de la mente de los allí reunidos... Poco después, me fui hacia el bosque, y allí me esforcé por reunir mi coraje.

Después de algún tiempo, vuelvo a la escena de la emoción, las oleadas de la cual, si es posible, se habían elevado aún más alto. El mismo horror de esa sensación se apoderó de mí... Yo vi por lo menos a quinientos barridos en un momento, como si la batería de un millar de armas de fuego se hubiese abierto sobre ellos, e inmediatamente siguieron chillidos y gritos que desgarran el cielo mismo. Mi cabello se me puso de punta... me escapé a los bosques por segunda vez, y deseé haberme quedado en casa.[2]

Lo que nosotros denominaríamos "manifestaciones" en el lenguaje de la época eran denominados "ejercicios". Esos ejercicios eran comunes en

Cane Ridge y en posteriores reuniones de lo que llegó a denominarse el Segundo Gran Avivamiento.

He visto más de un centenar de pecadores caer como muertos en un sermón poderoso, y he visto y escuchado a más de quinientos cristianos gritando todos en voz alta las alabanzas de Dios a la vez; y me atrevo a afirmar que muchos miles felices fueron despertados y convertidos a Dios en esas reuniones de campamento.

Algunos se burlaban, los pecadores, algunos de los viejos profesores se oponían, algunos de los viejos y rígidos predicadores presbiterianos predicaban en contra de estos ejercicios, pero el trabajo continuó y se extendió casi en todas las direcciones, reuniendo una fuerza adicional, hasta que nuestro país parecía estar todo él regresando a Dios.

En este gran avivamiento, los metodistas se mantienen moderadamente equilibrados; porque teníamos excelentes predicadores para gobernar el buque o guiar al rebaño. Pero algunos de nuestros miembros se descontrolaron, y se entregaron a algunos extravagancias que eran difíciles de controlar...

Justo en medio de nuestras controversias sobre el tema de los poderosos ejercicios entre la gente bajo la predicación, un nuevo ejercicio surgió entre nosotros, llamados *las sacudidas*, que fue contundente en sus efectos sobre los cuerpos y las mentes de la gente. No importa si eran santos o pecadores, eran tomados bajo un cálido canto o un sermón, y eran presa de una convulsión que sacudía por todas partes, la cual no podían por alguna posibilidad evitar, y cuanto más se resistían, más se sacudían. Si no se esforzaban en su contra y oraban de veras, las sacudidas normalmente disminuían. He visto más de quinientas personas sacudiéndose a la vez en mi grandes congregaciones. Por lo general, las personas que se sacudían, para obtener alivio, como ellas decían, se levantaban y danzaban. Algunos corrían, pero no podían escapar. Algunos se resistían; en ellos las sacudidas eran en general muy severas.

Ver a esos orgullosos jóvenes y señoritas, vestidos con sus sedas, joyas y prunella, de pies a cabeza, sacudiéndose, a menudo me provocaba sonrisas. En la primera sacudida, se podían ver volar sus sombreros finos, gorras y peinados; y tan repentina era la sacudida de la cabeza que su largo cabello suelto se descolocaba casi con tanta fuerza como un látigo de carreteros.[3]

## Lo que no hemos aprendido de la historia

El filósofo y poeta español George Santayana dijo una vez que "quienes no pueden aprender de la historia están destinados a repetirla".[4] La Iglesia se ha tomado esta cita a pecho de todas las maneras equivocadas. Sinceramente, no parecemos aprender mucho de la historia, incluso de la muestra. Esto no debería ser una gran sorpresa. Por naturaleza, las instituciones tienden a ser conservadoras y resistentes al cambio. Si esa institución es religiosa, entonces tiene usted algo que normalmente cambia a velocidad de glacial, sin embargo, cuando se realizan los cambios, se quedan marcados en piedra, la fría y rígida piedra de la tradición. La Iglesia tiende a ver la historia más como una depositaria de la tradición, no como un libro de texto para evitar errores.

Jesús dijo algunas cosas sobre guardar tradiciones, pero nada que conforte el corazón de un tradicionalista.

> Hipócritas, bien profetizó de vosotros Isaías, como está escrito: Este pueblo de labios me honra, mas su corazón está lejos de mí. Pues en vano me honran, enseñando como doctrinas mandamientos de hombres. Porque dejando el mandamiento de Dios, os aferráis a la tradición de los hombres: los lavamientos de los jarros y de los vasos de beber; y hacéis otras muchas cosas semejantes. Les decía también: Bien invalidáis el mandamiento de Dios para guardar vuestra tradición.
>
> MARCOS 7:6-9

Seamos sinceros; tenemos un largo historial de haber anulado la Palabra de Dios al enfocarnos en las convenciones usuales. Por tanto, utilizamos mal la historia para sostener tradiciones extrabíblicas, pero no aprendemos de nuestros errores. Y hay muchos errores de los que aprender. En este capítulo quiero enfocarme en algunos de los errores más trágicos en nuestra historia cristiana, cuando los hombres apagaron movimientos virales parciales. Eso siempre se hizo por causa de las tradiciones, tradiciones tan incrustadas que no eran cuestionadas o ni siquiera se notaban.

## Los waldesianos

Alrededor del año 1170 un rico mercader de Lyons, Francia, llamado Vaudes o Valdes (mucho más adelante se hizo referencia a él como Peter Waldo) tuvo una poderosa experiencia religiosa basada en la lectura de Mateo 19:16–21, la historia del joven rico que no siguió a Jesús debido a su preocupación por sus riquezas. Valdes quedó particularmente asombrado por el mandato del Señor de venderlo todo, darlo a los pobres y seguirle. Eso fue exactamente lo que él hizo, después de organizar el cuidado de su esposa y sus hijas. Él también pagó a algunos clérigos para traducir la Biblia y citas de los padres de la Iglesia primitiva al dialecto local. Entonces se embarcó en una expedición de predicación que duró toda la vida. Quienes participaron en este temprano movimiento no se denominaron a sí mismos waldesianos, sino los Pobres de Lyons, los Pobres de Cristo o los Pobres de Espíritu. Con frecuencia, sencillamente se llamaban los unos a los otros hermanos.

Había tres características clave del ministerio de Valdes y sus primeros seguidores: interpretaban la Biblia literalmente, vivían en pobreza y predicaban el evangelio. Estas características sobrevivieron hasta que fueron posteriormente absorbidas en el movimiento posterior denominado la Reforma. Eso iba en contra de la Iglesia Católica de la época, que estaba controlada por un clero que provenían de las clases más elevadas y vivía en esplendor. El profesor Euan Cameron comentó sobre la respuesta de la jerarquía a los Pobres de Lyons:

> Se pidió a la jerarquía sacerdotal, en el período 1177–1183, que acomodase el entusiasmo de un grupo de personas laicas que no tenían lugar adecuado alguno dentro del Estado del "clero" y cuya insistencia en la pobreza debió de haber parecido un reproche a la próspera condición del clero.[5]

El clero católico predicaba en latín, idioma que la persona normal y corriente no podía entender. Cuando se molestaban en interpretar la Biblia para las masas, se trataba más de filosofía que de relatar las historias de Jesús y de la Iglesia primitiva.

Valdes no intentaba comenzar su propia iglesia; solamente quería hacer que la Iglesia Católica regresase al modelo de Cristo y a su verdad. Valdes mismo fue al Tercer Concilio Laterano, donde obtuvo una aprobación parcial por su trabajo de parte del papa. Su propio documento titulado "La profesión de fe" era ortodoxo desde el punto de vista católico.

Su problema surgía de la idea de solamente una aprobación parcial por parte del papa. La aprobación del papa estaba sujeta a la aprobación de las autoridades en las iglesias locales. Un enemigo particular terminó siendo el arzobispo de Lyons, y podemos imaginar por qué. Valdes y sus seguidores se comportaban de forma muy similar a Cristo. El clero local, incluyendo al arzobispo, hacía justamente lo contrario. Ya que Valdes era técnicamente ortodoxo en su predicación, era más fácil abordar la conducta de los waldesianos. Fueron catalogados y excomulgados como esquemáticos en lugar de herejes. Eran considerados un grupo que divide en lugar de ser un grupo con doctrina incorrecta. Sin embargo, fueron excomulgados pero a la vez siguieron predicando y tuvieron una gran influencia en el pueblo común de la época, particularmente en el sur y el centro de Francia, el norte de Italia y también Europa del este.

En 1215 el Cuarto Concilio Laterano volvió a catalogarlos como herejes. En 1231 fueron abiertamente perseguidos por la Iglesia, que tendía a fijarse como objetivo los predicadores públicos en lugar de los seguidores. Eso redujo de modo significativo una de las marcas de los waldesianos: la predicación pública. La respuesta de los waldesianos fue reducir la predicación pública y centrarse en su propia supervivencia institucional. Ya no estaban creciendo de modo importante debido a un crecimiento por conversión; habían dejado de ser un movimiento viral parcial.

Los waldesianos fueron posteriormente absorbidos en el movimiento de la Reforma y se convirtieron en otra denominación, pero hacía mucho tiempo que habían dejado de ser un movimiento viral parcial. Sobreviven hasta la fecha en pequeños grupos, principalmente en los valles del norte de Italia.

Ellos nunca habían sido un movimiento viral pleno y sostenible, y hay una clara razón para ello. A pesar de su predicación a los pobres, que era una directa imitación del ministerio de Jesús y de la Iglesia primitiva en la Biblia, seguían reteniendo algunos elementos de la distinción entre clero y laicos, entre las personas normales y corrientes y los predicadores. Terminaron centrándose en convertirse en iglesias congregacionales, lo cual limitó su capacidad de extenderse como un virus. Finalmente, debido a que pensaban institucionalmente, se enfocaron en la supervivencia institucional, ante la persecución, en lugar de enfocarse en la proclamación del mensaje del Reino. Al hacerlo, salvaron la institución pero terminaron no difundiendo ya más el Reino.

## Los anabautistas

Los anabautistas tienen una historia parecida a la de los waldesianos. Sin embargo, ellos fueron posteriores en la historia, así que terminaron soportando la ira no sólo de la Iglesia Católica sino también de las iglesias de la Primera Reforma.

De modo muy parecido también a los waldesianos, los anabautistas se extendieron mediante la obra de predicadores públicos, y sus predicadores eran muy eficaces. Algunas áreas de la población local eran al menos una mayoría de simpatizantes de los anabautistas, si no claramente anabautistas. Incluso sus detractores temían que la mayoría de algunas poblaciones se estuviesen convirtiendo en anabautistas.

Ellos no sólo compartían el estilo waldesiano de misión, sino también sus inherentes debilidades. Pero el verdadero problema para los anabautistas era una idea no bíblica compartida por la Iglesia Católica y sus detractores de la Reforma: el matrimonio de Iglesia y Estado. No es que los anabautistas creyesen en esto; quien lo hacía era el resto de la iglesia que les rodeaba. Imagine enviar a predicadores callejeros muy eficaces en zonas, tanto protestantes como católicas, donde la idea predominante de evangelismo era convertir al príncipe para que él decidiese la religión del país. Por eso se luchó la Guerra de los Treinta Años: qué expresión de la fe, protestante o católica, controlaba cada área. Si la religión está intrínsecamente ligada al poder político, los predicadores itinerantes se convierten en una grave molestia.

En realidad, al principio los reformadores protestantes estaban a favor de la libertad de conciencia, contrariamente a los católicos. Pero más adelante cambiaron, justamente alrededor de la época en que comenzaron a tener poder político y príncipes convertidos. En el año 1520 se convirtió en una ofensa capital ser anabautista en áreas católicas y protestantes igualmente.

La lección que hay que aprender aquí es también parecida a la que aprendimos de los waldesianos. Si confiamos únicamente en la predicación pública de una clase especialmente formada, nuestros métodos misioneros son inadecuados para soportar la persecución y crear un movimiento viral sostenible del evangelio. Para ser un movimiento verdaderamente viral, todos los que son infectados del virus de Jesús necesitan tener el permiso y el aliento para ser contagiosos. Si nuestra actividad misionera se enfoca en la predicación en las calles en un clima social político, donde se abusa del poder del Estado para controlar la religión y asesinar a los enemigos preferidos de la religión, tenemos un contexto en el que el evangelio de Jesús no puede volverse viral.

## El Primer Gran Avivamiento

Las chispas iniciales del Primer Gran Avivamiento en los Estados Unidos pueden remontarse hasta la predicación de Solomon Stoddard en 1679. Pero el avivamiento realmente comenzó a dar grandes pasos con la predicación de Jonathan Edwards. En unas pocas décadas, el fervor religioso y la conversión se difundían por todas las colonias inglesas en América. Los primeros predicadores predicaban principalmente en iglesias, utilizando su púlpito para difundir las buenas nuevas. Posteriores predicadores como George Whitefield y John Wesley llevaron su mensaje a las calles.

Hubo varios impedimentos que finalmente ralentizaron este primer avivamiento espiritual dramático en el Nuevo Mundo y finalmente lo detuvieron. El primero fue la expresión extrema del calvinismo de la época. El puritanismo del Nuevo Mundo podía ser denominado calvinismo exagerado. ¿Por qué se molestaría alguien en predicar el evangelio, después de todo? O bien uno era elegido, y en ese caso se convertiría en cristiano, o no lo era, y en ese caso se iría al infierno sin importar lo que alguien predicase.

Es interesante que las primeras predicaciones de Edward reflejen este calvinismo. El importante asunto que distingue a Edwards de su clero contemporáneo era que él predicaba el evangelio; y las personas que lo escuchaban, en una época de cristianismo corrupto e impotente, tenían hambre de él. Cuando Edwards predicaba sobre temas como que no es imposible "proseguir hasta el Reino" se estaba refiriendo al poder de Dios para salvar a quien Él escoja. Pero no es sorprendente que en un contexto social dominado por la Ilustración, donde se hacía hincapié en la capacidad del hombre, lo que sus feligreses oyeran fuese que había una posibilidad de que ellos pudieran llegar a la elección si se esforzaban por ello. En otras palabras, Edwards era malentendido. Quienes acudían a Cristo, especialmente en sus primeras predicaciones, lo hacían a pesar de su entendimiento calvinista, no a causa de él.

Un segundo asunto que evitó que el Primer Gran Avivamiento se convirtiese en un movimiento viral sostenible fue este mismo entendimiento de la Ilustración de la población general. Aunque era maravilloso que quienes escuchaban a Edwards entendiesen mal los puntos detallados de lo que él intentaba comunicar, terminaron entendiendo mal la espiritualidad cristiana en general. El punto principal de la Ilustración era que el hombre tiene el control de la vida; él puede solucionarlo todo por sí mismo, y si hay un Dios o dioses, están distantes y son superfluos. Edwards tenía razón: Dios puede hacer cualquier cosa, incluyendo comenzar un movimiento del Espíritu en un ambiente hostil. Pero decir que la cosmovisión predominante no afecta al modo en que la gente responde y vive su vida, incluyendo la vida de la fe, es ingenuo. Y la Ilustración ha demostrado ser un ambiente muy hostil para la espiritualidad cristiana.

La gente fue impactada poderosamente por aquellos piadosos predicadores del Primer Gran Avivamiento como Stoddard, Gilbert Tennant, Edwards, Whitefield y Wesley. Pero no terminó siendo un movimiento viral del evangelio porque se hizo demasiado hincapié por parte de la sociedad en el racionalismo y la capacidad humana. Este es precisamente uno de los problemas predominantes que la Iglesia evangélica tiene en la actualidad. Nació en la Ilustración y está más interesada en la técnica y los modelos humanos, los planes de negocios y el liderazgo humano que en escuchar a Dios mismo y obedecerle.

Un tercer problema fue el mismo en el que se metieron los anabautistas, aunque de forma mucho más suave. La religión estaba casada con el Estado, particularmente en las clases sociales más elevadas. El Primer Gran Avivamiento no fue uniformemente aceptado en todas las áreas de las colonias. Por ejemplo, en la zona costera de Virginia donde la Iglesia anglicana establecida de las clases establecidas predominaba, el avivamiento tuvo poco impacto. La persona promedio en aquella zona, en ese momento, ya tenía la religión suficiente para hacerle inmune a lo verdadero. El clero local podía utilizar sus relaciones en el gobierno para mantener alejados a los predicadores itinerantes. Pero en zonas como el Piedmont, los Apalaches y el valle Shenandoah donde los colonos eran principalmente escoceses-irlandeses y alemanes y de clases sociales mucho más bajas, hubo mucha más receptividad.

La eclesiología estándar de la época no permitía una rápida difusión del evangelio. Hemos mencionado anteriormente asuntos como la distinción entre clero y laicos. En este caso, como en el caso de los primeros movimientos europeos, la Iglesia era considerada una institución de la cual uno se hacía miembro, una institución que tenía una clara distinción de clases entre clero y laicos. Se hacía hincapié en unirse a una nueva iglesia en la que uno aprendía a ser laico; en otras palabras, un congregante pasivo. Los predicadores llevaron el evangelio a las calles, pero condujeron a los convertidos a edificios, donde aprendían a sentarse bajo la enseñanza de líderes que tenían títulos y poder oficiales. Esto no es exactamente una repetición del capítulo 8 de Hechos.

Hay además otro contraste entre el Primer Gran Avivamiento comparado con los waldesianos y los anabautistas: la severidad de la persecución. Ninguno de los líderes del Primer Gran Avivamiento, o las personas normales y corrientes impactadas por él, fueron quemados en la hoguera, decapitados o torturados. En el peor de los casos, los líderes eran expulsados de la ciudad y las personas normales y corrientes eran despreciadas. Esto podría parecer una ventaja, y sí que tuvo sus ventajas, pero el resultado final fue que la distinción entre clero y laicos quedó muy reforzada.

Deberíamos observar que hubo importantes señales del poder de Dios que se manifestaron públicamente en el Primer Gran Avivamiento. Es cierto que no fueron los predicadores (actuando realmente como apóstoles truncados) quienes mostraron el poder de Dios mediante la conducta mencionada en Mateo 10:8: sanar enfermos, resucitar muertos, limpiar a quienes tienen lepra y echar fuera demonios. En cambio, fueron las personas que a veces eran abrumadas por la presencia y el poder del Espíritu que se evidenciaba en cosas como gritos, lamentos, convulsiones corporales y desmayos. A veces, los nuevos convertidos incluso comenzaban a correr dando vueltas. Es cierto que algunos de los predicadores del Gran Avivamiento como Whitefield podían ser poderosamente entusiastas; pero otros, como Edwards, eran en realidad bastante inhibidos, incluso aburridos. La verdadera muestra del poder de Dios estaba en la respuesta de quienes escuchaban, que aunque a veces eran extraños según nuestros estándares, llevaban muchos otros a escuchar.

Edwards escribió al reverendo Thomas Prince de Boston el 12 de diciembre de 1743, describiendo ejemplos de la segunda oleada del gran avivamiento. Los acontecimientos que menciona Edwards tuvieron lugar en Northampton, Massachusetts.

Los meses de agosto y septiembre fueron los más notables de cualquiera de este año, por las apariciones de convicción y conversión de pecadores, y grandes avivamientos y consuelos de profesantes, y por los extraordinarios efectos externos de esas cosas. Era algo muy frecuente ver una casa llena de gritos, desmayos, convulsiones y cosas parecidas, a la vez con angustia y también con admiración y gozo. No era la costumbre aquí realizar reuniones durante toda la noche, como en otros lugares, ni tampoco era común continuarlas hasta altas horas de la noche; pero con bastante frecuencia sucedía que algunos quedaban tan afectados, y sus cuerpos tan abrumados, que no podían irse a su casa sino que se veían obligados a quedarse toda la noche en la casa en la que estaban.[6]

## El Segundo Gran Avivamiento

Si el Primer Gran Avivamiento fue una copiosa lluvia, el Segundo Gran Avivamiento fue una inundación. Fue una inundación del poder y la salvación de Dios sobre la nueva República Americana, que ha tenido repercusiones en nuestra cultura religiosa hasta la fecha. Los evangélicos estadounidenses pueden todos ellos trazar su herencia espiritual hasta el Segundo Gran Avivamiento, sin embargo, pocos realmente conocen el impacto que tuvo en su fe. Muchos ni siquiera saben que sucedió.

El Segundo Gran Avivamiento, comenzando aproximadamente en el año 1799, fue bastante parecido al primero pero a la vez mucho más amplio en ámbito e impacto. Tuvo algunas de las mismas características, y tuvo algunos de los mismos inhibidores de la difusión viral del evangelio que tuvo el Primer Gran Avivamiento. Sin embargo, hubo algunas diferencias de énfasis y de grado. En primer lugar, tuvo menos nombres y líderes famosos. La mayoría de cristianos que son conscientes de toda su historia han escuchado los nombres de Jonathan Edwards, John Whitefield y John Wesley; la mayoría nunca ha escuchado de Peter Cartwright, James McGready o Barton Stone. Aquellos hombres no fueron menos poderosos o espirituales que los líderes del Primer Gran Avivamiento, sencillamente son menos famosos.

Se puso un mayor énfasis en la predicación al aire libre en el Segundo Gran Avivamiento. Esto queda más obviamente representado por la reunión de Cane Ridge. Finalmente, hubo más manifestaciones sobrenaturales que en el Primer Gran Avivamiento. Una vez más, es cuestión de grado, ya que hubo importantes demostraciones sobrenaturales en el primero. Aquellas expresiones sobrenaturales fueron experimentadas por los predicadores y por quienes asistían. Algunas eran individuales y otras eran demostraciones en masa del poder de Dios. Peter Marshall y David Manuel describen algunas de aquellas poderosas manifestaciones dando algunos ejemplos de lo que sucedió en Cane Ridge.

Entre los predicadores estuvieron presentes el metodista John McGee y su hermano presbiteriano William. Este último a veces exhortaba después de los sermones, de pie, o sentado, o tumbado en el polvo, con sus ojos humeantes y su corazón tan lleno que sólo podía gritar: "Jesús, Jesús". Su hermano John, que había sido usado por Dios en la reunión de McGready en el río Rojo el verano anterior, describió la increíble escena en la noche: "El terreno del campamento estaba bien iluminado, la gente ejercitaba de manera diferente por el suelo, algunos exhortando, algunos gritando, algunos orando, y algunos clamando por misericordia, mientras que otros estaban como muertos en el suelo".

Hubo muchas ocasiones de casos difíciles y burladores que caían en los servicios continuos "tan de repente como si fuesen fulminado por un rayo", a veces en el mismo momento en que estaban maldiciendo lo que se hacía. Uno trató de demostrar que los caídos estaban fingiendo su experiencia y comenzó a pincharlos con un clavo en un palo, pero fue en vano. Frustrado, se fue y compró varios vasos de whisky, y luego volvió y gritó que él, al menos, no iba a caer. Las palabras apenas estaban saliendo de su boca cuando se encontró cayendo de espaldas. Cuando recuperó el habla, las primeras palabras de su boca "le reconocieron a sí mismo como un gran pecador, y expresó la esperanza de perdón por medio de Cristo".

La reunión continuó durante toda la noche y hasta el día siguiente y la siguiente noche. A medida que las personas se convertían interrumpían a los predicadores, dando sus propios testimonios en los términos más vibrante. Más caían, y se producían todo tipo de manifestaciones, pero la más inexplicable y conmovedora para el predicador principal, Barton Stone era, el "ejercicio de canto". Con un semblante sublime, el individuo "cantaba melodiosamente, no con la boca o la nariz, sino en su totalidad en el pecho, y los sonidos que salían de allí... eran de lo más celestial. Nadie jamás podría cansarse de escucharlos".[7]

No debería ser una gran sorpresa que hubiese poderosas manifestaciones del Espíritu de Dios. Lo que debió de haber sido sorprendente para el clero era que no representaban nada que sus maestros les hubieran enseñado a ellos o en los seminarios de la época.

El Segundo Gran Avivamiento, a pesar de su falta de líderes famosos, tuvo un impacto mucho más duradero en la sociedad estadounidense. Algunos argumentarían que la tendencia estadounidense hacia la religión evangélica, particularmente en lo que comúnmente se denomina el Cinturón de la Biblia (Bible Belt), es un resultado directo del Segundo Gran Avivamiento. Esto demostraría un impacto social aproximadamente de doscientos años. Eso no significa que fuese un movimiento viral del evangelio sostenido durante doscientos años. Nunca fue por completo un movimiento viral del evangelio, pero fue claramente un mover de Dios que tuvo un impacto tremendo y positivo en la sociedad estadounidense.

Aunque el Primero y el Segundo Gran Avivamiento fueron parecidos, hubo una participación mucho mayor de personas sin formación, o lo que algunos creerían que eran participantes con poca formación. Notamos en la cita anterior que los convertidos recientemente interrumpían a los exhaustos predicadores, con frecuencia para un gran efecto. Esto daba permiso tácito a los "laicos" para predicar el evangelio. Podría argumentarse que esta tendencia de que los laicos prediquen el evangelio se demuestra en el énfasis que el evangelicalismo estadounidense da al "testimonio laico". No es que muchos evangélicos actuales en realidad testifiquen, pero algunos lo hacen, y probablemente sea una herencia del Segundo Avivamiento.

Hubo también una tendencia más fuerte en el Segundo Avivamiento hacia la adoración y el evangelismo públicos en lugar de estar contenidos en una iglesia establecida. Esto probablemente pueda atribuirse al hecho de que el segundo avivamiento comenzó en el oeste americano (Kentucky) y tuvo su mayor impacto en zonas fronterizas, finalmente abriéndose camino hasta las grandes ciudades costeras del este. Ese énfasis en el evangelismo al aire libre, en particular con la participación de los recientemente convertidos, minó pero no eliminó el poderoso papel del clero.

Aun así, el Segundo Avivamiento finalmente pasó del aire libre al claustro, por así decirlo. Finalmente los convertidos fueron metidos en edificios y formados tácitamente para ser laicos pasivos. En una o dos generaciones el daño estaba hecho. Cuando la obra quedó contenida en un edificio, con sus bancos y púlpitos, el dominio del clero pudo pasar a un primer plano. Esto no se debió a algún gran diseño o plan; más bien está encajado en "realizar iglesia" de esta manera. Pero hacerlo de esta manera inevitablemente evitó que el Segundo Gran Avivamiento pudiera convertirse en un movimiento viral o incluso en un movimiento sostenido del Espíritu. El impacto a largo plazo fue social/cultural, afectando particularmente a la subcultura evangélica del sur.

## América Latina

Yo viví y ministré en América Latina desde finales de los años ochenta hasta mitad de los noventa. Fui testigo de primera mano de lo que Dios estaba haciendo en América Latina. Es cierto que el tiempo que pasé en México y Guatemala no estuvo en los momentos más poderosos y dramáticos de su particular época de avivamiento, pero sí vi parte de lo que sucedió con mis propios ojos, incluso aunque fuese una mera luminiscencia. Además, oí de primera mano relatos de testigos muy creíbles que habían estado en Guatemala a finales de los años setenta y ochenta.

En todos los aspectos, fue una época emocionante, sin embargo, terminó aproximadamente en una década. Mi propia y extensa investigación del crecimiento de la Iglesia documentaba que el crecimiento había pasado del 3-4 por ciento de la población de Guatemala aproximadamente al 20 por ciento en unos quince años. Pero cuando terminé de completar mi investigación, el crecimiento se había detenido. ¿Por qué?

En aquel momento yo habría dicho que el problema era que el clero no tenía formación en seminarios; ahora es más probable que dijese que el problema es lo que la Iglesia en América Latina heredó de personas sinceras como yo: misioneros estadounidenses. No hay duda alguna de que el evangelio se difundió con mucha más rapidez en América Latina cuando estuvo fuera de las manos de los misioneros y en manos de las personas normales y corrientes.

En América Latina, el curso normal del evangelio era discurrir mediante líneas de amistades y familiares. Es bastante parecido a lo que sucedió en Hechos 8 y en la Iglesia primitiva en general. El problema era que los misioneros acudían y hacían que los nuevos creyentes se sintieran inadecuados si no tenían algún tipo de estudios formales y título oficial. Repito: dar formación, en sí mismo es bueno; son los mensajes involuntarios y tácitos que acompañan a la formación lo que puede ser mortal para un movimiento del evangelio.

Permítame bosquejar algunos de esos mensajes involuntarios y normalmente no expresados. Una iglesia no es real hasta que tenga un edificio. El edificio de una iglesia verdadera tiene un púlpito y bancos, a pesar de los rudos que sean. Yo he visto personalmente muchas iglesias en América Latina sin paredes; pero nunca he visto una sin bancos, púlpito y normalmente un sistema de sonido. Una iglesia verdadera tiene un pastor o dos. Los verdaderos pastores tienen algún tipo de educación formal con sus consiguientes títulos. Los pastores verdaderos saben que para el bien del rebaño deben protegerlos con su dirección. Particularmente en América Latina esto significa tomar todas las decisiones importantes. Y todas las decisiones son importantes.

Nadie intentó frustrar el evangelio. Nadie intentó enseñar a los cristianos de Guatemala malos hábitos. Fue sencillamente el modo en que se realizaba la iglesia, pero el resultado final fue que un movimiento del Espíritu quedó en gran parte contenido no por la mala doctrina sino por las tradiciones no expresadas.

## Corea

Según cualquier medida, Corea ha sido un punto brillante en el mapa de las misiones modernas. No quiero arrojar un cubo de agua fría sobre lo que nuestros hermanos coreanos han hecho en un período de tiempo relativamente corto. Una de las destacadas características del protestantismo coreano es el gran énfasis que se ha hecho en el ayuno y la oración. Los cristianos coreanos se destacan no solamente por el ayuno sino por el ayuno prolongado y la oración tanto individualmente como en grandes grupos. Han llegado al punto de gastar una cantidad de dinero considerable en desarrollar "montes de oración" con lo que puede describirse mejor como cabañas de ermitaño para la oración prolongada y el ayuno. Imagínese la colina de un monte llena de cabañas de oración, senderos e incluso restaurantes que se especializan en ayudar a las personas a salir de ayunos prolongados. Los únicos montes de oración que yo conozco en Occidente fueron construidos y dirigidos por coreanos y principalmente son utilizados por cristianos expatriados coreanos.

Con este énfasis en la oración personal y la piedad por parte de muchos cristianos coreanos, incluso aquellos que no son considerados clero, no debería ser una sorpresa que el Señor se deleite en responder sus oraciones y les haya dado un importante movimiento del Espíritu en Corea del Sur y en su comunidad de expatriados en todo el mundo. Aquello en lo que destacan los coreanos es la oración, la espiritualidad personal y la santidad. Esto les ha servido bien; también han desarrollado ligeras adaptaciones en eclesiología que aumentan además su crecimiento numérico. Una característica de muchas iglesias coreanas es el modelo de megaiglesia, pero es un poco diferente a la megaiglesia occidental. Lo fundamental de una megaiglesia occidental es un predicador muy enérgico. El predicador principalmente atrae a cristianos de otras iglesias circundantes, y eso se denomina crecimiento de la Iglesia. Lo fundamental de las megaiglesias coreanas son los grupos pequeños celulares. Esos grupos celulares normalmente son dirigidos por líderes que no tienen formación en un seminario, con frecuencia mujeres. Y esos grupos celulares a menudo están en casas o al menos alejados del edificio de la iglesia. Lo mejor de esos grupos celulares es que adoptan la vida y la conducta que vemos en 1 Corintios 14:26–33. De hecho, los muchos grupos celulares de iglesias coreanas es donde se lleva a cabo el principal ministerio. La reunión general sólo se considera una bonita congregación, una gran celebración el fin de semana.

Lo que los coreanos tienen, entonces, que en realidad no se ha mostrado en los otros ejemplos que hemos mencionado, es una profunda espiritualidad experiencial, entre cristianos normales, basada en la oración y el ayuno personal. Ellos también tienen una eclesiología de lo pequeño. A veces incluso tienen una eclesiología que hace hincapié en los pequeños y no formados en seminarios.

Aún así, el movimiento coreano no ha sido un movimiento viral del evangelio sostenible. Ha sido un movimiento relativamente sano, pero no se ha vuelto viral. Y no se ha vuelto viral por las mismas razones que mencionamos en los otros ejemplos. La iglesia coreana puede que tenga una teología de lo pequeño, pero también expresa todas las tradiciones de la cristiandad de todos los demás movimientos que remontan sus raíces al cristianismo occidental. El cristianismo coreano sigue estando marcado por el liderazgo jerárquico, líderes con poder posicional, títulos y estatus y también denominaciones y edificios. Ellos sencillamente lo hacen con un giro asiático y sincera oración, por lo cual han de ser respetados y admirados.

## Conclusiones

¿Qué nos muestra todo esto? Yo creo que claramente demuestra que hay consecuencias no intencionadas pero muy reales en el modo en que "realizamos iglesia". No se debe a algún diseño malvado de un clero y líderes denominacionales hambrientos de poder; tampoco es culpa de laicos perezosos. Está integrado en nuestra eclesiología tradicional. La eclesiología misma que la Iglesia moderna occidental heredó de la Iglesia Católica y más adelante de los reformadores inhibe el crecimiento y evita que cualquier movimiento del Espíritu se vuelva viral.

Es un hecho declarado que no ha habido ningún movimiento viral del Espíritu sostenido en Occidente desde la firma del Edicto de Milán en el año 313. Tampoco ha habido movimientos virales sostenidos en ningún área dominada por misioneros occidentales, de los cuales yo fui uno. Obviamente, ha habido movimientos del Espíritu desde entonces; sencillamente no se han vuelto virales y sostenidos, como lo era el crecimiento de la Iglesia primitiva en el imperio romano y como es el crecimiento de la Iglesia en China en la actualidad. En el siguiente capítulo veremos extensamente un movimiento viral actual del evangelio en China, que ha tenido un movimiento del evangelio sostenido durante más de sesenta años. Continúa siendo un movimiento del Espíritu multigeneracional de rápido crecimiento hasta la fecha.

## CAPÍTULO 7

# China: Un movimiento viral de Jesús actual

L AÑO ERA 1975. Yo era un joven cristiano que asistía a una conferencia de liderazgo en un campamento en los bosques del oeste de Washington. Mientras estaba allí, conocí a un cristiano que tenía una perspectiva totalmente diferente del mundo a la mía. Era un joven estadounidense de origen chino. Pero en lugar de la estrecha perspectiva que yo tenía del cristianismo, él tenía un punto de vista tan grande como el mundo. De hecho, él tenía un intenso deseo de ir a la China comunista a predicar el evangelio.

## La persecución de la Iglesia china

Lo que él estaba sugiriendo no se oía, era extraño y era también algo más que un poco peligroso. Él hablaba acerca de una China atenazada por la revolución cultural; hablaba de una China donde el Estado alentaba a los hijos a denunciar a sus padres como enemigos del Estado; hablaba sobre una China donde bandas violentas de matones patrocinados por el Estado, llamados Guardia Roja, recorrían el campo intimidando a su voluntad. Sus tácticas incluían golpear, violar, torturar y asesinar. Incluso había informes esporádicos de canibalismo. Aún oficiales del gobierno chino admiten las muertes causadas por sus palizas hasta miles. Muchos creen que una cifra más precisa llegaría hasta cientos de miles, si no más. Esto no incluye a las personas empujadas al suicidio. Esta violencia no fue desalentada por el Estado, sino que fue alentada. El presidente del Partido Comunista chino, Mao Zedong, afirmó: "Este hombre, Hitler, fue incluso más feroz. Cuanto más feroz mejor, ¿no creen? A cuantas más personas asesinas, más revolucionario eres".[1]

La revolución cultural no era una buena época para ser cristiano en China. En cierto momento había solamente dos iglesias oficialmente permitidas: una congregación católica para diplomáticos extranjeros y una congregación protestante con el mismo propósito. Ambas estaban controladas por el gobierno, y no se permitía a los ciudadanos chinos participar en ninguna de ellas. Tener una Biblia en esa época podía ser una sentencia de muerte. Algunos de los pocos cristianos que tenían una Biblia la enterraban, siempre temerosos de sacarla, y menos de leerla regularmente. Predicar el evangelio, algo que mi amigo estadounidense de ascendencia china quería hacer, sería una sentencia de muerte si uno era agarrado.

Cuando mi nuevo amigo hablaba de esas cosas conmigo sobresalieron dos cosas. La primera fue que yo había vivido una vida muy privilegiada en la cual daba por sentada mi libertad. Lo peor que podía sucederme a mí era que se burlasen, lo cual francamente rara vez sucedía. Mis hermanos y hermanas en China eran torturados hasta la muerte por cosas que yo evitaba por pereza o simple vergüenza. Lo segundo que destacaba era la profunda tristeza de mi amigo, quizá horror sería una palabra mejor, ante la destrucción de la Iglesia su hogar ancestral. En aquella época no se sabía cuántos cristianos habrían sobrevivido a la destrucción sistemática de la Iglesia. Aquella era una persecución más amplia, brutal y sistemática que ninguna otra cosa a que los romanos hubieran sometido a los cristianos. Francamente, mi amigo desesperaba por encontrar algún cristiano en China; es decir, si podía encontrar el modo de llegar hasta aquí.

Si usted recorre las calles de Shanghai en la actualidad, al menos una de cada diez personas a las que vea entre las multitudes conoce a Cristo personalmente. Lo mismo también podría ser cierto en Beijing. El cristiano promedio en China no es un cristiano nominal más emocionalmente unido a una denominación o iglesia que a Cristo personalmente. Son cristianos que tienen claro quién es Jesús y lo que Él ha hecho por ellos. Nadie sabe exactamente cuántos cristianos hay en China. Los cálculos van desde la ridículamente baja cifra de 4 millones de católicos y aproximadamente 10 millones de protestantes en el año 2000 (el gobierno chino); hasta la exuberante cifra de 150 millones de población cristiana total. Los cálculos más conservadores y a la vez en cierto modo más realistas se sitúan aproximadamente en 50 millones. La verdad probablemente este en algún punto entre los 50 y los 100 millones, quizá más cerca de la segunda cifra. Tiende a haber concentraciones mucho más elevadas en algunas zonas y provincias, particularmente en la costa oriental y el sur. Otras zonas, particularmente el occidente y el extremo norte tienen muy pocos cristianos. Tiende a haber altas concentraciones en algunas zonas rurales y en las ciudades grandes. Sabemos que desde 1949 se produjo con mucha diferencia el mayor crecimiento de la Iglesia en la iglesia subterránea no regulada, no la iglesia formal organizada. Sabemos que en aquella época los protestantes sobrepasaron en grandes números totales a los católicos. También sabemos que ha habido un movimiento viral del evangelio sostenido durante más de sesenta años, que ha soportado una increíble persecución y que ha crecido no sólo a pesar de la persecución sino debido a ella.

Además, este movimiento viral del evangelio sostenido tiene proporciones históricas increíbles. La población del imperio romano en la época de Constantino (año 306 al 337) era de apenas 56 millones de personas, contando el imperio oriental y el occidental.[2] Por tanto, la Iglesia china en aproximadamente sesenta años casi iguala la población total del imperio romano completo, cuando la Iglesia tenía una antigüedad de unos 270 años. El crecimiento de la Iglesia primitiva necesita una comparación más amplia con la Iglesia china.

Gradualmente durante los siguientes 250 años, el cristianismo ganó un número creciente de convertidos. En el siglo IV, aproximadamente el 10 por ciento de los residentes en el imperio romano eran cristianos, y la nueva religión también había hecho convertidos en todos los lugares en Oriente Medio y Etiopía.[3]

Por tanto, la Iglesia primitiva necesitó aproximadamente 250 a 300 años para pasar de una cifra de 5 a 6 millones de personas. La iglesia subterránea china creció de 50 a 100 millones aproximadamente en 60 años. Ambas sufrieron persecución esporádica, sin embargo, los cristianos chinos han sufrido más persecución sistemática y severa.

Lo que estamos viendo en China es el movimiento más rápido y robusto del evangelio en la historia del cristianismo. La iglesia no controlada por el gobierno en China es destacadamente ortodoxa en doctrina, a pesar de la incapacidad de tener seminarios. Está caracterizada por el celo de sus adherentes a pesar de la persecución. Crece rápidamente a pesar de la falta de recursos económicos. Y más que ninguna otra cosa, se destaca en claro contraste con la Iglesia occidental de la cual nació, tanto en crecimiento como en vitalidad espiritual. A fin de entender este contraste, necesitamos entender la historia de la Iglesia china.

## La estrangulación de la Iglesia

Antes de la Segunda Guerra Mundial había muy pocos cristianos en China. En la pequeña iglesia que existía, los católicos sobrepasaban con mucho a los protestantes. Con la toma del gobierno por parte de los comunistas en 1949, después de años de guerra y de guerra civil, la pequeña iglesia cristiana entró en un periodo tenso, confuso y peligroso.

El nuevo gobierno chino era ateo oficialmente. Como asunto de política, se propuso destruir toda la religión. En el caso de los cristianos, intencionadamente utilizó la naturaleza institucional de la Iglesia establecida contra sí misma. Una de las primeras cosas que hicieron los comunistas fue expulsar a todos los misioneros extranjeros, tanto protestantes como católicos. Después organizaron a todos los cristianos en dos grandes grupos: la asociación patriótica de católicos chinos (CCPA) y lo que más adelante llegó a conocerse como el movimiento patriótico de los tres (TSPM), la iglesia protestante aprobada. Ambos grupos estaban controlados por el gobierno; y también el gobierno escogía a su liderazgo. Esto tendió a dividir a católicos y protestantes en dos campamentos: cristianos que eran fieles a Cristo (o al menos al cristianismo) mientras eso no les causara problemas, y quienes escogieron seguir a Cristo incluso a grandes expensas personales. Este último grupo, tanto protestante como católico, pasó a ser subterráneo. A continuación, el gobierno, de forma lenta pero segura, fue apretando su control de los cristianos. Quienes estaban en las iglesias oficiales cada vez sufrían más restricciones. Quienes estaban fuera de la CCPA o la TSPM fueron oficialmente perseguidos.

Al principio, quienes estaban en la iglesia católica oficial y quienes estaban en la iglesia protestante oficial tenían relativa libertad. Lentamente, sin embargo, se confiscaron cada vez más edificios de iglesias o sencillamente se derribaron. Cada vez había menos lugares para que los cristianos se reuniesen legalmente. Hubo una creciente restricción con respecto a quiénes se permitía pastorear iglesias o ser sacerdotes. Había control de los seminarios, tanto en contenido de lo que se enseñaba como también de a quién se permitía tener formación en un seminario. Cada vez se permitió a menos personas entrar en el seminario, pero a la vez se requería educación formal para ser pastor o sacerdote. Al mismo tiempo, cada vez se hizo más claro que el gobierno no pensaba bien incluso de los cristianos aprobados oficialmente.

Los tres mecanismos principales utilizados para controlar intencionadamente a las iglesias oficiales eran el estigma social, el control del liderazgo a la vez que se erradicaba lentamente su número, y la erradicación de edificios de iglesias. Sin embargo, mientras que todo eso fue sin duda alguna muy traumático para los creyentes chinos, también puede entenderse como que Dios desmanteló la cristiandad china a fin de que su evangelio pudiera desarrollarse en aquella difícil situación.

En la primera parte de esta persecución, el gobierno hizo que la Iglesia se volviese contra sí misma. Cualquier cristiano que no asistiera a la iglesia oficial se denunciaba y era castigado por la misma agencia del gobierno que estaba a cargo del cristianismo oficial: la Oficina de Asuntos Religiosos. Eso se hacía en conjunto con varias agencias de policía. El liderazgo del movimiento protestante utilizaba intencionadamente sus relaciones con la oficina de asuntos religiosos para hacer que líderes de iglesias en hogares fuesen encarcelados, lo cual con frecuencia significaba tortura e incluso la muerte.

Los cristianos no aprobados oficialmente se convirtieron rápidamente en lo que ahora se denomina el movimiento de la Iglesia china en hogares. Al mismo tiempo, las iglesias aprobadas eran cada vez más estranguladas mediante la purga de su membresía, los edificios de las iglesias y el liderazgo. Esta situación llegó a su punto más bajo en la anteriormente mencionada realidad de tener solamente dos iglesias ilegales en China hacia el final de la Revolución Cultural; y los chinos no podían asistir a ninguna de las dos.

A continuación hay una historia de ese período:

> Durante la primera fase de la revolución cultural, todas las ventanas de las iglesias fueron destrozadas, los bancos quemados y las cruces derribadas. Todos los pastores tenían que "caminar por la calle" llevando una placa alrededor de su cuello que detallaba uno o más "delitos", y con frecuencia llevando

un sombrero muy alto parecido a orejas de burro, se hacía desfilar a la gente como medio de revelar sus ofensas contra la revolución. Muchos cristianos fueron humillados, y una mujer fue golpeada hasta la muerte. Budistas experimentados y guardias rojos buscaban en todas las casas biblias, himnarios y otra literatura cristiana. Reunieron a más de veinte secretarías de YMCA y YWCA y les obligaron a arrodillarse delante de un montón de Biblias incendiadas, rodeadas por la multitud que observaba. Se reunió una gran multitud ante aquel gran espectáculo. A medida que las llamas se intensificaban irradiaban su calor hacia ellas, ellas gritaban debido al horrendo dolor. Era una escena lamentable. Atormentados por sus extensas quemaduras, la mayoría de ellos, incluyendo al secretario general de YMCA, se suicidaban saltando desde altos edificios. Eran las mismas secretarías y pastores progresivos que habían apoyado las políticas del gobierno en los años cincuenta y que habían elogiado al partido por haber logrado lo que el cristianismo no había hecho en cien años. Es extraño, pero algunos de los pastores más mayores y fieles "ante quienes se había luchado" anteriormente fueron exentos de la tortura, y los hombres más jóvenes de fe sobrevivieron a aquella situación. Después de la Revolución Cultural, ya no hubo más reuniones eclesiales abiertas.[4]

Aquella era una lúgubre situación, sin embargo, por horrible que era la situación, y era ciertamente horrible, Dios estaba haciendo muchas cosas por debajo de la superficie. Hay una típica historia tomada de una entrevista a un cristiano de la provincia de Fujian durante la Revolución Cultural.

Durante aquella época, los hermanos y hermanas cristianos se reunían en secreto para tener comunión. Algunos de ellos eran capaces de reunirse de manera semiabierta, en reuniones familiares o visitas a hogares privados. Algunas veces en Gulangyu se realizaban reuniones hasta con veinte o treinta cristianos; pero tenían que planearse de antemano. Se pensaba de antemano en maneras de escapar en caso de que hubiese una emergencia.

Las excusas para realizar reuniones en casas incluían ocasiones sociales como bodas y funerales, evitando así atraer una atención indebida. Por ejemplo, cuando la madre de una hermana cristiana murió, llegaron visitantes durante dos o tres días después. Mientras estaban allí, oraban, tenían comunión y daban gracias al Señor. Pero de esa manera, las "iglesias" se volvieron muy orientadas hacia la familia, porque aquella era la manera en que reunirse y compartir era más conveniente para aquella época.

Además de la supresión de la adoración pública durante la Revolución Cultural, también hubo un generalizado sufrimiento. Una hermana que era maestra pasó por años de privación. Después de que su marido muriese durante la Revolución Cultural, ella fue expulsada por su escuela, pero tenía cuatro hijos a los que mantener. En una carta que recientemente recibí de ella, decía que ahora ha sido capaz de recuperar su trabajo. Sus cuatro hijos ahora son mayores, y a dos de ellos les ha ido bien en sus exámenes superiores.

P: ¿cuál es la situación general en Fujian ahora?

R: Permita que le dé un ejemplo. Un conductor de camiones aceptó a Jesús en Amoy después de escuchar el testimonio de un hermano cristiano allí. Cuando el conductor del camión regresó a su hogar en Xinmin, habló a toda su familia y los guió al Señor. Por tanto, el evangelio se está extendiendo de maneras como esa.

Algunos cristianos allí creen que el número de predicadores a tiempo parcial y a tiempo completo en Fujian ahora probablemente sea mayor que el número de pastores [Este término en el contexto de la Iglesia china en casas puede significar con frecuencia lo que otros movimientos en casas denominarían apóstoles. Sin embargo, también puede significar un anciano o incluso a veces un pastor a tiempo completo en el sentido de la cristiandad] que estaban allí antes de 1949.[5]

Por tanto, ¿qué aprendemos del estado y la conducta de la Iglesia subterránea china de esta historia? En primer lugar, aunque era ilegal y peligroso para los cristianos reunirse, ellos siguieron teniendo comunión en secreto. Aquellos grupos podrían ser tan grandes como de veinte o treinta creyentes, aunque la mayoría de ellos eran mucho más pequeños.

Había reuniones planeadas, que a veces utilizaban ocasiones sociales como bodas y funerales como excusa para reunirse. Eso evitaba atraer la atención de la policía y los oficiales del gobierno. Una de las características de aquellas reuniones planeadas de antemano era pensar con antelación en rutas de escape y lugares para ocultarse. Implícito en el concepto de que las reuniones grandes tuvieran que ser planeadas de antemano está la idea de que otras reuniones eran mucho más espontáneas. Esto se remonta a la declaración de Jesús en el capítulo 18 de Mateo: que cuando dos o tres se reúnen en su nombre, Él estaría en medio de ellos. (Soy consciente de que esta declaración en Mateo 18 se realiza en el contexto de la disciplina de la Iglesia. Sin embargo, Jesús está en medio de nosotros cuando nos reunimos, incluso en números pequeños. Yo creo que es una declaración de promesa de bendecir y guiar la disciplina de la Iglesia y una declaración de la realidad espiritual de que Cristo está en medio y ministra en reuniones de creyentes, sin importar lo informales que sean). De hecho, una de las principales redes de iglesias en hogares chinas, el Little Flock, no realizaba ninguna adoración organizada en casas. ¿Cómo eran aquellas reuniones? La historia de la persecución de una mujer china puede indicar cómo eran algunas de ellas.

> Hicieron para ella una tabla y un sombrero alto para que se los pusiera. Le dieron un gong y le dijeron que caminase haciendo sonar el gong. En el sombrero habían escrito las palabras: "Dios bendice". En ese momento, ella iba pensando en su corazón: "Dios, ¿por qué no me bendices?", Pero cuando se puso el sombrero y vio las palabras, dijo: "¡Oh, 'Dios bendice'! ¿De qué temeré?".
>
> Así que se puso el sombrero, golpeó el gong, fue caminando por la calle y verdaderamente dio gracias al Señor. Después, todas las personas en la zona por donde ella había caminado sabían que ella creía en Jesús. Por tanto, más adelante todos los que creían en Jesús acudieron a su casa a buscarla. Así, cuando se luchaba contra los hermanos y hermanas, era en realidad una oportunidad que Dios les daba de testimonio para producir el arrepentimiento de muchos y guiarlos a una creencia en Dios.[6]

La mayoría de aquellas reuniones eran visitas personales al hogar, o los creyentes se reunían mientras estaban en el trabajo o mientras caminaban por la carretera. Las reuniones con frecuencia no consistían en nada más que dos, tres o cuatro personas. Los cristianos se alentaban unos a otros, oraban, y podrían compartir espontáneamente una historia o enseñanza de la Biblia. No eran cultos en iglesias, ni tenían un orden específico. Normalmente, nadie preparaba ningún tipo de enseñanza o lección, sin embargo, eran el tipo más común de reunión y se producía un ministerio tremendo en aquellos encuentros espontáneos y casuales. Notemos lo parecidas que estas reuniones chinas son a la reunión que Vincent y Mary realizaron en casa de Connie, mencionada en la Introducción.

Otra cosa que aprendemos de estas citas es que aquellas iglesias en casas se volvieron muy orientadas hacia la familia. ¿Significa eso que se basaban en una familia nuclear o extensa? ¿O significa que la relación entre los miembros estaba caracterizada por el modo en que la familia se trata, en lugar de ser la manera más rígida y vacía en que las personas tienden a tratarse en una situación más formal? La respuesta es ambas. En un contexto en el que uno tiene que ser cuidadoso con respecto a las personas con quienes es visto, es mucho más natural reunirse con la familia. Sin embargo, eso no significa que aquellos grupos fuesen totalmente insulares. Los cristianos sabían quiénes eran los demás; se reunían en pequeños grupos espontáneamente; y cuando se reunían, se amaban los unos a los otros como a familia.

Ya que aquellos grupos no tenían una membresía formal, diferentes creyentes terminaban enseñando, alentando y orando por los individuos. Ellos, a su vez, hacían lo mismo. Por tanto, aunque las reuniones eran pequeñas y no estaban planeadas, no sólo se producía un ministerio tremendo, sino que también la información podría difundirse rápidamente, y podrían tener lugar todas las verdaderas ventajas de los grupos grandes (con la excepción de la adoración a gran escala). Además, como Pablo describió en 1 Corintios 14, cada persona contribuiría, y no sólo algunos elegidos.

También aprendemos que el evangelio no fue frustrado por el hecho de que la Iglesia se viese obligada a aquellas pequeñas reuniones espontáneas. Como atestigua la historia del conductor de camiones, los creyentes chinos siguieron predicando el evangelio, y al igual que un virus, quienes estaban infectados por él extendían el contagio.

Durante la Revolución Cultural, y de hecho en las persecuciones oficiales antes y después de ella, muchos cristianos fueron encarcelados, particularmente por predicar el evangelio. ¿Cómo terminó eso afectando a la difusión del evangelio?

Otra hermana, que nació en Guangdong, fue arrestada en 1958, y ella siguió predicando el evangelio en la cárcel. Yo la he conocido personalmente. Ella estuvo encarcelada con todo tipo de prisioneros: oficiales corruptos, ladrones, personas inmorales, prisioneros políticos, etc. Había una prisionera que ponía las cosas difíciles a todos. Ni siquiera el guardia de la cárcel podía hacer nada con respecto a ella. No se lavaba la cara, no se cepillaba los dientes ni se peinaba. Siempre que tenía una oportunidad, abría su boca para burlarse de los demás. A pesar de todo lo que hiciera el guardia, y le aplicaba todo tipo de castigos, seguía siendo inútil. Los guardias comunistas de la cárcel entonces pidieron a la hermana cristiana que hablase con aquella prisionera sin esperanza. Nuestra hermana respondió: "Muy bien, lo intentaré". La hermana Chen entonces pasó a vivir junto con la otra mujer prisionera. Oraba por ella, y gradualmente la mujer fue cambiando. Se bañaba, se cambiaba de ropa e incluso se cepillaba el cabello. El guardia de la prisión quedó muy sorprendido y preguntó: "¿Cómo la cambió?".

"Yo no tenía fuerza para cambiarla. Oré por ella, y creí que Dios podía cambiarla."

La prisionera transformada expresó su deseo de recibir a Cristo como Salvador y Señor de su vida. Muchas otras prisioneras en aquella misma cárcel también llegaron a creer en el Señor. Todas ellas decían a la hermana: "Antes no le entendíamos, pero ahora que hemos vivido con usted, hemos descubierto que usted es diferente a las demás. Por medio de usted hemos llegado a entender lo que significa creer en el Señor".

Después de que la hermana Chen fuese liberada de la cárcel, me contó que anteriormente el Señor la ha utilizado en reuniones públicas para predicar el evangelio a otros o para conducir reuniones de avivamiento. Ella se alegraba cuando veía a tantas personas asistir a sus reuniones. Ahora el Señor la está utilizando para hacer trabajo personal, de uno a uno, y ella también ve gran importancia en esto.[7]

El testimonio cristiano no se ha detenido en China por encarcelar a cristianos. De hecho, las cárceles chinas son con frecuencia un lugar donde se difunde el evangelio con eficacia. Desde que importantes líderes cristianos tienden a ser encarcelados en épocas de persecución, se convierte para ellos en un campamento de liderazgo a medida que conectan con otros líderes y enseñan a nuevos creyentes. Es común que los líderes chinos se refieran a su experiencia en la cárcel como haber asistido al seminario.

Aunque la forma externa o eclesiología de la Iglesia en China cambió de modo significativo debido a la persecución, su capacidad de ministrar profundamente a los creyentes y de difundir el evangelio no se vio obstaculizada. De hecho, fue este desgarramiento de las posteriores incrustaciones de la cristiandad lo que fomentó mucho la capacidad de los hermanos chinos para ministrarse unos a otros. Ellos ya no tendían a preocuparse por realizar reuniones formales; ya no estaban limitados por un orden de servicio y un calendario semanal. Sencillamente se ministraban unos a otros. No esperaban a que el clero oficial planificase, convocase y dirigiese una reunión. Con frecuencia no sabían con quiénes se iban a reunir y cuándo tendrían oportunidad de tener compañerismo. Por tanto, cuando se reunían, se ministraban unos a otros sin respeto a títulos o posiciones. El resultado final era que la mayoría de creyentes tendía a madurar rápidamente y a aprender a ministrarse unos a otros.

Los creyentes chinos aprendieron en este contexto que los edificios eran un lujo caro y derrochador que no fomentaba el crecimiento espiritual de los creyentes. Lo importante acerca de la comunión, la enseñanza, la oración mutua y todos los demás tipos de ministerio no es dónde se produce, sino que se produzca y que sea de buena calidad. La calidad viene de la presencia de otros creyentes y, más importante, de la presencia y la dirección de Dios mismo.

Los cristianos en China aprendieron algo más. Mientras una iglesia esté atenazada por la cristiandad pero soporte persecución, los edificios de la iglesia mismos se convierten en una desventaja. Si los cristianos creyesen que necesitaban edificios especiales para adorar y donde ministrar, sus enemigos sólo tendrían que esperar fuera para identificar a los creyentes. Además, la destrucción de los edificios podría utilizarse para controlar, desanimar y desorientar a los cristianos. Eso se hizo a los cristianos chinos. Al soportar este tipo de persecución, los cristianos chinos aprendieron que perder sus edificios era una bendición.

Por tanto, en respuesta heroica a la persecución muchos creyentes compartieron su fe, se reunieron, oraron, se alentaron, enseñaron y se formaron con valentía a pesar de los potenciales peligros. Y como respuesta, el gobierno envió al liderazgo más destacado a la cárcel. Además de utilizar esa reunión de cristianos patrocinada por el gobierno como una oportunidad de formación y de compartir el evangelio, también estableció el estándar para cómo eran los líderes cristianos. Las mujeres expresaban de manera importante y con frecuencia sin temor el liderazgo cristiano en la Iglesia china, e igualmente lo hacían los campesinos sin educación formal. Esto continúa hasta la fecha. Jóvenes hombres y mujeres respondieron a la ausencia de sus líderes más mayores y ocuparon las brechas causadas por el encarcelamiento de los líderes establecidos. Aprendieron que Jesús mismo era su mayor fuente de liderazgo, y que alguien se convierte en líder por quién es y cómo vive. Y quién es y cómo vive no depende de la educación, el sexo, el título o la edad; depende de una relación duradera con Jesús mismo.

Aquellos no eran individuos encerrados. Eran personas que estaban viviendo a Cristo en sus vidas cotidianas. Eran personas que se apoyaban en su relación con Jesús para darles valentía para obedecerle, a pesar de las circunstancias. Eran personas que soportaron humillación pública, encontraron maneras de aprovechar la adversidad, y en muchos otros aspectos nos mostraron lo valientes y osados que pueden ser los cristianos y debieran ser.

En efecto, uno se convertía en un líder cristiano respetado no por haber ido a la escuela y tener un impresionante conjunto de conocimientos; uno se convertía en líder por vivir sin temor una relación con Cristo en circunstancias difíciles. Esa era una manera de mostrar quién se toma realmente en serio su fe, y se convierte en un estándar a seguir. Esto, para la iglesia china subterránea, es como era el liderazgo.

¿Son todos los creyentes en China tan heroicos? No, claramente eso no es cierto. Como en cualquier otra situación, hay creyentes maduros y otros menos maduros, cobardes y héroes. Están quienes niegan su fe y quienes soportan increíbles dificultades a fin de testificar de su fe. Y también están los demás en posiciones intermedias. Los cristianos chinos son tan humanos como todos los demás.

Pero la persecución de la Iglesia en China sí tendió a refinarla. Tendió a separar el trigo de la cizaña. Tendió a resaltar la influencia de aquellos que vivían verdaderamente su fe en la vida cotidiana, no meramente aquellos que habían obtenido una educación, un título o una posición. Sin duda, no había ningún estatus social relacionado con ser líder cristiano. Todo lo contrario: ser un cristiano influyente invitaba la dificultad y posiblemente hasta la muerte. Ciertamente invitaba el estigma social y la humillación. La persecución enseñó a la Iglesia china una vez más que todos los creyentes pueden ministrar y deberían ministrar. Les enseñó cómo participar en un ministerio significativo y transformador sin clero, currículos o incluso reuniones planeadas.

La persecución de la Iglesia china liberó a los cristianos de cualquier cosa que no fuese absolutamente necesaria. Lo que terminó siendo eliminado, como una langosta que se desprende de su caparazón, fueron las incrustaciones históricas de la cristiandad. Y al eliminar todo eso, la Iglesia china aprendió una vez más cómo vivir como la Iglesia que vemos en el Nuevo Testamento; un movimiento viral de rápido crecimiento, bajo el liderazgo de Cristo. Se extendió en la persecución e incluso cuando no era perseguida.

Una iglesia que no necesita clero a fin de crecer se vuelve mucho más flexible. Desde luego, existe el temor de que surjan herejías en tales circunstancias. Y ciertamente así ha sucedido, pero no tan gravemente como con frecuencia se teme. El movimiento de la Iglesia en hogares en China es mucho más ortodoxo en su doctrina que el protestantismo occidental. Los liberales modernistas han sido eliminados de entre ellos. El movimiento modernista de principios del siglo XX, comúnmente llamado liberalismo, es una de las herejías más peligrosas en la historia de la Iglesia. Debido a que esta herejía fue eliminada de entre ellos, los cristianos chinos no argumentan con respecto a la veracidad de la Biblia; sencillamente creen lo que leen y lo expresan en su modo de vivir.

La persecución ha tendido a curar a la Iglesia china subterránea de otra heteropraxia peligrosa (utilizo la palabra *heteropraxia* con el significado de "la práctica de personas que regularmente no siguen las enseñanzas de su sistema de creencias declarado") del protestantismo occidental, que es proclamar ortodoxia y vivir cualquier otra cosa menos eso. La cosmovisión hebrea de la Biblia no nos permite declarar una cosa con nuestras palabras y vivir otra distinta. Esa es exactamente la conducta por la que Jesús reprendió a los fariseos en Mateo 15:8–9: "Este pueblo de labios me honra; mas su corazón está lejos de mí. Pues en vano me honran, enseñando como doctrinas, mandamientos de hombres".

Nos hemos acostumbrado tanto a considerar la ortodoxia mediante los lentes de los paradigmas filosóficos griegos que enseguida proclamamos a alguien ortodoxo solamente porque pueda declarar una verdad proposicional correcta. Hemos olvidado que no es solamente por la verdad proposicional correcta como nos identificamos unos a otros. Los cristianos deberían ser conocidos por su fruto, no sólo por lo que dicen. La Iglesia china no batalla con esta necedad, particularmente durante la grave persecución.

A los cristianos chinos no les gusta ir a la cárcel; no les gusta ser golpeados o torturados; no disfrutan de la humillación pública; no les gusta que sus familias sean destruidas y se vuelvan unos contra otros por causa del evangelio; y sin duda alguna no les gusta el martirio. Pero han aprendido que eso puede ser una severa misericordia del Señor. Han aprendido que mediante la participación del sufrimiento de Cristo pueden crecer espiritual y numéricamente, y disfrutar de un movimiento viral del Espíritu sostenido.

## El sobrenaturalismo en la Iglesia china

Hay otro aspecto de la explosión del evangelio en China que no deberíamos pasar por alto. Dios se está manifestando entre los chinos con señales, maravillas, milagros, sanidades y la expulsión de demonios. Esto no es extraño en el contexto chino; es normal. La siguiente es una breve muestra de historias del poder sobrenatural de Dios en China.

### Sanidades

Zhen Qingfei, de cuarenta y dos años de edad, no había podido caminar durante varios años, y el tratamiento médico no había causado ninguna mejora. Decidió que vendería a su hijo para pagar más tratamientos médicos. Entonces, menos de un mes después de haber entregado su vida al Señor, pudo volver a caminar. Fue un milagro. Ahora puede volver a trabajar. El Señor tiene misericordia de los pobres y salvó a toda su familia.[8]

El hijo de Wei Yauxi, Wei Jinjian, de diecinueve años de edad, tuvo un problema mental durante dos años. Los tratamientos médicos no producían progreso alguno. Sin embargo, después de haber puesto su fe en Cristo, fue totalmente sanado y ahora es un joven fuerte y sano.[9]

Una día, dos de los bueyes de Heng Xin comieron pasto envenenado con pesticida. Los bueyes, con espumarajos en sus bocas, se cayeron al suelo. No había ni siquiera tiempo para llamar al veterinario. Heng Xin llamó a un cristiano para que se arrodillase y orase, e inmediatamente el Señor sanó a sus animales.[10]

En correspondencia personal con mi amigo Lyle, que viajó a China de vacaciones y se relacionó con cristianos chinos, me dijo lo siguiente:

Hablé con un hombre en China que sugirió: "Ustedes son ricos en Occidente y tienen doctores. Pero nosotros somos pobres y recibimos sanidades milagrosas. Supongo que Dios sabe lo que cada uno necesita y lo suple". Después reflexioné en que realmente en China ellos conocen el poder del Espíritu, pero en Occidente nosotros no lo conocemos.[11]

## Victoria sobre los demonios

Chen Jianguo había estado poseído por un espíritu malo, comenzando cuando tenía diecinueve años. Durante los siguientes veinticinco años, él saltaba de un lado a otro y causaba muchas molestias, a veces manteniendo despiertos en la noche a toda la aldea. Sin embargo, después de que Chen aceptase a Cristo, el espíritu malo le abandonó. Cada domingo, Chen asiste a la iglesia para adorar. Las personas en la aldea ahora están contentas porque pueden disfrutar de paz en la noche.[12]

Yang Zhengju estuvo poseída por espíritus malos y tuvo problemas mentales cuando tenía entre dieciséis y veinticinco años de edad. Durante aquellos años, le habían admitido muchas veces en un hospital mental. Ella también había invocado a muchas deidades para obtener ayuda. Sin embargo, después de que creyese en el Señor por cuarenta días, se recuperó totalmente.[13]

## Visiones y sueños

No tengo tiempo para escribir todos los sesenta testimonios de nuevas familias cristianas que se unieron a la Iglesia en 1996. Además, el lector no tendría la paciencia para leerlos todos. De aquellos que se convirtieron, algunos habían escuchado el evangelio durante veinticinco años, otros durante tres años, pero la mayoría sólo lo había oído. De cualquier modo, ellos decidieron aceptar al Dios encarnado en sus vidas. Nuestros compañeros de trabajo han estado ocupados predicando el evangelio en el campo. El Espíritu Santo con frecuencia nos conduce mediante visiones y sueños. A medida que caminamos con Dios, sus milagros validan su verdad. Sea toda la gloria y la alabanza al santo nombre de Dios.[14]

## Conclusión

En resumen, la Iglesia china carece de riqueza, estatus sociopolítico, influencia social, obreros entrenados, acceso a la información y laicos con educación formal.

Sin embargo, esta iglesia ha humillado a muchos misiólogos y eclesiólogos. Ha crecido entre diez y veinte veces durante las últimas décadas, un logro que desafía las teorías más contemporáneas sobre misiones y crecimiento de la Iglesia. Parece que la Iglesia china puede manejarse sin muchos requisitos actuales para la misión: fondos, expertos con formación, personal pagado, servicios sociales, sofisticados programas y estrategias, condiciones sociales y políticas favorables, influencia política, apoyo internacional, exposición concentrada en los medios, actividades coordinadas y reuniones evangelísticas públicas. Parece reducirse a la cuestión más fundamental en misiología: la misión de Dios o la misión del hombre, el poder de Dios o la fortaleza del hombre, inclinándose firmemente del lado de la primera.[15]

En 1949, el año de la victoria militar de los comunistas chinos, la iglesia católica era mucho más grande que la iglesia protestante. A medida que el gobierno comenzó a enlazar la Iglesia, forzando tanto a católicos como protestantes a unirse a denominaciones controladas oficialmente o pasar a la clandestinidad, comenzó a suceder algo interesante. El movimiento subterráneo comenzó a ganar vitalidad espiritual y también comenzó a crecer de modo explosivo. Al mismo tiempo, los protestantes clandestinos, originalmente el segmento más pequeño de la Iglesia, se convirtieron con mucha diferencia en el más grande. En 1994 Tony Lambert, un experto experimentado en el estado de la Iglesia china, pudo escribir:

> El crecimiento fenomenal de la Iglesia en China desde la Revolución Cultural es uno de los milagros de la historia de la

Iglesia en el siglo XX. La evidencia es ahora masiva. El Partido está tan preocupado por el fenómeno que ha acuñado la frase "fiebre del cristianismo" (jidujiao re) para describirlo.[16]

De hecho, en lugar de que el movimiento protestante controlado oficialmente atenazase y finalmente dominase al movimiento subterráneo protestante de la Iglesia en casas, tal como era el deseo del gobierno chino, sucedió lo contrario. La iglesia oficial comenzó a verse expuesta e impactada positivamente por la iglesia subterránea. La iglesia oficial nunca ha mostrado la capacidad de crecer con el vigor o con el mismo fervor y profundidad espiritual que el movimiento subterráneo de la iglesia en casas, pero en las últimas décadas el contacto con ese movimiento la ha vigorizado espiritualmente y numéricamente.

El sector más pequeño de la Iglesia en 1949, el movimiento subterráneo de la iglesia en casas, se convirtió en el jugador dominante en la escena cristiana en China. Creció con mucha más rapidez que las denominaciones oficiales católica y protestante o incluso que la iglesia católica subterránea, que siguió siendo fiel al papa. Pasó de ser un diminuto segmento religioso a algo que realmente molestaba y fascinaba al gobierno. Tiene un vigor espiritual que infectó a quienes le rodeaban; tiene increíble poder espiritual. La manifestación sobrenatural del poder de Dios por medio de señales milagrosas y maravillas es común. Y todo eso sucedió sin un clero con formación o sin recursos ante una extrema persecución.

Los observadores desde Occidente tienden a atribuir este increíble crecimiento y poder espiritual a los efectos de la persecución. Eso es cierto, pero es solamente una verdad parcial. En realidad, hay varios asuntos interrelacionados. La persecución, especialmente en los primeros años, condujo a una eliminación de las incrustaciones históricas de la cristiandad. En efecto, la Iglesia china volvió a ser una expresión china en el siglo XX de la Iglesia primitiva. Eliminaron el clero oficial y a la vez retuvieron un profundo respeto por líderes piadosos que demostraban su fe en la vida, y no meramente por el aprendizaje y las posiciones. Eliminaron la estructura jerárquica de la cristiandad y regresaron a la estructura orgánica de un cuerpo bajo la cabeza de Cristo, tal como se describe en 1 Corintios 12. Se vieron obligados por estructuras congregacionales y denominacionales a perder estructuras relacionales basadas en la amistad personal y la reputación. Se reunían en pequeñas congregaciones relacionadas que estaban conectadas mediante relaciones con otros grupos. Esas redes de pequeñas iglesias en hogares tenían una importante coincidencia de participantes. En otras palabras, se volvieron mucho más parecidos a una inmensa familia en lugar de ser una organización. Esta pérdida de estructura relacional permitió la difusión viral del evangelio.

Si este movimiento tuviera que detenerse alguna vez, no será debido a la herejía o la falta de estructura organizativa. Se debería a que los cristianos chinos terminasen cometiendo los mismos errores que cometió la Iglesia primitiva en los primeros siglos.

En una conferencia internacional cristiana en Asia del Sur recientemente, varios miembros de la iglesia subterránea en China aparecieron sobre la plataforma para hablar de la situación de la Iglesia en su país. Pidieron a la audiencia que orase por ellos porque el gobierno comunista les había impuesto restricciones que hacían difícil ser una iglesia eficaz. En particular hablaron sobre tres imposiciones que querían que fuesen levantadas: (1) no se permite ninguna asamblea no autorizada de más de quince personas; (2) no pueden levantarse edificios de iglesias o santuarios no autorizados; (3) no se permite una enseñanza formal de líderes no autorizada.

Mientras ellos hablaban, se les ocurrió a quienes estaban reunidos que aquellas restricciones eran precisamente las cosas que forzaban a la iglesia subterránea china a ser la fuerza dinámica y poderosa en que se ha convertido. La primera imposición fuerza a las iglesias a aceptar un modelo de división celular de crecimiento de iglesias. Cuando una congregación llega aproximadamente a los veinte miembros, debe dividirse en dos y comenzar una nueva congregación. La segunda imposición impulsa a la iglesia a reunirse en casas, restaurantes, bares de karaoke y otros espacios privados. La tercera restricción impulsa a las congregaciones a equipar a sus propio liderazgo local sin la ayuda de escuelas o seminarios formales. La amarga ironía no se perdió para muchos que estaban allí aquel día: el gobierno comunista en realidad está forzando a la Iglesia cristiana a volver a descubrir su genio original como un movimiento misionero.[17]

Sin embargo, si usted hablase con cristianos chinos acerca de su explosivo crecimiento, ellos lo atribuirían todo a Jesús. Ellos conocen a Jesús.

No se limitan meramente a predicar un conjunto de doctrinas llamadas el evangelio; en cambio, presentan a las personas a Jesús mismo. Cuando lo hacen, Jesús manifiesta su poder y da credencial a su presencia mediante sanidades, señales y maravillas. Al despojarse del masivo peso inerte de la cristiandad, la Iglesia subterránea china en casas encontró a Jesús. Y Jesús les condujo a un movimiento viral demostrado mediante su poder sobrenatural.

El movimiento viral del evangelio en China continúa hasta el día de hoy. La Iglesia china sigue creciendo, y continúa experimentando poderosas manifestaciones sobrenaturales como parte de su nacimiento espiritual y práctica normal para la plantación de iglesias y el evangelismo. Ellos han atravesado ciclos de persecución y los han utilizado para difundir viralmente el evangelio y crecer espiritualmente. Han tenido períodos relativos de paz, como es el caso al escribir este libro. Ellos han aprendido cómo crecer numéricamente y espiritualmente en períodos de persecución y en períodos de relativa paz. Pero también han aprendido otra cosa, algo que pueden enseñarnos. El caparazón que puede eliminarse de la cristiandad no es la ventaja que nosotros creemos que es. En realidad obstaculiza que tengamos un movimiento viral del evangelio, y también tiende a obstaculizar la verdadera vida del Cuerpo y el profundo crecimiento espiritual. Por habernos señalado esto, nosotros, los cristianos occidentales, deberíamos estar profundamente agradecidos a nuestros hermanos en China.

# ⟊ CAPÍTULO 8 ⟋

# Disicipulado viral

*M*I PRIMERA EXPERIENCIA con el discipulado fue con un conocido ministerio en el campus. Como nuevo cristiano, me dieron una serie de libros de diversos temas que me presentarían las doctrinas básicas del cristianismo. Eran libros cortos de preguntas y respuestas, en los que se planteaba una pregunta, se sugerían varios versículos y yo rellenaba la respuesta. Aprendí muchas más cosas de las previstas de ese estudio.

Aprendí, por ejemplo, que el cristianismo es muy parecido a ir a la escuela. En este caso, era como aprender aproximadamente al nivel educativo de un niño de sexto o séptimo grado. No se esperaba que yo meditase profundamente, se esperaba que leyese el material y proporcionase la respuesta obvia. ¿Quién dijo Juan el Bautista que era Jesús en Juan 1:29? Respuesta: el Cordero de Dios.

Aprendí que el cristianismo se trata de información. Era obvio por el modo en que el cristianismo era presentado que, para ser un buen cristiano, yo necesitaba saber mucha información, llamada doctrina. No pasó mucho tiempo hasta descubrir que ser un buen cristiano se trataba de conocer doctrina. Sin embargo, había muchas discusiones acerca de lo que era la buena doctrina y lo que era la mala doctrina. De hecho, aquellas discusiones podían ser bastante acaloradas.

Aprendí que el cristianismo era aburrido. En realidad, lo que yo aprendí fue que este aspecto del cristianismo era aburrido. Yo estaba bastante emocionado en cuanto a que Jesús me salvase de mi pecado. Yo necesitaba salvación; había mucho que perdonar. Estaba bastante emocionado no sólo en cuanto a mi salvación misma, sino también en cuanto a que podía comenzar otra vez y que finalmente me sentía limpio. Descubrí que ya no deseaba hacer las cosas que solía hacer. Particularmente, Dios había quitado mi deseo de alcohol, fiestas y malas palabras. Lo que me sorprende ahora es que nadie en realidad me explicó que todo eso era evidencia de la obra del Espíritu Santo en mi vida. Nadie me explicó cómo tener acceso al poder sobrenatural y caminar en él para vencer nuevas áreas de quebrantamiento en mi vida. Me hablaron de confesar el pecado y pedir al Espíritu que controlase mi vida, lo cual era bueno; pero nadie me explicó cómo era realmente el control del Espíritu. Nadie me explicó ni me enseñó a oír la voz de Dios, a discernir la voz de Dios, a confiar en la voz de Dios y a obedecer. En cambio, me dijeron que leyese la Biblia. Me enseñaron que la Biblia era digna de confianza, y si yo conocía mi Biblia y sus doctrinas, sería un buen cristiano. En realidad yo tenía una relación más con la Biblia que con Jesús.

## El cristianismo reducido a información

En efecto, me estaban enseñando tácitamente que un importante aspecto del cristianismo se trataba de dominar la información. Al igual que si fuese un curso de ingeniería eléctrica o física, el asunto era la información misma. Quien tenía la mayor información y podía repetirla a voluntad era el que demostraba dominio del curso, dominio de aquella cosa llamada cristianismo. Mi fe se había convertido en una actividad extracurricular, muy parecida a tomar un curso para aprender a pilotar un aeroplano.

Mi relación con Jesús había quedado reducida a hechos proposicionales. Nadie hacía preguntas como: ¿Qué está haciendo Jesús en tu vida? ¿Cómo sientes al Espíritu Santo obrar? ¿Sientes que Dios te está dando deseos de participar en tipos de ministerios concretos? ¿Qué sientes que Dios te está diciendo con respecto a este asunto? ¿Con qué áreas de pecado estás batallando en este momento y cómo puedo ayudarte a encontrar a Jesús en ello? ¿Cómo sabes si es Dios quien te está guiando o es algo que viene de otra fuente?

# El cristianismo reducido a talentos, técnicas y tareas

Hubo otra amplia área en la cual me formaron. Fui formado para realizar tareas concretas, y que esas tareas eran buenas. Fui formado, por ejemplo, en cómo compartir mi fe con personas a las que me encontraba en la cafetería. Fui formado para saber cómo dar mi testimonio de la salvación. Fui formado para comenzar un pequeño grupo y dirigir un pequeño grupo. Se hacía un énfasis particular en las dinámicas de grupos pequeños. Si yo conducía a alguien al Señor, debía hacer que comenzase a estudiar los mismos libritos que yo estaba estudiando. En efecto, fui formado para enseñarles que el cristianismo se trataba de dominar información. Desde luego, yo sólo podía dar a los amigos a los que conducía al Señor lo que a mí me habían dado.

El cristianismo para mí quedó reducido a información y tareas, de modo que yo sólo podía darles información y tareas. Extrañamente, nadie me explicó cómo experimentar a Jesús en comunidad. Nadie me explicó cómo aprender los unos de los otros y escuchar la voz de Dios por medio de los demás. Nadie me explicó cómo experimentar a Dios mediante múltiples dones espirituales que se manifestaban por medio de nosotros mediante el Espíritu Santo, para el beneficio de todos. En cambio, estudiábamos juntos información, principalmente respondiendo preguntas que se planteaban en libritos con referencias bíblicas.

Me enseñaron a orar. Cuando pregunté cómo orar, quedó reducido a: adoración, confesión, acción de gracias y súplica. Se esperaba de mí que encontrase cosas en la Biblia, hechos acerca de Dios por los cuales pudiera adorarle. Me dijeron que intentase recordar cosas malas concretas que yo hubiera hecho y las confesara a Dios, pidiendo perdón. Me dijeron que diera gracias a Dios por las cosas buenas en mi vida. Y me enseñaron cómo escribir una lista de cosas que yo quería que Dios hiciera por mí y pedirle por ellas. Todas esas cosas son aspectos de la oración, y todas tienen su lugar; pero la oración ha sido reducida a algo que yo hago ante Dios. La oración era como una manguera con la que yo rociaba a Dios: tenía una única dirección. Mi única relación con Dios en este esquema era observar si Él respondía mis peticiones.

Me dijeron que debería tener un "tiempo a solas con Dios" diariamente. En efecto, era un tiempo regular para estudiar la Biblia. No me dijeron mucho acerca de estudiar la Biblia excepto lo que yo había aprendido a leer en los libritos mencionados anteriormente. Por tanto, por deducción yo supuse que estudiábamos la Biblia para sacar de ella información, para aprender cada vez más hechos sobre Dios y sobre la vida cristiana. Me dijeron que memorizase versículos de la Biblia. En realidad yo ya estaba un poco entrenado para hacerlo. Me enseñaron a decir la referencia del versículo, después citar el versículo y después volver a decir la referencia del versículo. También me dieron pequeñas tarjetas que tenían la referencia por un lado y el versículo por el otro. Yo no era particularmente bueno en la memorización de versículos de la Biblia; me resultaba aburrido. Y además de los versículos que eran útiles para compartir mi fe, yo no estaba seguro de por qué memorizaba esos versículos; a excepción quizá para que supiera dónde declaraba la Biblia ciertas doctrinas.

Me enseñaron a ir a la iglesia. La iglesia era un acontecimiento que sucedía la mañana del domingo. Íbamos allí y escuchábamos una conferencia dada por un hombre agradable al que tácitamente se nos enseñaba a admirar y respetar. También cantábamos algunos cantos y juntos decíamos oraciones. La información de la conferencia era la misma información que obteníamos en nuestros libritos y en nuestros pequeños grupos. También acudíamos a la escuela dominical para adultos, donde también oíamos la misma información que estábamos aprendiendo en nuestra formación extracurricular y en nuestro ministerio en la universidad. Por tanto, asistir a la iglesia era bastante parecido a lo que yo estaba haciendo en la universidad, sólo que no tan divertido. Sin embargo, se nos decía firmemente que teníamos que unirnos a una iglesia; que realmente no éramos buenos cristianos hasta haber hecho eso. Se nos decía que la "comunión" en una iglesia local era indispensable. Había algo que asistir a la iglesia hacía por nosotros y que no podíamos obtener haciendo lo que ya estábamos haciendo durante la semana. Sencillamente no podíamos entender lo que era. Francamente, la comunión era mucho más divertida en el campus. Al menos llegábamos a hablar unos con otros.

## Lecciones positivas

Me enseñaron a ser un líder. Más concretamente, me dieron un título como tipo específico de líder de campus en la organización. Ese título me daba derecho a asistir a sesiones semanales de formación dadas por una pareja de agradables ministros en el campus. Aquellas probablemente eran las dos mejores horas de la semana. Comíamos juntos y realmente hablábamos de cosas, contrariamente a sólo escuchar. Mirando atrás, probablemente yo aprendí más acerca de mi fe en aquellas breves reuniones semanales que en cualquier otra actividad cristiana que realizaba durante la semana. Las capacidades de liderazgo no eran algo que se enseñaba tanto como algo que se captaba. Muchas de aquellas lecciones eran bastante buenas. Aprendí cómo dirigir una discusión viendo cómo se dirigía una discusión. Ahí fue donde aprendí que el Espíritu Santo tendía a manifestarse de modo diferente mediante diferentes personas, y que eso era algo bueno. Eso no me lo enseñaron en particular, sino que yo lo absorbí hasta los huesos al verlo. En otras palabras, yo estaba experimentando el verdadero discipulado. El mensaje era respaldado por la conducta de aquellos que estaban influenciando mi vida. Aquello no era la mera diseminación de información; era participativo, era la vida, y yo participaba en ella. Lo que aprendía podía ponerlo en práctica de inmediato. De hecho, con frecuencia lo estaba practicando antes de darme cuenta de lo que estaba aprendiendo.

## Separar lo bueno de lo malo

Gran parte de lo que aprendí en aquella etapa de mi vida fue bueno. El conocimiento de la Biblia es algo bueno, y también lo es la memorización de escrituras, estudiar la Biblia y todo lo que aprendí sobre la oración. Estoy profundamente agradecido a los ministros del campus que derramaron sus corazones y sus almas conmigo. Al mirar atrás ahora, sé que ellos verdaderamente me querían. El problema no estaba en los ministros del campus, ni tampoco estaba en mucho de lo que me enseñaron o modelaron.

El problema era el sistema y la cosmovisión subyacentes que se enseñaban junto con todas las cosas buenas. Era lo que se enseñaba de modo inconsciente junto con todo lo que era bueno y correcto. Además, era lo que podría y debería haber sido enseñado y modelado pero que no lo fue. Me enseñaron los asuntos rudimentarios de seguir a Jesús (oración, estudio de la Biblia y memorización) pero no de modo muy profundo. Me enseñaron que el cristianismo era básicamente informativo; peor aún, me estaban enseñando tácitamente una forma de cristiandad. Lo que yo no aprendí era cómo escuchar la voz de Jesús en la multitud de maneras en que Él puede hablarnos. No me enseñaron a comparar lo que escuchaba con la Biblia ni tampoco cómo tener acceso al poder del Espíritu Santo para obedecer la comunicación de Dios conmigo. No me enseñaron a discernir la voz de Dios de mi propia voz, o de la del mundo o del diablo. No me enseñaron la vida de fe a medida que yo aprendí a confiar en el poder y la dirección del Espíritu Santo. En efecto, me enseñaron tácitamente a ser un seguidor de la rama evangélica del sistema de la cristiandad, tal como se expresa actualmente en Occidente. Y lo que realmente no me enseñaron fue cómo tener una relación profunda y permanente con Dios.

## Lo que puede ser el discipulado

Actualmente, gran parte de la actividad cristiana parece originarse en planes humanos, y después es desempeñada por la fortaleza humana y con resultados humanos. No tiene nada que ver con el Reino de Dios. ¡El mundo no necesita más religión! Necesita a Jesucristo. La religión es el intento de la gente por hacer la obra de Dios en sus propias fuerzas. Jesús quiere que vivamos y caminemos en la fortaleza de Dios. Dios está sólo interesado en su obra, no en nuestra obra. Él supervisa y capacita las cosas que se originan en su corazón. En el día del juicio, solamente aquello que nació y se sostuvo por el Espíritu Santo sobrevivirá.[1]

El diccionario en línea Merriam-Webster define *humanismo* como "una doctrina, actitud o modo de vida centrada en los intereses o valores humanos; *especialmente*: una filosofía que normalmente rechaza el sobrenaturalismo y hace hincapié en la dignidad y la valía del individuo y su capacidad de autorrealización mediante la razón".[2] La mayoría de cristianos occidentales que creen en la Biblia se comportan como humanistas. Sin embargo la mayoría, si son conscientes del humanismo como una filosofía, serían ofendidos por la idea de que son humanistas. Pero si descartamos las palabras, y aun así nos seguimos comportando como un humanista, somos humanistas.

El asunto básico del humanismo es que los seres humanos toman las decisiones y hacen que sucedan las cosas por su propia voluntad y capacidad, utilizando su propio intelecto racional. Podemos hacer eso con la mejor de las intenciones, pero ya que comenzamos en el lugar equivocado y estamos funcionando con el sistema operativo equivocado, terminamos en una situación muy desesperada. Nos perdemos en el bosque pensando que sabemos hacia dónde vamos. Todo el tiempo nos vamos alejando cada vez más del hogar, lejos de Dios.

Hemos incorporado ese mismo humanismo al discipulado. De ahí que nos enfoquemos en cosas como técnicas de testimonio, dinámicas de grupos pequeños y doctrina bíblica. Ninguna de esas cosas son equivocadas, por sí mismas. El problema es la fuente de nuestro logro. No estamos formulando algunas preguntas previas. En lugar de preguntar cuál es una buena técnica de compartir el evangelio, quizá deberíamos preguntar: ¿Preparó Dios esta situación de testimonio? ¿Cómo nos está dirigiendo Él a compartir el evangelio? En lugar de preguntar cómo puedo utilizar dinámicas de grupos pequeños para dirigir a este grupo, quizá deberíamos preguntar: ¿Cómo está dirigiendo Dios en el grupo pequeño? ¿Por medio de quien quiere Él ministrar? En lugar de preguntar qué doctrina enseña ese pasaje de la Biblia, quizá deberíamos preguntar: ¿Cómo nos está ministrando Dios por medio de la Biblia? ¿Cómo está el Espíritu Santo activando la verdad de la Biblia en nuestras vidas mediante su poder?

La verdadera espiritualidad cristiana no se trata meramente de conocer doctrina, llegar a ser adepto en las técnicas y practicar disciplinas como el estudio de la Biblia y la memorización de escrituras. Uno puede dominar todo lo que el mejor seminario tenga que ofrecer y seguir viviendo su vida como un humanista tácito y no estar realmente conectado al señorío de Jesús. De hecho, eso es bastante común.

La verdadera espiritualidad cristiana se trata de la relación de Dios con nosotros y su poder obrando en nosotros y por medio de nosotros. Eso implicará leer y estudiar la Biblia; implicará oración e implicará disciplinas. Pero Dios controla y conduce este proceso. Dios utilizará a creyentes más maduros para guiarnos en ese proceso. Dios utilizará a toda nuestra comunidad cristiana en ese proceso. Pero se hará bajo su señorío y con su control; se hará de la manera del nuevo pacto, a medida que Él nos ministra en los niveles más profundos de nuestro corazón y nuestra mente por medio de su Espíritu Santo. No será meramente cuestión de que nosotros utilicemos nuestro intelecto racional y nuestra voluntad para producir cambio en nuestras vidas.

Jesús tenía un gran conocimiento de las Escrituras. Jesús conocía su doctrina. Jesús tenía escrituras memorizadas, y las citaba. Sin embargo, Él hacía solamente lo que veía hacer al Padre (Juan 5:19). Él no participaba en ningún ministerio al menos que viese al Padre trabajando ya; no actuaba según su propia voluntad. Y Jesús era Dios encarnado. Si Jesús sólo podía hacer lo que veía hacer al Padre, ¿cómo podemos pensar que nosotros podemos ser diferentes?

Lo que el humanismo nos arrebató fue la tendencia a mirar a Dios en lugar de mirarnos a nosotros mismos. No es que Dios haya perdido el contacto con nosotros, sino que la cristiandad humanista nos enseña a confiar en nuestras propias capacidades. Él puede estar en contacto con nosotros, pero nosotros no prestamos atención. No le buscamos a Él como la fuente de las soluciones a nuestros problemas, e intentamos manejarlos por nosotros mismos. Y esta cristiandad humanista afecta a todo lo que hacemos como cristianos, nuestro modo de pensar, la manera en que nos reunimos, el modo en que estructuramos el "liderazgo", el modo en que realizamos el ministerio, el modo en que nos comportamos. Y afecta al modo en que hacemos discipulado. Nos hemos vuelto esclavos de la *stoicheia*, los principios fundamentales del mundo. Pero estamos tan acostumbrados a ello que no podemos ver lo que en realidad está sucediendo delante de nuestros propios ojos. Vemos con nuestros ojos, pero no entendemos con nuestro corazón (Mateo 13:15). Es tan cómodo y normal que ni siquiera pensamos en cuestionar esta cosmovisión y las conductas de cristiandad que genera.

Por tanto, ¿cómo es el discipulado cuando Dios está dirigiendo el proceso? ¿Qué papeles ocupan otras personas en esto? ¿Qué tipos de conductas, prácticas y disciplinas necesitamos aprender a fin de vivir con Jesús como nuestro Señor? ¿Cómo podemos aprender a cooperar con el liderazgo de Dios, en comunidad, de modo que podamos alentarnos los unos a los otros al amor y las buenas obras?

Este tipo de discipulado no es solamente posible, sino que también es poderoso y satisfactorio. Nos conecta con Jesús y nos enseña a vivir en su poder sobrenatural y con una profunda, permanente y satisfactoria relación con Él. Este tipo de discipulado nos conduce a convertirnos en individuos y comunidades comprometidos a que la voluntad de Dios se haga en la tierra y con el poder para llegar a ser completa. En otras palabras, es el tipo de discipulado que necesitamos si queremos ver un movimiento viral del Espíritu una vez más en Occidente. Y se parecerá mucho a lo que nuestros hermanos chinos están haciendo en China. Pero si queremos experimentar eso, tenemos que volver a pensar por completo lo que hemos llegado a conocer como discipulado. Necesitaremos aprender a vivir de un modo diferente al que nuestra cristiandad humanista occidental nos ha enseñado a pensar, vivir y comportarnos.

## Discipulado con un sistema operativo diferente

La cosmovisión, el sistema operativo del cristianismo bíblico es diferente. Es el nuevo pacto. En el nuevo pacto hacemos lo que Dios mismo pone en nuestro corazón y nuestra mente. Está centrado en los intereses y los valores de Dios; subraya la dignidad, valía, capacidad y razón de Dios sin negar la dignidad, valía, capacidad y razón humanas siendo parte de la imagen de Dios en los hombres. Subraya la capacidad de Dios para hacer suceder cosas, y no la realización humana. Subraya el conocimiento, la sabiduría y la inteligencia de Dios, y no las del hombre. Sus caminos no son nuestros caminos. Sin embargo, Él está dispuesto a utilizarnos.

Por tanto, el discipulado con Jesús como Señor no subraya cómo hacer las cosas utilizando nuestra capacidad humana; subraya cómo tener acceso al poder de Dios mediante el sistema operativo del nuevo pacto. Hará hincapié en cómo aprender a escuchar a Dios. El estudio de la Biblia deja de ser meramente la lectura de la Biblia para conocer hechos acerca de la Biblia, aunque eso puede suceder ciertamente; pero se convierte en lectura de la Biblia para también oír la voz de Dios y obedecer.

Discipular a alguien en la oración se convierte en un cristiano más maduro que discipula a un cristiano menos maduro en cuanto a cómo la oración es una parte vital de una comunicación con Dios en dos direcciones y con muchos aspectos. Uno ora para conectar relacionalmente con Dios; ora para derramar el deseo de su corazón delante de Dios; ora para adorar y dar gracias, para confesar pecado y expresar arrepentimiento. Pero también ora como parte de su consonancia permanente con Dios, para oír su voz en el corazón y la mente a fin de poder obedecer la voluntad de Dios para esa vida. Esto se realiza tanto individualmente como en comunidad.

Discipular a alguien en cualquier aspecto del cristianismo, desde compartir la fe, ofrendar, hasta enseñar en el desarrollo de los dones espirituales, se convierte en aprender a seguir la actividad de Dios en el corazón y en la mente del creyente, mientras se sigue profundamente conectado con una comunidad; todo ello bajo Cristo, que es la Cabeza de la Iglesia. Todo esto es a la vez posible y práctico porque el Espíritu Santo de Dios vive en nosotros. Esa realidad es parte de nuestra herencia del nuevo pacto. El nuevo pacto, entonces, va mucho más allá de ser una doctrina proposicional correcta. Es un modo de vida, en la cual los creyentes necesitan aprender a vivir eficazmente. Esa es una parte importante del proceso de discipulado.

## Discipulado con un enfoque diferente

El discipulado en el que yo crecí se enfocaba fuertemente en los hechos de la Biblia y los hechos doctrinales. No estoy en contra de ninguna de esas cosas. Son buenas; sencillamente no pueden cambiar vidas. En cierto sentido, son objetivos penúltimos. Necesitamos esas cosas, pero no podemos detenernos ahí, y tampoco creo que podamos entender verdaderamente la plenitud de la Biblia ni de la doctrina correcta sin la ayuda del Espíritu Santo.

Estamos enfocados en los asuntos proposicionales porque hemos sido atrapados por las bases filosóficas platónicas de nuestra cosmovisión occidental. Con eso quiero decir que Platón y la filosofía platónica, que es una de las bases de nuestra cosmovisión, enseñaba que lo más importante era el "ideal". Dicho con sencillez, lo que cuenta es la idea, el concepto. La razón humana puede utilizarse por los seres humanos para descubrir todo lo que cuenta en la vida. Y lo que es importante puede expresarse conceptualmente. Una vez que eso se hace, termina el juego.

¿Cuales son ideas cristianas? Son doctrinas bíblicas y hechos; son las verdades proposicionales de la Biblia. Repito: esas no son cosas malas. Pero debido a que estamos atascados mirando la Biblia y la vida cristiana con las lentes equivocadas, la cosmovisión occidental, nos quedamos atascados en esas cosas porque nuestra cosmovisión nos dice que son lo que realmente cuenta. En esencia nos quedamos atascados en Santiago 2:19: "Tú crees que Dios es uno; bien haces. También los demonios creen, y tiemblan". Mientras que la verdad de que Dios es uno es importante y buena, no es suficiente. Necesitamos vidas cambiadas, y eso se logra por el poder del Espíritu Santo controlando nuestra vida.

El discipulado con Jesús como Señor no tendrá como objetivo meramente la doctrina correcta. Más bien, la doctrina correcta es una base, pero no un enfoque, de este tipo de discipulado. La suposición de nuestro discipulado humanista occidental ha sido que si nuestra doctrina es correcta, tendremos una relación correcta con Dios. Eso es patentemente falso. Yo conozco a más de unas cuantas personas que sostienen una doctrina ortodoxa y viven vidas impías. Usted probablemente conozca también a algunas. En cambio, necesitamos aprender a tener acceso al poder y la dirección del Espíritu Santo en nuestras vidas, aprender a discernir lo que Él pone en nuestro corazón y nuestra mente, y obedecer en su poder. Cuando hagamos eso, viviremos vidas cambiadas.

Parte del proceso de discernimiento es reflexionar en nuestra propia vida individualmente y en comunidad, mediante los lentes de la Biblia y la doctrina correcta. Y cualquier conducta que provenga de la dirección del Espíritu Santo reflejará la Biblia y la doctrina correcta. Pero el poder para una vida cambiada y para la dirección para ese cambio viene del Espíritu Santo mismo. Por tanto, el enfoque del discipulado con Jesús como Señor es una vida cambiada y una acción dirigida y capacitada por el Espíritu Santo.

## Discipulado con un proceso diferente

Si Jesús es verdaderamente Señor, Él debería guiar el proceso de discipulado. De hecho, nosotros no somos los discípulos de otras personas, según la Biblia somos discípulos de Jesús. Con frecuencia, en la Iglesia tal como la conocemos, tendemos a entender esto mal. Yo conozco a varias personas que están tan firmemente atrincheradas en la teología de Calvino o de John Wesley que todo lo que creen está formulado mediante esos lentes. Personalmente, creo que eso es muy poco sano. Sé de muchos creyentes que son más seguidores de Joel Osteen, John MacArthur o Kenneth Copeland que de Jesucristo. Y no es poco común que un discipulado individualizado se enfoque en lo que quien discipula quiere que el protegido aprenda. En otras palabras, quien discipula es quien conduce el proceso. Esto da como resultado personas que no son los discípulos de Jesús sino los discípulos de otra persona.

Jesús es perfectamente capaz de hablar con nosotros. Es parte de nuestro derecho de primogenitura del nuevo pacto. Jesús el Señor es perfectamente capaz de dirigir el proceso de discipulado. Puede que Él escoja hacer parte por medio de otros creyentes, pero no necesita que nosotros controlemos ni decidamos el proceso.

Los católicos romanos (la iglesia católica romana es una institución inmensa y diversa. Es la expresión más exagerada de la cristiandad; sin embargo, tiene muchos creyentes fieles enamorados de Jesús y amados por Jesús. Su entendimiento de la dirección espiritual, como un modo de discipulado centrado en Jesús, es un área en que los protestantes de todo tipo pueden aprender y están aprendiendo prácticas sanas de ellos) han desarrollado sanas prácticas en permitir que Jesús discipule a otros creyentes. Se han convertido en adeptos en que los seres humanos aprendan a ayudar a otros creyentes, mientras siguen permitiendo a Jesús controlar el proceso. A lo largo de los siglos, se han desarrollado una disciplina de discipulado denominada dirección espiritual (el término "dirección espiritual" parece como que el director es quien domina. Ese no es el caso. Piense en ello como dirigiendo a las personas a notar la voz del Espíritu) que permite precisamente eso.

> Tal como hemos llegado a entenderla, la dirección espiritual difiere de la guía moral, el consejo psicológico y la práctica de ministerios confesionales, de predicación o de sanidad (aunque tiene afinidades con ellos) en que directamente ayuda a los individuos en el desarrollo y el cultivo de su relación personal con Dios.[3]

Eso es muy distinto a lo que hemos llegado a conocer como discipulado, donde el mayor énfasis está en la obtención de información. De hecho, Barry y Connolly afirman: "El enfoque de este tipo de dirección espiritual está en la experiencia, no en las ideas, y concretamente en la experiencia religiosa, por ejemplo, cualquier experiencia de Aquel misterioso a quien llamamos Dios".[4]

¿Cómo sería eso en la práctica? Para muchos que se han formado espiritualmente en un cristianismo occidental que se enfoca en la información, puede que esto sea un poco difícil de imaginar. A continuación está el modo en que los autores describen el proceso.

> La persona que ministra ayuda a los demás a dirigirse a Dios directamente y a escuchar lo que Dios tiene que comunicar. El enfoque de este tipo de dirección espiritual es la relación misma entre Dios y la persona. Se ayuda a la persona no tanto a entender mejor esa relación, sino a participar en ella, a entrar en un diálogo con Dios. La dirección espiritual de este tipo se enfoca en lo que sucede cuando una persona escucha y responde a un Dios que se comunica a sí mismo.[5]

Dios realmente es quien dirige este proceso. El director espiritual solamente ayuda a otra persona a aprender a escuchar lo que Dios está comunicando. Además, ayuda al discípulo a participar en esta relación divina y a responder a ella. Esta es una forma de discipulado enfocada en Dios, no enfocada en la información. Las personas participan, pero Dios es quien realmente controla el proceso. Él determina lo que se comunica y cómo. Además, este es un tipo de discipulado que se enfoca en la respuesta a la comunicación de Dios. Si se hace bien, conduce a que el discípulo aprenda no sólo a escuchar a Dios sino también a participar en una relación sobrenatural con Él y responder en obediencia a Él. Esa es una forma de discipulado que reconoce a Jesús como Señor y participa plenamente con un Dios que habla a nuestro corazón y nuestra mente. Nos permite convertirnos verdaderamente en discípulos de Jesús, y no de los hombres. Jesús dijo: "Si me amáis, guardad mis mandamientos. Y yo rogaré al Padre, y os dará otro Consolador, para que esté con vosotros para siempre: el Espíritu de verdad" (Juan 14:15–17). Cuando Jesús dijo que aquellos que le aman guardan sus mandamientos, no estaba hablando solamente de guardar las verdades proposicionales escritas de la Biblia. Estaba hablando de lo que Él habla a nuestro corazón y a nuestra mente. Este pasaje se dio en el contexto de la oración, y parte de la promesa que Jesús nos hace es que Él nos dará al Espíritu Santo para guiarnos. Esto es comunicación con el Dios trino que conduce a la obediencia. En el mismo discurso, Jesús dijo:

> El que me ama, mi palabra guardará; y mi Padre le amará, y vendremos a él, y haremos morada con él. El que no me ama, no guarda mis palabras; y la palabra que habéis oído no es mía, sino del Padre que me envió.
>
> JUAN 14:23–24

No creo que necesitemos copiar la dirección espiritual como cierto tipo de técnica, como si el poder estuviera en la técnica misma. Más bien, nuestros hermanos católicos han aprendido cómo ayudar a otros cristianos a relacionarse con Jesús el Señor y obedecerle. No deberíamos enfocarnos en la técnica más de lo que los directores espirituales se enfocan en el mero entendimiento de la relación misma. El enfoque está en relacionarse con Dios y responder, no en el proceso. Habiendo dicho esto, yo creo que los católicos tienen mucho que enseñarnos en este tipo de discipulado. Creo que nos serviría muy bien estudiar con ellos. Ellos están muy abiertos a enseñar a los no católicos la dirección espiritual. También sería útil ser dirigidos ellos mismos para aquellos interesados en aprender a discipular así.

Si Jesús está guiando el proceso de discipulado, también deberíamos aprender a prestar atención a lo que está sucediendo en la vida del discípulo. Con frecuencia, tendemos a interesarnos más en limpiar la vida del nuevo discípulo, de hacerle más adecuado para nuestra subcultura. Eso es un error. Yo preferiría intentar ayudar a alguien que sea tosco a relacionarse con Dios que enseñar a alguien a encajar en una subcultura súper limpia. Dios está interesado en la santidad, pero Él obra a su propio ritmo. Él escoge los problemas que Él quiere tratar. Cuando nosotros nos hacemos cargo, terminamos discipulando a las personas en cuanto a cómo limpiar el exterior del vaso pero no tratar realmente la suciedad que hay en el interior. Los enseñamos para que se vuelvan hipócritas. Solamente el Espíritu Santo puede realmente cambiar una vida. Necesitamos aprender a permitir que el Consolador haga aquello en lo que el Consolador es bueno.

## Discipulado con un punto final diferente

El punto final, entonces, en este tipo de discipulado son vidas cambiadas que conducen a la obediencia. El Espíritu Santo realiza ese cambio. El Espíritu Santo guía el proceso. Alguien que se relacione con Dios comenzará a volverse como Dios en su carácter. A medida que el Espíritu Santo toma control de su vida, comenzará a expresar el carácter de Aquel que tiene el control de su espíritu: amor, gozo, paz, paciencia, bondad, benignidad, fidelidad, amabilidad y dominio propio. Este movimiento de lo que somos a lo que Dios quiere que lleguemos a ser puede ser bastante turbulento. No creo que debiéramos asombrarnos por la turbulencia. Dudo de que Dios se asombre.

Cuando el Espíritu Santo tiene el control de una vida, la vida cambia para reflejar el carácter del Espíritu. En ese sentido, los cristianos realmente piadosos son todos parecidos. Todos nos convertimos en "pequeños Cristos", que es lo que significa el término *cristiano*. Nos volvemos semejantes a Cristo. Sin embargo, al mismo tiempo Dios también comienza a dirigir al individuo a conformarse a su voluntad especial para esa persona. Eso probablemente reflejará los dones espirituales de la persona, y podría reflejar otros aspectos de su desarrollo humano, como educación, formación, personalidad, experiencia y otras cosas similares. El asunto aquí es que Dios ha diseñado a esa persona para que le siga a Él a los propósitos de su Reino. Ese diseño será único. Jesús enseñó a sus discípulos a orar: "Venga tu reino. Hágase tu voluntad, como en el cielo, así también en la tierra" (Mateo 6:10). Cada uno de nosotros está diseñado para ser parte de la llegada del Reino de Dios, ser parte de que su voluntad sea hecha en la tierra. Ese es parte del gozo y el privilegio de ser cristiano: participar juntamente con Dios, bajo su dirección, en cambiar su mundo para mejor. Por tanto, cuanto más madure cada individuo en un discipulado dirigido por Dios, más refleja el carácter de Jesús. Al mismo tiempo, cuanto más participe en este proceso, más se convierte en un individuo único, con propósitos del Reino únicos y un llamado divino único.

Gran parte de la Iglesia, tal como hemos llegado a conocerla, se ha enfocado en la experiencia misma de la Iglesia y en lo que supuestamente hace para cada uno de los que participan. Estamos diciendo con nuestra conducta que todo se trata de nosotros. Queremos experimentar adoración. Queremos tener comunión. Queremos que nuestras necesidades sean satisfechas. Queremos ser alimentados. Esas son tonterías. Si Dios está conduciendo el proceso, se tratará de Él, y así debiera ser. Él es el Creador y Rey del universo. Cuando Él dirige el proceso de discipulado, conducirá a la santidad y a los propósitos de su Reino. No estará enfocado en el hombre, estará enfocado en Dios y enfocado en su Reino. Si no lo está, es espiritualmente poco sano. El punto final del discipulado con Jesús como Señor es que Jesús se manifieste a Él mismo en las vidas de los creyentes; y Jesús el Rey dirigiéndolos a participar con Él en sus propósitos. Eso es verdaderamente: "Venga tu reino. Hágase tu voluntad, como en el cielo, así también en la tierra".

## Discipulado con una estructura diferente

Hasta este punto, nuestra discusión sobre el discipulado ha estado enfocada primordialmente en el discipulado individual; sin embargo, en realidad el discipulado es también un asunto de comunidad. Cuando leemos acerca del Cuerpo de Cristo en 1 Corintios 12 vemos a Cristo, la cabeza del Cuerpo, dirigiendo a su Cuerpo. Vemos a cada miembro individual de ese Cuerpo expresando sus dones, en el poder del Espíritu Santo, para el beneficio mutuo de todo el Cuerpo. En otras palabras, vemos a Cristo dirigir su Cuerpo para ministrarse los unos a los otros en su poder. Esto es discipulado de comunidad. Cristo ministra a los individuos reunidos por medio de otros individuos. Él guía; Él dirige; Él controla.

Por tanto, al igual que el discipulado individual conduce a que las personas se relacionen con Dios y permitan que el Espíritu Santo les conduzca al crecimiento y a los propósitos del Reino, el Cuerpo reunido dará como resultado las mismas cosas para toda la comunidad. Y toda la comunidad participará en el proceso. Esto conducirá a que el Cuerpo participe en los propósitos del Reino como comunidad. Deberíamos dudar mucho de los grupos que se reúnen y sienten que son bendecidos pero nunca salen al exterior de ellos mismos para ver a otros acudir a Cristo, para ver el amor de Dios por la justicia y su compasión expresados a los más pequeños de éstos.

Tal como describimos en el capítulo anterior, esto no requiere lecciones y planes planificados por el hombre. Requiere aprender a permitir que Jesús dirija. También requiere que cada miembro individual del Cuerpo tenga una relación individual con Dios basada en una obediencia amorosa. Cuando esto sucede, cada persona se relaciona con Dios individualmente y tiene algo que ofrecer al Cuerpo reunido. Sin embargo, al igual que el individuo busca participar en la relación con Dios y obedecer lo que Él ordene, así lo hace el Cuerpo reunido.

## Discipulado con un liderazgo diferente

Tal como debería ser obvio por lo que hemos dicho anteriormente, el discipulado con Jesús como Señor tiene a Jesús como el líder. Él es la fuente de poder; el nuevo pacto que fue sellado con su sangre es el sistema operativo. Él es el enfoque, Él controla el proceso, y su santidad y los propósitos de su Reino son el punto final. Él utilizará a creyentes más maduros que estén más adelantados en este proceso para ayudar a dirigir a Él a creyentes más jóvenes, pero Él es el único líder verdadero.

En realidad, esto tiene que ver con el sacerdocio de todos los creyentes. Hay realmente dos funciones básicas de los sacerdotes en la Ley del Antiguo Testamento. Los sacerdotes realizaban tareas religiosas en el templo, y mediante esas tareas conectaban al pueblo con Dios. Además, en Yom Kippur, el día de la Expiación, el sumo sacerdote hacía el sacrificio de expiación que simbolizaba el perdón de Dios para otro año. El pasaje de 1 Pedro 2:9 dice: "Mas vosotros sois linaje escogido, real sacerdocio, nación santa, pueblo adquirido por Dios, para que anunciéis las virtudes de aquel que os llamó de las tinieblas a su luz admirable". Pedro estaba diciendo que todos podemos participar en las tareas espirituales, todos ministramos. No necesitamos personas especiales, ahora comúnmente denominadas clero, para que nos conecten con Dios.

Todos nos ministramos los unos a los otros bajo el poder y la dirección de nuestra cabeza. En ese sentido todos somos líderes cuando Jesús guía a otros por medio de nosotros. Pero todo proviene de nuestro Señor. Él es nuestro único líder verdadero. Hay un reconocimiento especial de la madurez que demuestran algunos cristianos. Creyentes más maduros, llamados ancianos, supervisan a los menos maduros y ayudan a guiarles a Jesús. Este no es un liderazgo posicional con un poder concreto; es sólo el reconocimiento de una espiritualidad y madurez demostradas. Es honrada, pero tal persona siempre guía a las personas a Jesús mismo.

## Discipulado sin ninguna técnica o método

Nuestra cristiandad occidental, capturada como lo está por los principios fundamentales de este mundo, pone un gran peso en las técnicas y los métodos. Esta es, repito, nuestra fascinación platónica por las ideas, los métodos, y cualquier otra cosa que los seres humanos podamos controlar. Es un ejemplo más de no vivir realmente con Jesús como Señor. Jesús no necesita técnicas y métodos; Él sabe lo que es correcto en cada caso, basado en las personas, las culturas y las situaciones implicadas.

Habiendo dicho esto, Dios puede que dé a ciertos individuos o grupos ciertas técnicas o métodos para utilizarlos. Puede que Él les guíe a utilizarlos bajo su dirección; y puede que Él guíe a otros creyentes a utilizar también esos métodos. Un buen ejemplo de esto son los grupos de transformación de vidas (LTG, por sus siglas en inglés). Dios ha dado a Neil Cole y a muchos en las redes que él y sus amigos han comenzado una manera de enseñar de modo sencillo a los nuevos creyentes a leer la Biblia, orar por los perdidos, y rendirse cuentas unos a otros, confesando sus pecados los unos a los otros. Todas estas cosas son buenas ideas. Yo creo que Dios dirigió a esto a Neil y sus amigos. También creo que Dios lo utiliza más allá de los límites de aquellos que están directamente involucrados en Church Multiplication Associates, el grupo de donde proviene esta metodología. Dios está utilizando esto; pero el poder no está en la técnica misma, sino que viene de Dios dirigiendo a personas a hacer esto. Un grupo de dos o tres personas pueden llevar a cabo por inercia un LTG sin ningún beneficio en particular, si no está dirigido por Dios. Y hay muchas otras maneras en que Dios podría dirigir a las personas a tener relaciones espiritualmente sanas. El poder viene de Dios mismo. El crecimiento espiritual se produce cuando obedecemos a Dios.

## Un ejemplo de este tipo de discipulado

Dos de mis amigos, Ed Waken y Jason son dotados evangelistas; sin embargo, Ed es más mayor y tiene más experiencia. Ed y Jason han desarrollado una relación de discipulado en su área mutua de dones. Esta comunicación tiene lugar mediante una relación cara a cara y también por correo electrónico. A continuación hay un extracto de un correo electrónico que Jason me escribió describiendo cómo ha tenido lugar esta amistad de discipulado.

Recuerdo claramente mi primera relación con Ed hace aproximadamente año y medio. Mi amigo Mike me lo presentó como alguien dotado en el área del evangelismo también. Una de las primeras preguntas que él me hizo fue esta: "¿Para qué es el don de evangelismo?". Yo hice una pausa. Mi respuesta instintiva era "para los perdidos". Entonces Ed me señaló amablemente a las Escrituras en Efesios 4: "para equipar a los santos".

Allí mismo, todo mi paradigma sobre cómo funcionan los dones APEPM [APEPM se refiere a los cinco dones mencionados en Efesios 4:11: apóstoles, profetas, evangelistas, pastores y maestros] fue reenfocado y refinado. No era solamente que Dios me hubiese equipado para ser un proclamador del evangelio a aquellos que aún no conocen a Jesús. Eso era sin duda importante, pero una mayor parte de la razón de que Dios dé dones a ciertas partes del cuerpo es la multiplicación. Mis dones como evangelista son para edificar la Iglesia para equipar a más evangelistas. Eso no significa que yo deje de hacer lo que hago personalmente, pero significa que, como 2 Timoteo 2:2, yo debo equipar a otros que a su vez edificarán a otros.

Unos meses después, cuando pasé a una fase de mi vida de plantación de iglesias, formulé algunos objetivos. Uno de los objetivos era crecer en el don de evangelismo. Con ese sentido, diseñé algunos pasos de acción, uno de los cuales era entablar una conversación continuada con alguien que estuviese un poco más adelante que yo en el don de evangelismo. Incluso al crear ese paso de acción, tenía en mente a Ed como alguien que me desafiaba y alguien que estaba más avanzado que yo tanto en los períodos de la vida como en la sabiduría en esta área. Así que le envíe un mensaje de correo electrónico es para ver si él estaría dispuesto, y él aceptó amablemente.

Comencé con una serie de preguntas que rondaban en mi cabeza acerca del evangelismo en general. Gran parte de mi perspectiva sobre el evangelismo se enfocaba en remodelar algunas de las ideas preconcebidas que yo tenía con respecto a ser programático o aquello que puede formularse. ¿Cómo evito que el evangelismo se convierta en un "proyecto"? ¿Cómo comunico de modo relevante sin aguar el evangelio? ¿Cómo digo lo correcto?

Tres principios a lo largo de todo este proceso ha moldeado realmente mi modo de pensar, y el modo en que él lo expresó en sus correos electrónicos (amable y a la vez directo, y siempre basado en las Escrituras) fue inmensamente útil para mí. Igualmente, él siempre estaba listo para desafiar incluso mis suposiciones o ideas preconcebidas en mis preguntas, y no se preocupaba en absoluto por forzarme. Nunca me sentí forzado, sino siempre lleno de gracia.

Los tres principios que siguen estando en mi cabeza y en mi corazón:

1. El amor de Cristo nos impulsa (2 Corintios 5:14).
2. El evangelismo se trata de obediencia, no de técnicas.
3. Servimos a Jesús, no al mundo.

Este es el discipulado con un sistema operativo diferente. Ed tiene total confianza en la capacidad del Espíritu Santo para hablarles a Jason y a él. Él cree que el nuevo pacto está en vigor, no meramente como verdad proposicional sino como algo sobre lo cual podemos basar nuestra conducta. Con eso en mente, Ed comparte lo que Dios le ha dado como lecciones de la vida. Él sin duda escucha lo que Dios querría que él le diese a Jason concretamente, y tiene confianza en que Jason haga buenas preguntas. Esto es confianza en que el Espíritu Santo puede hablar al corazón y la mente de los creyentes.

Esto es discipulado con un enfoque diferente. Ed y Jason hablan de la Biblia y de principios bíblicos, pero el enfoque está en Jesús y en lo que Jesús está haciendo. La Biblia es un recurso importante que el Espíritu

153

Santo puede utilizar y utilizará, pero el enfoque está en Jesús, la Palabra viva, y no meramente en la Palabra escrita.

Esto es discipulado con un proceso diferente. Jason no es el discípulo de Ed; es el discípulo de Jesús. Sin embargo, Jesús está utilizando a Ed para discipular a Jason. Jesús tiene el control del proceso. Ed tiene confianza en Jesús en cuanto a que puede esperar que Jason haga preguntas, que el Espíritu Santo desarrolle una curiosidad divina en el corazón de Jason. Ed no necesita controlar, ni tampoco necesita dominar; sencillamente necesita obedecer a Jesús y alentar a Jason a hacer lo mismo.

La vida de Jason está siendo cambiada mediante este proceso. Eso se debe a que es discipulado con un punto final diferente. Jesús no sólo está usando a Ed para descargar nueva información o principios. Jesús quiere que Jason sea un nuevo hombre, un hombre que siga siendo conformado al carácter de Jesús.

Notemos que Jason conoció a Ed mediante su amigo Mike. Mike, que también tiene una relación mutua de discipulado con Jason, tuvo la sabiduría de saber que Ed sería un estupendo recurso para que Jason creciese en su don espiritual de evangelismo. Mike no intentó controlar el proceso. De hecho, Mike entendió que el verdadero discipulado es un asunto de comunidad. En este caso, lo mejor que él pudo hacer fue presentar a Jason y Ed, quien podría desarrollarle en su don espiritual. Esa apertura permite un discipulado con una estructura diferente, no un discipulado basado en la organización jerárquica sino basado en la configuración orgánica del Cuerpo de Cristo.

Jesús es el líder en este tipo de discipulado. Él es la cabeza de la Iglesia y es el Señor de Jason. Jason necesita más personas maduras en su vida que puedan conducirle a estar más cerca de Jesús. De hecho, se podría decir que Ed está actuando como un padre espiritual para Jason. Esto refleja lo que Juan dijo acerca de los padres en 1 Juan 2:12–14. También refleja la relación de Pablo con Timoteo en 2 Timoteo 2:2. Pablo, un padre espiritual, enseña a Timoteo, un joven, de tal manera que Timoteo pudiera dar lo que estaba aprendiendo a otros quienes a su vez pudieran transmitirlo a otros. Aunque Ed es un padre espiritual para Jason, lo está haciendo bajo el liderazgo definitivo de Jesús mismo.

Ed se aseguró de que Jason entendiese que el evangelismo se trata de obediencia, no de técnicas. Al hacerlo, no sólo le enseñó sobre un buen evangelismo sino que también le enseñó tácitamente sobre un buen discipulado. El discipulado, al igual que el evangelismo y todos los demás aspectos de nuestra fe, no se trata de técnicas o métodos, se trata de seguir a Jesús.

Notemos finalmente que Ed está formando a Jason en un área mutua de dones. Al hacerlo así, Ed no sólo está equipando al Cuerpo para la obra del ministerio (Efesios 4:12), sino que también está demostrando la naturaleza orgánica de la Iglesia. Todo puede reproducirse según su género. Ed, que es evangelista, está reproduciendo otro evangelista. Los ancianos pueden reproducir ancianos. Las iglesias pueden reproducir iglesias. Los cristianos pueden reproducir cristianos. Todo se reproduce según su género.

## Discipulado viral

Este tipo de discipulado puede difundirse de persona a persona como si fuese un virus. De hecho, lo que en realidad se está extendiendo es Jesús mismo. Cualquiera que haya sido discipulado de este modo también puede discipular a otros de la misma manera. Este es el discipulado vemos modelado en China. Siempre que los cristianos se reúnen, y dondequiera que se reúnen, se ministran los unos a los otros. Es a la vez discipulado individual y en pequeñas comunidades. No necesariamente tiene que ser planificado o programado, aunque puede serlo si eso es lo mejor. No necesita ser formalizado; sólo necesita ser conducido por Jesús y conducir a otros a Jesús. Todo lo que un cristiano tenga, experiencia, historias, conocimiento de la Biblia, cantos, ánimo, profecía, oración, enseñanza, puede darse a otros. Todas estas cosas pueden dirigir a otro discípulo de Jesús hacia Jesús. Esto es tan sencillo y poco complicado como estornudar, y a la vez es tan profundo como Jesús mismo.

## Conclusión

Somos discípulos de Cristo. Jesús es Señor. Le pertenecemos a Él. Deberíamos estar en una profunda y duradera relación con Él. Ese tipo de relación está caracterizada por la obediencia amorosa. Es posible porque Jesús envió al Espíritu para ser nuestro Consolador, que puede hablar a nuestro corazón y nuestra mente debido a la relación de nuevo pacto que tenemos con el Dios trino.

Sin embargo, vivir coherentemente en una relación profunda, obediente y duradera con Cristo nuestro Señor tiene que aprenderse. Para eso nos necesitamos los unos a los otros en comunidad. También necesitamos la guía de creyentes más maduros. Esos creyentes no deciden por nosotros lo que debemos aprender, sino que ayudan a guiarnos hacia el señorío y la dirección de Jesús mismo. Nos empujan hacia Jesús; no se sitúan entre Jesús y nosotros. Hacer eso sería desempeñar el papel de sacerdote. Todos somos sacerdotes en cuanto a que tenemos conexión directa con Dios; sin embargo, tenemos un único Sumo Sacerdote, y su nombre es Jesús. El discipulado viral nos conducirá a una relación obediente y siempre madura con Jesús mismo. Eso terminará teniendo un profundo impacto en nuestras vidas y en el mundo que nos rodea.

## CAPÍTULO 9

# Plantación de iglesias viral

*D*URANTE GRAN PARTE de mi vida cristiana, consideré la vida y el ministerio de Jesús como algo fuera de lo ordinario. Sinceramente, las cosas que Él hacía parecían fuera de mi alcance. Sin duda, no era nada parecido a lo que yo veía hacer a mis contemporáneos; no era nada parecido a lo que me habían enseñado a hacer. Nunca se me ocurrió que Jesús estuviera modelando exactamente lo que Él quería que yo hiciera; tampoco parece que se me ocurrió nunca mirar lo que Él enseñó a sus discípulos para ver cómo respondieron ellos a su enseñanza y compararlo con lo que yo estaba haciendo. Si pensaba acerca de eso, probablemente habría dicho: "Eso fue entonces; ahora estamos en el presente". Probablemente también habría notado que resultaba que Jesús era Dios y yo no lo era; por tanto, ¿cómo podría mi ministerio parecerse al de Él? Sinceramente, creo que muchos de nosotros somos como Felipe.

> Jesús le dijo: ¿Tanto tiempo hace que estoy con vosotros, y no me has conocido, Felipe? El que me ha visto a mí, ha visto al Padre; ¿cómo, pues, dices tú: Muéstranos el Padre? ¿No crees que yo soy en el Padre, y el Padre en mí? Las palabras que yo os hablo, no las hablo por mi propia cuenta, sino que el Padre que mora en mí, él hace las obras. Creedme que yo soy en el Padre, y el Padre en mí; de otra manera, creedme por las mismas obras. De cierto, de cierto os digo: El que en mí cree, las obras

que yo hago, él las hará también; y aun mayores hará, porque yo voy al Padre. Y todo lo que pidiereis al Padre en mi nombre, lo haré, para que el Padre sea glorificado en el Hijo. Si algo pidiereis en mi nombre, yo lo haré.

JUAN 14:9–14

Al igual que Jesús permanecía en el Padre y eso se reflejaba en las cosas que Él hacía, se esperaba de Felipe que creyese que cualquiera que tuviese fe en Jesús haría lo que Jesús hizo. De hecho, había cosas mayores. ¿Es esto un montón de retórica religiosa? ¿Estaba Jesús alardeando? ¿O nos estamos perdiendo algo? A mí me suena a que Jesús está diciendo: vivan como yo vivo, hagan lo que yo hago, y obtendrán el mismo resultado que yo obtengo, quizá aún mejor.

La verdad es que los primeros discípulos hicieron prácticamente lo mismo que Jesús hizo y obtuvieron los mismos resultados. Podemos ver los mismos patrones que se desempeñaban en el ministerio de Pablo, Bernabé, Silas y Timoteo. Desde luego, podemos intentar tomar el camino fácil y decir que aquella fue una época de poder sobrenatural que ya no existe. Sin embargo, después de un extenso repaso personal, histórico, filosófico y hermenéutico de esta doctrina, ya no puedo creer ese argumento. (Después del repaso mencionado, he llegado a creer que el "cesacionismo", como se denomina esta doctrina, no es nada más que forzar la cosmovisión humanista de la Ilustración en nuestro actual estilo de vida propio, a la vez que convierte la Biblia en algo parecido al modo en que algunos antiguos griegos consideraban sus propios mitos religiosos, literalmente ciertos pero no practicables en la actualidad. Para una sinopsis de mis pensamientos sobre el cesacionismo, consulte el Apéndice A). Me veo forzado a llegar a la conclusión de que Jesús modeló ante sus discípulos un estilo de ministerio muy concreto. Él les enseñó cómo hacerlo. Él les llamó apóstoles (enviados) y después les envió a que hicieran las mismas cosas que Él había modelado para ellos. Después de Pentecostés, vemos el mismo patrón una y otra vez en las páginas del Nuevo Testamento.

Y cuando uno se vuelve sensible al nuevo pacto y a la promesa de lealtad cristiana (Jesús es Señor), entiende que el patrón que Jesús enseñó es el nuevo pacto y la promesa de lealtad practicados en el ministerio apostólico. Es el mismo patrón que sus discípulos originales practicaron y enseñaron, y el mismo patrón que vemos en el ministerio del apóstol Pablo y sus asociados. Es un ministerio que da por sentado que Dios puede hablar a nuestro corazón y nuestra mente. Es una práctica ministerial que refleja que Jesús y solamente Jesús es Señor. ¿Hay alguna razón por la que no deberíamos estar haciendo esas mismas cosas actualmente? Nunca se obtiene una respuesta a una pregunta que no se plantea. Por tanto, permítame plantear algunas preguntas. ¿Hay un patrón general de ministerio que sea reflejado en el ministerio de Jesús? ¿Podemos ver a Jesús intencionadamente enseñar a sus discípulos ese mismo patrón? ¿Vemos esos patrones practicándose en posteriores generaciones de ministerio apostólico? Yo creo que la respuesta a todas esas preguntas es sí. ¿Es ese un patrón común en el ministerio actualmente? La respuesta a esa pregunta es sí y no. Sí, es común en lugares donde vemos movimientos virales del evangelio como China. No, no es en lo más mínimo común en Occidente, donde no vemos un movimiento viral del evangelio. No creo que eso sea coincidencia, pero sí creo que es una indicación de los desobedientes que nos hemos vuelto en Occidente sin habernos dado cuenta.

## El patrón general como se ve en Lucas 10

El patrón general del que hablo está bosquejado con más claridad en la enseñanza de Jesús cuando Él envía a los setenta y dos en Lucas 10:1–23. Sin embargo, este pasaje no es la primera vez en que Jesús enseñó a sus seguidores este patrón. Tenemos tres ejemplos explícitos cuando Él enseñó a sus doce discípulos originales cómo realizar el ministerio en Mateo 10:1–16; Marcos 6:7–12 y Lucas 9:1–9. (Sospecho que los setenta y dos fueron los resultados del ministerio apostólico original de los doce. Vemos una progresión desde Jesús modelando este patrón hasta Jesús enseñando a los doce a participar en el mismo patrón en Lucas 9. Finalmente, vemos a Jesús enviando a los setenta y dos después del ministerio de los doce en Lucas 9. Este envío de los setenta y dos es lo primero que se menciona en Lucas 10:1). Vemos también a Jesús modelando esta conducta antes de que enseñase a sus discípulos a practicarla ellos mismos. Obviamente, este estilo de ministerio es muy importante para Jesús. Para obtener claridad, vamos a utilizar el pasaje en Lucas 10 como nuestra guía para el ministerio al estilo de Jesús.

### El requisito previo

En primer lugar, debemos notar que incluso la capacidad de participar en este patrón requiere una relación permanente con Jesús, la cual refleja su relación permanente con su Padre. Jesús mismo hacía solamente lo que veía hacer al Padre. Jesús les dio esta respuesta: "De cierto, de cierto os digo: No puede el Hijo hacer nada por sí mismo, sino lo que ve hacer al Padre; porque todo lo que el Padre hace, también lo hace el Hijo igualmente. Porque el Padre ama al Hijo, y le muestra todas las cosas que él hace" (Juan 5:19–20).

Por tanto, si queremos participar en el patrón general del ministerio que Jesús enseñó a los doce y a los setenta y dos, lo que tenemos que comprender primero es que tenemos que hacerlo tal como Jesús lo hizo. El poder no está en el patrón mismo; el poder viene de Jesús; el poder viene de seguir obedientemente lo que vemos hacer a Jesús, el Señor de la cosecha, al igual que Él mismo hacía solamente lo que veía hacer al Padre. Tal como Jesús era totalmente dependiente de su Padre, nosotros somos totalmente dependientes de Él. No podemos seguir mecánicamente el patrón de Lucas 10 como si fuese un molde para galletas para ministrar con eficacia. Necesitamos participar en lo que Jesús ya está haciendo. De otro modo, puede que sigamos el patrón correcto con el poder equivocado: el poder de la carne. Jesús es Señor. Este es ministerio con la promesa cristiana de lealtad. Jesús es Señor, y nosotros no lo somos. Y a fin de hacer lo que Jesús ya está haciendo, debemos tener una relación permanente con Él. Debemos oírle cuando Él pronuncie su dirección ministerial en nuestros corazones y mentes. Este, por tanto, es también un ministerio de nuevo pacto.

Estoy profundamente preocupado por lo que estoy viendo, a medida que este patrón está comenzando a aparecer en la pantalla del radar de todos nosotros en Occidente. Algunos han aceptado esto como si el poder estuviera en el patrón mismo, como si fuese algún tipo de técnica de Jesús.

Otros lo están aceptando no sólo como el patrón sino también como la aplicación particular del patrón que Dios ha dado a uno de sus siervos en la actualidad; como si el verdadero poder no estuviese en Jesús sino en la aplicación técnica del patrón que Dios dio a esos individuos. Si seguimos esos "doce pasos" junto con aquellos "cinco principios", tal como fulanito los enseñó, tendremos éxito en el ministerio.

¿Quién es el Señor de la cosecha? ¿Es Jesús o sus siervos? Yo creo que Jesús da éxito en el ministerio a una persona o equipo porque ellos son obedientes, no porque tengan estupendas técnicas. Jesús puede que utilice perspectivas de las técnicas que Él les ha dado para guiarnos. No hay nada de malo en eso; pero la perspectiva proviene de Jesús y el poder vendrá de Jesús, y no de la técnica. Podemos hacerlo todo técnicamente correcto, pero si no obedecemos al Señor de la cosecha, no deberíamos esperar mucho fruto. Y algunos se están desalentando porque "no está funcionando". De lo que estamos hablando es alguna técnica o conjunto de técnicas.

## El Señor de la cosecha envía (Lucas 10:1)

Después de esto, el Señor nombró a otros setenta y dos y los envió de dos en dos por delante de Él a toda ciudad y lugar donde Él iría posteriormente. Jesús es quien designa. Este es un ministerio en el cual solamente aquellos que son designados por Jesús pueden participar. No son necesarios voluntarios. Nosotros no tenemos que decidir hacer esto por nosotros mismos. Las personas que participan en este tipo de ministerio son designadas a él. De hecho, son enviadas. Un enviado es un apóstol. Este es un ministerio apostólico.

Me gusta utilizar la metáfora de los apóstoles como aradores. Los aradores fueron los pioneros que araban por primera vez el terreno de una granja. De la misma manera, los apóstoles abren nuevo territorio, territorio virgen. Establecen iglesias donde la Iglesia no había estado anteriormente, o entre un grupo de personas que aún no han oído el evangelio. También plantan iglesias donde la cristiandad se ha vuelto endémica e ineficaz, como en Occidente. En otras palabras, en lugares como Occidente si queremos ver de nuevo un movimiento del evangelio, no podemos esperar seguir teniendo las mismas conductas antiguas e ineficaces, obtener los mismos resultados anémicos y esperar un movimiento del Espíritu. Por tanto, Dios envía nuevos apóstoles para plantar una cosecha en un huerto abandonado hace mucho tiempo.

Algunos de quienes están comprometidos con la cristiandad sienten esto como una invasión de su territorio. Preguntarán: "¿Es que no pueden estas personas trabajar dentro de iglesias ya establecidas?". La respuesta es no si queremos ver un movimiento viral del evangelio entre los perdidos. Hay más que suficiente trabajo del Reino para todos nosotros. Los apóstoles necesitan hacer la obra para la cual están moldeados. El trabajo apostólico se enfoca en establecer el fundamento del Reino entre aquellos que aún no conocen a Cristo.

## Los apóstoles tienden a trabajar en equipos (Lucas 10:1)

Los apóstoles en el Nuevo Testamento tendían a trabajar en equipos. Cuando Jesús envió a los doce en Mateo 10, no envió a doce individuos. Él no llamó a Pedro, Andrés, Santiago, Juan, Felipe, Bartolomé... Él llamó a Simón y Andrés, Santiago y Juan, Felipe y Bartolomé, Tomás y Mateo... al igual que más adelante envió a los setenta y dos en Lucas 10, Jesús envió a los doce en grupos de dos.

Una de las primeras cosas que hizo Jesús en su propio ministerio fue reunir a un equipo en torno a Él. Ciertamente, fue para que su trabajo siguiese adelante después del fin de su ministerio terrenal, pero yo creo que también refleja que incluso Jesús no ministraba como un llanero solitario. Él trabajaba en un equipo y envió equipos. Jesús modelaba todo lo que enseñaba.

El equipo apostólico más pequeño es un equipo de dos: Pablo y Bernabé, Pablo y Silas, o Pedro y Andrés. Es normal que apóstoles más experimentados tomen a apóstoles menos experimentados con ellos para enseñarles en el contexto real e impredecible del ministerio. Esto es evidente en el ministerio de Pablo y Bernabé. Bernabé era originalmente el apóstol con mayor experiencia. Más adelante vemos que Pablo adoptó un papel más directo; pero no vemos a Pablo y a Bernabé luchando por la posición. Ambos hacían lo que era necesario hacer sin enfocarse en el prestigio personal. Ambos mostraron humildad con respeto al prestigio y el aparente liderazgo humano en su relación general mutua. Yo creo que ambos sabían que Jesús era el verdadero Señor y que el asunto era la obediencia y no la admiración humana.

Cuando apóstoles más experimentados toman a apóstoles menos experimentados para la formación práctica, todos ellos deberían mostrar humildad, siguiendo a Jesús que es el único verdadero líder de la Iglesia. Sin embargo, la experiencia práctica debería ser reconocida y respetada. En otras palabras, este es otro ejemplo de los padres, jóvenes y niños que Juan menciona en 1 Juan 2. (Esto no se refiere a un género concreto; tan sólo estoy utilizando vocabulario bíblico. Las mujeres pueden ser apóstoles, como lo era Junia, parte de un equipo apostólico de Andronicus y Junia en Romanos 16:7. Algunos han traducido erróneamente su nombre en la forma masculina "Junias" para evitar tratar la idea de mujeres apóstoles. No hay ninguna buena razón textual para hacer eso, ni tampoco se produjo este cambio de género en el texto hasta la Edad Media. Actualmente conozco a varias mujeres que son apóstoles. La cuestión es a quién envía Jesús, no el género que resulte tener). Los apóstoles con experiencia enseñan a personas más jóvenes cómo Jesús seguir a Jesús a la cosecha. El asunto aquí es que los apóstoles se reproducen a sí mismos, y lo hacen tomando a personas menos experimentadas en el ministerio con ellos. Esto refleja el modo que Jesús enseñaba a otros para el ministerio en los Evangelios. Podemos ver esta transmisión apostólica del testigo en Pablo (formado e influenciado por Bernabé) que enseñó a Silas, y ambos trabajaron con Timoteo, que más adelante trabajó en el equipo de Silas y Timoteo. En 2 Timoteo 2:2, Timoteo, que fue formado por Pablo, es exhortado a enseñar a hombres fieles que puedan enseñar a otros. Todos estos son maravillosos ejemplos de apóstoles que reproducen apóstoles y que reflejan la naturaleza orgánica de la Iglesia. En el mundo orgánico, todo se reproducen según su género. Es parte del diseño de Dios.

## La cosecha es abundante (Lucas 10:2)

Tuve el privilegio de ser parte de un pequeño, pero explosivo movimiento del evangelio en España en 2005. Aproximadamente 1 de 500 personas en España se considerarían cristianas evangélicas. España es un terreno muy pedregoso para el evangelio. Hace que la mayoría de lugares en Occidente, incluyendo gran parte de Europa occidental, se parezcan al Cinturón de la Biblia. Es uno de los lugares menos alcanzados del mundo, fuera de la región musulmana. Sin embargo, cuando Dios nos llamó al ministerio apostólico allí, y obedecimos, hubo una abundante cosecha incluso en la pedregosa España.

El problema no es la cosecha, pues es abundante. El problema es la obediencia humana. Queremos vivir con nuestros ídolos. Queremos plantar iglesias sencillas mientras podamos poner en ellas el nombre de nuestra denominación, pues de otro modo no financiaremos el proyecto. Queremos plantar iglesias sencillas mientras podamos ser sostenidos económicamente por ellas, o no tengamos que reunir sostén, o sólo si se nos garantiza cierto estándar de vida o un paquete de compensación y de jubilación. Plantaremos iglesias sencillas mientras podamos mantener la estructura basada en el negocio de nuestra misión. (Para aquellos que no están familiarizados con este término de *plantación de iglesias*, significa iniciar o establecer iglesias, preferiblemente entre personas no cristianas anteriormente. Es una buena metáfora orgánica, pero no es un término bíblico).

La otra opción para todo esto es que podemos proclamar que Jesús es Señor y hacer lo que Él dice en completa obediencia. Si Él quiere plantar iglesias mediante una estructura de misión tradicional, es su negocio. Él es Señor. Si Él llama a personas a salir de esa estructura, es también su negocio. Lo que nosotros no queremos hacer es culpar al terreno por la falta de cosecha.

## Ser ovejas en medio de lobos (Lucas 10:3)

La afirmación de Jesús en Lucas 10 de que Él nos envía como ovejas en medio de lobos sorprende a muchos como extraña. ¿Por qué diría Él eso? ¿Cuál es el punto? Sin embargo, cuando consideramos la plantación de iglesias como un ministerio de nuevo pacto, lo cual se refiere a nuestra promesa de lealtad a Jesús nuestro Señor, tiene perfecto sentido. Las ovejas vulnerables, viviendo entre lobos, es mejor que sepan quién es su Pastor. Deben conocer su voz; necesitan saber cuándo su Pastor está hablando a sus corazones y mentes y no alguna otra voz: la voz del mundo, de la carne o del diablo.

Una oveja en un país de lobos es mejor que no decida que ella es señor. Esa es una manera estupenda de ser la cena para un lobo hambriento. Las ovejas son estupendas seguidoras, pero son líderes terribles. Sin embargo, nuestra práctica ministerial occidental del siglo XXI refleja más comúnmente a las ovejas como líderes y al Pastor como un seguidor. Yo creo que tenemos las cosas en un orden terriblemente equivocado. Tomamos decisiones de ovejas, basadas en parámetros de ovejas y en paradigmas de ovejas, y nos preguntamos por qué no obtenemos los mismos resultados que Jesús y sus inmediatos seguidores. Ellos entendían que eran ovejas en territorio de lobos y vivían como tales.

## Trabajar sin bolsa o sin sandalias (Lucas 10:4)

La primera cuestión que alguien que se siente verdaderamente llamado de Dios debería afrontar es la cuestión financiera. Si no puede buscar solamente al Señor para satisfacer sus necesidades diarias, entonces no está calificado para participar en su obra, porque si él no es independiente económicamente de los hombres, la obra tampoco puede ser independiente de los hombres. Si él no puede confiar en Dios para ver suplidos los fondos necesarios, ¿puede confiar en Él en todos los problemas y dificultades de la obra? Si somos totalmente dependientes de Dios para nuestra provisión, entonces somos responsables solamente ante Él de nuestra obra, y en ese caso no necesita situarse bajo la dirección humana. Permítanme aconsejar a todos los que no están preparados para el caminar de fe, que continúen con sus tareas seculares y no participen en el servicio espiritual. Todo obrero de Dios debe ser capaz de confiar en Él.[1]

Watchman Nee habla de un asunto muy importante pero muy sensible: el asunto de las finanzas. Jesús habló explícitamente del mismo asunto. Tanto Jesús como Nee establecen el mismo punto: la provisión de dinero (la bolsa) y las necesidades diarias (las sandalias) son suplidas por Dios y no por los hombres.

Nee también destaca por qué este es un asunto importante: porque es en realidad un asunto de control. ¿Quién tiene el control del ministerio, Dios o los hombres? En el ministerio del nuevo pacto que funciona dentro de la promesa de lealtad a Jesús el Señor, deberíamos ser capaces de confiar en que Dios supla y, por tanto, ser libres para vivir solamente bajo su control. Como Nee destaca en otro lugar: "Además, quien tiene el dinero tiene la autoridad. Si somos sostenidos por los hombres, nuestro trabajo será controlado por los hombres".[2]

Este es un asunto de dependencia. Tenemos que ser totalmente dependientes del Señor. Esta es verdaderamente la vida sobrenatural de fe, en la que Jesús suple. ¿Puede poner los nervios de punta? Claro que sí; pero es también sobrenatural, de modo que vemos a Dios suplir de maneras sobrenaturales.

No me corresponde a mí juzgar cómo hará Dios todo eso. ¿Llama Él a algunos a ser hacedores de tiendas, que tienen cierto tipo de trabajo para poder estar libres económicamente para ministrar? Sí, Él hace eso, y conozco a varios apóstoles que viven de esa manera. Es el llamado de Dios para sus vidas. ¿Guiará Él a otros a vivir totalmente en fe, esperando que Dios supla sobre naturalmente? Sí, conozco a otros que tienen este llamado. ¿Tendrá Él a algunos que viven por fe y a la vez tienen un cónyuge con un empleo secular? Varios apóstoles a los que conozco viven de este modo. El asunto es que Jesús el Señor determina cómo se lleva a cabo.

Sin embargo, tengo fuertes reservas, al igual que Nee, con respecto a quienes están enfocados en la seguridad proporcionada por los hombres y controlada económicamente. Jesús nos dijo que saliéramos sin bolsa y sin sandalias. Si no estamos dispuestos a hacerlo, quizá no hayamos interpretado bien nuestro llamado o no estemos dispuestos a seguirlo completamente en total obediencia. Si no podemos privarnos de la seguridad de un plan de jubilación, probablemente no estemos listos para la obra apostólica.

Las instrucciones de Jesús no se detienen aquí, sin embargo. Justamente antes de su arresto, Él habló con sus discípulos.

> Y a ellos dijo: Cuando os envié sin bolsa, sin alforja, y sin calzado, ¿os faltó algo? Ellos dijeron: Nada. Y les dijo: Pues ahora, el que tiene bolsa, tómela, y también la alforja; y el que no tiene espada, venda su capa y compre una. Porque os digo que es necesario que se cumpla todavía en mí aquello que está escrito: Y fue contado con los inicuos; porque lo que está escrito de mí, tiene cumplimiento.
>
> LUCAS 22:35-37

¿Está dando Jesús una de cal y otra de arena? No lo creo. Yo creo que lo que realmente dice es que la provisión la provee Dios. Necesitamos confiar en que Él lo hará. Su manera de hacerlo puede cambiar con el tiempo; sin embargo, los verdaderos peligros de las finanzas son el control y un sentimiento de seguridad económica proporcionada por los hombres. Si las finanzas llegan con compromisos adjuntos, de modo que los seres humanos toman decisiones en lugar de Dios, estamos en un terreno muy peligroso. Es mucho mejor privarnos que depender de una aparente seguridad económica que requiere que situemos a Jesús en un segundo lugar. Necesitamos estar dispuestos a ser obedientes, y a serlo radicalmente.

## No saludar a nadie por el camino (Lucas 10:4)

Aquí está otra extraña declaración de Jesús en el pasaje de Lucas 10: "a nadie saludéis por el camino". ¿Nos está pidiendo Jesús que no seamos amigables? No, creo que Él nos dice algo parecido a su afirmación en Mateo 7:6: "No deis lo santo a los perros, ni echéis vuestras perlas delante de los cerdos, no sea que las pisoteen, y se vuelvan y os despedacen".

La afirmación de no saludar a nadie por el camino hay que entenderla en su contexto inmediato de la última sección del capítulo 9 de Lucas. En los versículos 57-62 Jesús se encuentra con tres personas en el camino. A cada una de ellas les ofrece el desafío de seguirle. La relación de Jesús con cada una destaca porque las personas terminan no siguiéndole. La primera aparentemente no está preparada para vivir un estilo de vida de un discípulo en el que no hay ni siquiera un lugar donde recostar la cabeza, y mucho menos de seguridad. La segunda quiere esperar hasta que su responsabilidad familiar de "enterrar a su padre" ya no exista. La tercera de igual manera seguirá con la condición de poder despedirse de su familia. Todas esas personas explícitamente o tácitamente quieren establecer condiciones en su obediencia a Jesús. En este contexto, los que van por el camino se convierten en quienes quieren seguir mientras el discipulado sea fácil y seguro. Jesús no se molesta con tales personas, y les dice a sus discípulos que tampoco ellos se molesten.

En cierto modo hemos llegado a la conclusión de que predicar el evangelio es una cuestión de expresar el mensaje de la salvación a cualquiera que escuche. Algunos incluso intentan forzar a las personas a escuchar, aunque no tengan el más mínimo interés. Yo creo que predicar el evangelio al azar a aquellos a quienes no hemos sido dirigidos es también saludar a las personas por el camino. "Hola, ¿sabes quién es el Señor? Permíteme hablarte de Él". Hay que hacerse la pregunta: ¿Le dirigió Jesús el Señor hacia esa persona? ¿Le pidió que predique públicamente? Si Jesús verdaderamente le pidió que predique públicamente, entonces obedezca; sin embargo, no lo haga como cierta técnica para plantar iglesias sin el impulso del Espíritu Santo. Hágalo por obediencia.

## La casa de paz (Lucas 10:5)

Cuando leemos Lucas 10:5, que menciona una casa, tendemos a pensar que la palabra *casa* se refiere al edificio. En el texto original, la palabra es *oikos*, que sí significa el edificio que llamamos casa; pero mucho más comúnmente se refiere al hogar, las personas que viven en la casa. De hecho, incluso puede significar la esfera de influencia de ese lugar; en otras palabras, las personas que estarían en esa casa. Las personas eran el enfoque, no el edificio.

El punto es el siguiente: la casa mencionada aquí se refiere a las personas, no al edificio. Por tanto, si un apóstol se encuentra con un hogar de personas, las bendice diciendo "Paz sea a esta casa". Si la persona clave llamada el hombre de paz (el "hombre de paz" es la frase utilizada en el texto. Sin embargo, el concepto mismo no se refiere al género; por ejemplo, la mujer en el pozo en Juan 4 era una mujer de paz. Un término común actualmente para el concepto es una "persona de paz"), de lo cual hablaremos a continuación, está allí, la bendición reposará sobre ellos. En otras palabras, ellos aceptarán la presencia de personas apostólicas entre ellos como una bendición y no como una maldición.

Al igual que en el principio de no hablar con quienes van por el camino y no echar perlas delante de los cerdos, si una casa no está interesada en el Señor al que usted representa, no se moleste en seguir avanzando. Por tanto, no hable a individuos al azar que no estén interesados. Del mismo modo, no hablamos a hogares que no estén interesados. Sin embargo, si muestran interés, nos quedamos. Nos quedamos en el lugar, y pasamos tiempo con ellos. Comemos con ellos: cualquier cosa que nos pongan delante. No hacemos demandas especiales.

Es así como funciona el patrón ministerial de Jesús. Si Dios nos dirige a un grupo de personas que muestran interés en conocer a Jesús, pasamos tiempo con ellas. Ese tiempo no es solamente una hora de discipulado formalizada; es social y muy humano. Es la oportunidad que ellos tienen de ver a Jesús, mientras Él vive su vida por medio de nosotros. Es nuestra oportunidad de ser sal y luz, un faro sobre un monte. Nuestras palabras deberían corresponderse con nuestro mensaje, y nuestra relación con ellos debería ser lo bastante duradera, lo bastante completa y lo bastante profunda para que ellos puedan leer nuestro mensaje en nuestra vida y también entender nuestras palabras.

## El hombre de paz (Lucas 10:6)

Si en ese lugar encontramos a una persona de paz, debemos quedarnos. Sabemos que es una persona de paz porque los hemos bendecido y ellos han recibido esa bendición. Sospecho que estas instrucciones tienen cierto sabor al antiguo Oriente Medio. Creo que este "hijo de paz" a menudo era el patriarca del hogar. En aquella época, si alguien era invitado a una casa, digamos por uno de los hijos adolescentes, pero al patriarca de la familia no le resultaba atractivo el mensaje del apóstol, es dudoso que los demás miembros de la familia sintieran paz con respecto a aceptar ese mensaje.

Nuestra sociedad occidental está estructurada de una manera bastante diferente. La mayoría de las personas de las historias de paz que conozco aquí en Occidente comienzan con encontrar a una persona de paz que después vuelve a conducir al apóstol al hogar o la esfera de influencia.

Comencé el capítulo 1 con la historia de mi amigo Vincent y una mujer de paz llamada Connie. Primero, Vicent conoció a Connie, quien le condujo a su esfera de influencia. Sospecho que esto es sencillamente una diferencia cultural. En nuestra sociedad occidental somos mucho más autónomos. Somos libres para tomar decisiones religiosas sin el permiso directo del cabeza del hogar masculino. De hecho, es común que los individuos ni siquiera piensen en consultar a sus padres ni a sus cónyuges.

La mejor manera de pensar en personas de paz es pensar en ellas como personas de influencia, ya sea buena o mala. Si es buena influencia, la persona estará abierta a escuchar las buenas nuevas basada en la calidad de su estatus relacional. Por otro lado, si es una persona de mala reputación, su vida cambiada será su testimonio. Cornelio era una persona de buena influencia. El endemoniado gadareno era una persona de mala influencia, y sin embargo impactó toda la Decápolis (Marcos 5:20). La mujer en el pozo no era una persona de buena reputación; sin embargo, todo el pueblo salió a encontrarse con Jesús basándose en lo que ella dijo. Las personas de paz pueden ser populares políticos o adictos a la droga. Nosotros no las escogemos, es Jesús quien lo hace. Sé de un movimiento del Espíritu en España que comenzó debido a que un drogadicto conoció al Señor y demostró su vida cambiada a otros drogadictos y a sus familias.

Aunque nosotros en Occidente somos más autónomos, las personas de paz y los hogares de paz no son una cuestión polémica en nuestra sociedad. Aunque nuestra cultura esta formateada de modo distinto a la práctica del antiguo Oriente Medio, sigue habiendo algunas características comunes importantes. Los seres humanos, por nuestra propia naturaleza, participamos en grupos relacionales interconectados. Esos son los "hogares", las esferas de influencia. En nuestra sociedad occidental esos "hogares" no están siempre necesariamente conectados con una casa o con un hogar; sin embargo, son una unidad social. Una mujer puede que no sólo tenga una familia nuclear o extensa, sino también una liga de bolos, una red de amigos en el trabajo, varios amigos de la escuela con quienes toma café cada semana. Cada uno de esos grupos de afinidad puede considerarse un *oikos*, una esfera de influencia. Esa misma mujer, quien para nuestros propósitos es la persona de paz, puede que sea capaz de llevar fácilmente el evangelio a su grupo de la bolera. Sin embargo, puede que sea necesario más tiempo para que el evangelio penetre en su trabajo, en su grupo del café, e incluso más tiempo para llegar a su familia.

Aquí hay dos puntos importantes. Si tan sólo vemos a un individuo como una persona autónoma, privada de esferas de influencia, retardaremos o detendremos el fluir del evangelio por nuestra sociedad. En segundo lugar, los individuos tienen más de una esfera de influencia. Nuestra común práctica ministerial occidental es predicar el evangelio a individuos sin tener en cuenta en lo más mínimo sus esferas de influencia. Si somos lo bastante afortunados para ganar a alguien para el Señor, inmediatamente le sacamos de sus grupos sociales y les situamos en una iglesia congregacional. Poco después, la persona ha sustituido sus antiguos contactos por sus nuevos contactos cristianos. En realidad alentamos esta conducta, y es exactamente contraria a lo que Jesús enseñó a hacer a sus discípulos.

Cada una de las sobrepuestas esferas de influencia pueden estar más o menos abiertas al evangelio; sin embargo, la misma persona con frecuencia abre a más de una esfera de influencia a Jesús. En el caso anterior, no sólo está la familia sino también el trabajo, el grupo del café y la liga de bolos. Sinceramente, es común que algunas personas tengan muchas esferas de influencia; y a su vez, los individuos en sus esferas de influencia tienen también su propio conjunto de esferas de influencia que se sobreponen.

El genio particular de Jesús era entender la realidad de esas relaciones sobrepuestas como el camino para el evangelio. Esta perspectiva es la que permite un movimiento viral del evangelio. Él no sólo tenía como objetivo al individuo autónomo; también buscaba los hogares, las esferas de influencia que se sobreponen. Es así como funciona un movimiento viral de Jesús. El evangelio entra en un grupo, o en múltiples grupos, mediante un individuo; una vez allí, se vuelve explosivo. Cada grupo de amigos o familiares donde entra el evangelio lo introduce no sólo a un número de nuevos individuos sino también a conjuntos completos de otros grupos relacionales. Esto es crecimiento exponencial, cuando el Espíritu Santo lo pone en movimiento. Este crecimiento puede ser explosivo o más lento; eso depende bastante de la cultura en la que el Reino es anunciado.

## Quedarse en esa casa; comer lo que pongan (Lucas 10:7)

El ministerio apostólico requiere tacto. Nosotros somos personas de fuera que han sido invitadas a una nueva esfera de influencia. Necesitamos ganarnos la confianza. En el antiguo Oriente Próximo eso se hacía participando en la hospitalidad ofrecida por medio de quedarse realmente en esa casa. En nuestra cultura occidental podríamos expresarlo como "salir con ellos". Si vamos a estar con personas, deberíamos aprender a disfrutar de lo que ellas disfrutan, incluso comidas y bebidas. Si ellas comen pizza, también debería comerla usted.

No hay nada más molesto que la persona nueva que tiene todo tipo de requisitos previos para salir con un grupo. "Ah, lo siento, pero tengo que dormir mis horas adecuadas. Siempre me acuesto antes de las 9". "Soy vegetariano, así que sólo puedo comer alimentos que no estén relacionados con animales". Si usted quiere realizar ministerio apostólico, tiene que comer lo que le pongan delante; es decir, el comer lo que coma la esfera de influencia. Sin duda, si alguien es diabético no debería atiborrarse de rosquillas y refrescos. Pero Dios le dará tacto para tratar este asunto. Sin embargo, yo sugeriría que esa falta de participación esté dirigida por verdaderos problemas de salud, y no por preferencias personales o ideología que no es bíblica.

Bill Hoffman, uno de mis mejores amigos apostólicos, se crió en la cultura de la carne y las patatas del sur de Idaho. Sin embargo, Dios le ha permitido plantar iglesias entre varios grupos étnicos incluyendo mexicanos y personas de Singapur. Cuando él está entre ellos, come lo que le ponen con un corazón alegre, aunque con frecuencia no sea algo que él comería fuera del ministerio apostólico.

## No pasar de casa en casa (Lucas 10:7)

Una manera de fomentar un movimiento viral del evangelio es asegurarse de que los apóstoles no estén llevando el evangelio a cada casa. Los apóstoles son quienes abren el terreno, no son colonos. Ellos mantienen adelante el evangelio; se aseguran de que tenga una buena base y después alientan a los nuevos cristianos a llevar el evangelio a nuevas esferas de influencia. Los buenos apóstoles evitan convertirse en otra forma de clero que realiza todo el trabajo importante. Ellos perfeccionan "a los santos para la obra del ministerio, para la edificación del cuerpo de Cristo" (Efesios 4:12). No lo hacen todo ellos mismos.

Regresemos a nuestro ejemplo de la mujer de paz, en la liga de bolos, que mencionamos anteriormente. La llamaremos Angela. Angela se reúne con una persona apostólica llamada Lena. Lena le conduce al Señor. Angela está emocionada al respecto y presenta a Lena a sus amigas de la liga de bolos. Poco después se está reuniendo una iglesia en Sunset Lanes.

Mientras tanto, Lena está formando y alentando a Angela a que hable a sus amigos de Jesús. Ella está haciendo lo mismo con sus nuevos amigos en Sunset Lanes. Angela puede llevar el evangelio a su familia, a su trabajo y a sus amigas del café. Al mismo tiempo, los amigos de Angela en Sunset Lanes están comenzando a predicar el evangelio a sus respectivas esferas de influencia. Lo que no queremos ver es a la apóstol Lena y a su equipo apostólico experimentado realizando todo el trabajo.

En la introducción relaté la historia de mi amigo Vincent y de la persona de paz Connie. En esa historia, usted conoció también a Andrea, la amiga de Connie en el trabajo. Lo que no conté en esa historia es que aproximadamente después de un año Andrea había plantado seis iglesias entre sus esferas de influencia. Vincent no las plantó; Andrea y su hermana, a quien Andrea había predicado el evangelio, hicieron el trabajo. Vincent enseñó a Andrea, pero fue ella quien predicó el evangelio y siguió a Jesús a medida que Él establecía su iglesia.

El punto es el siguiente: los apóstoles abren nuevo territorio, y lo hacen plantando iglesias en nuevas esferas de influencia. Desde ese momento en adelante, ellos quieren que el evangelismo y la plantación de iglesias irradien desde ese punto de contacto, y que la mayor parte del trabajo sea realizado por los nuevos cristianos mismos. Los apóstoles no intentan pasar de casa en casa plantando ellos mismos todas las iglesias. Permiten que la naturaleza viral del cristianismo orgánico extienda el virus mediante nuevos cristianos que den a conocer a Jesús en su red de relaciones.

### Sanar a los enfermos (Lucas 10:9)

Jesús esperaba que el ministerio apostólico fuese validado mediante el poder sobrenatural. En el pasaje de Lucas 10 Él menciona sanar a los enfermos. Si tomamos todos los pasajes en los que Jesús enseña sobre el ministerio apostólico, la lista incluye otras señales y maravillas que, a su vez, están estrechamente relacionadas con la predicación del evangelio del Reino.

Jesús parecía dar por sentado el poder sobrenatural de sus discípulos. No les dijo que orasen por milagros; tan sólo les dijo que los hicieran: "En cualquier ciudad donde entréis, y os reciban, comed lo que os pongan delante; y sanad a los enfermos que en ella haya, y decidles: Se ha acercado a vosotros el reino de Dios" (vv. 8–9). En el entrenamiento de los doce apóstoles originales y el mismo entrenamiento que Él dio a los setenta y dos, vemos que Jesús les dice que sanen a los enfermos, resuciten muertos, sanen leprosos, echen fuera demonios, y proclamen el evangelio del Reino. Esto parece resumir la conducta inicial del ministerio apostólico. Cuando los setenta y dos regresaron, estaban sorprendidos y anonadados. Habían visto a los demonios someterse al nombre de Jesús.

## Bendición y maldición (Lucas 10:10–16)

De la misma manera en que no predicamos a las personas por el camino (esos individuos que no están interesados) y a las casas que no reciben nuestra bendición, tampoco predicamos a ciudades que rechazan nuestra presencia apostólica. Una vez que el evangelio es soltado en un verdadero movimiento viral del evangelio, puede que no pase mucho tiempo hasta que se convierta en la noticia de la ciudad. Estoy seguro de que esto era cierto en los pequeños pueblos del Oriente Medio en el primer siglo. En las inmensas metrópolis occidentales, o en áreas resistentes culturalmente, eso podría tomar un tiempo mucho más considerable. Sin embargo, Dios no sólo trata con individuos, sino que también trata con esferas de influencia que se conectan, y trata con ciudades, pueblos y regiones. De la misma manera en que individuos y esferas de influencia pueden aceptar o rechazar nuestra bendición, así también pueden hacerlo ciudades, regiones y condados.

La ciudad da la bienvenida a una presencia apostólica y ofrece ayuda, o la rechaza. Si son receptivos, debemos bendecirles; si nos rechazan, debemos maldecirles. Jesús en realidad nos da un importante ejemplo de una maldición: su maldición de Corazín y Betsaida. La maldición y la bendición en la Biblia no es una cosa pequeña. Nosotros, los occidentales racionales, lo consideramos solamente un conjunto de palabras. En la cosmovisión bíblica, las bendiciones y las maldiciones de los cristianos tienen autoridad real y poder espiritual. No deberíamos tomar esto a la ligera.

¿Cuándo bendecimos o maldecimos? Creo que la respuesta podría parecer común, y a la vez creo que es precisa. Jesús le dirá qué y cuándo. Él le dirá exactamente qué decir y le dirá cuándo decirlo. Mientras estoy escribiendo este libro, mis amigos y yo estamos trabajando en la zona de la bahía de San Francisco. No sentimos que nuestro tiempo aquí haya llegado a su fin. Todos seguimos sintiendo el llamado de Dios a continuar haciendo discípulos y plantando iglesias en el norte de California. Hemos visto importante movimiento. Hemos tenido importantes contratiempos, y hemos sido guiados a prácticas, lugares y un nuevo entendimiento de las Escrituras que no estábamos esperando. Ha sido una tremenda experiencia de aprendizaje. No creo que nuestra curva del aprendizaje haya terminado; pero aún no hemos recibido instrucciones de salir. Estoy orando para que cuando lo hagamos, sea porque Jesús haya desatado un movimiento viral del evangelio aquí y nuestro trabajo haya finalizado. Bendeciremos el lugar y seguiremos adelante. La otra opción es mucho más difícil, pero igualmente importante. Espero no tener nunca que maldecir una ciudad o una región, pero si Jesús me pide que lo haga, lo haré. Sin embargo, sólo puedo hacer eso bajo la dirección del Señor. Si me despierto una mañana frustrado porque las cosas no estén saliendo tan rápidamente como yo esperaba, eso no me da derecho a maldecir. Ese paso tan drástico solamente debería realizarse bajo la clara dirección del Señor.

## Informes y alabanza (Lucas 10:17–22)

Después de que los discípulos regresaran emocionados por lo que habían visto, Jesús lo convirtió en una oportunidad de profundizar su aprendizaje. En nuestro parlamento moderno, Él les hizo dar parte. Ellos estaban particularmente emocionados por el hecho de que los demonios se hubieran sometido a ellos. Jesús utilizó eso para llevarles a una enseñanza más profunda sobre el ministerio sobrenatural y vencer el poder del enemigo.

A continuación, Jesús utilizó lo que ya había sucedido para alabar a su Padre. Eso era natural, porque Jesús había enseñado a los apóstoles a hacer solamente lo que veían hacer al Padre. Aquello fue en realidad la obra de Él hecha en su poder y por eso, como Jesús demuestra, Él merece la alabanza. Sin embargo, esta alabanza es también un aliento para los apóstoles. Al ser obedientes, el Padre les había revelado cosas. Y su trabajo hizo que Jesús alabase de manera espontánea.

## Ser bienaventurado por ver (Lucas 10:23)

Jesús termina su enseñanza apostólica con una bendición de aquellos que habían participado: "Bienaventurados los ojos que ven lo que vosotros veis". Yo creo que este patrón de informes, ánimo, alabanza y bendición mutua debería ser una parte normal del ministerio apostólico. En la red de amigos con los que yo trabajo, tenemos varios grupos en la zona de la bahía de California con los que nos reunimos regularmente para relatar historias, aprender unos de otros, alentarnos unos a otros y alabar a Dios por lo que Él está haciendo. Al hacerlo entendemos que somos realmente bienaventurados por ver cosas que la mayoría de cristianos occidentales no ven.

## El patrón de Lucas 10 en el Nuevo Testamento

Jesús enseñó a los setenta y dos cómo ministrar en Lucas 10. Fue el mismo patrón que Él había enseñado a sus discípulos anteriormente. Fue el mismo patrón que Él ya les había demostrado en su propio ministerio, y es el mismo patrón que ellos más adelante practicaron como obreros apostólicos. A veces vemos desempeñado el patrón completo; otras veces vemos partes del patrón. Supongo que este patrón era hasta tal grado una parte del *modus operandi* de la Iglesia que no necesitaba ser descrito cada vez.

Sospecho con fuerza que la Iglesia primitiva habría reconocido a Zaqueo como una persona de paz en la historia de la entrada de Jesús en Jericó (Lucas 19:1–10). Estoy seguro de que ellos habrían entendido la casa de María, Marta y Lázaro como una esfera de influencia natural, y a Marta como a la mujer de paz (Lucas 10:38–42). Lo habrían tomado como lo más natural que Jesús estuviera con ellos en ese hogar, enseñase allí, y después extendiese su alcance ministerial al resucitar a Lázaro de la muerte cuando las personas se habían reunido para su funeral. Entre muchas otras cosas, la resurrección de Lázaro fue el evangelio moviéndose a nuevas esferas de influencia (véase Juan 11:1–46).

Nuestro problema es que hemos perdido contacto con el patrón ministerial de Jesús a lo largo de 1700 años de cristiandad. Hemos estado haciendo todo lo demás excepto eso durante tanto tiempo que incluso cuando lo vemos descrito claramente para nosotros en las páginas de la Escritura, no lo notamos. Esas historias de Jesús y sus discípulos practicando la enseñanza de Jesús sobre el ministerio apostólico se convierten sólo en otra historia de la Biblia porque no tenemos ojos para ver el patrón del modo en que Jesús nos enseñó a ministrar.

### Ejemplos de Lucas 10 del patrón en el ministerio de Jesús

Jesús se encontró con una mujer en un pozo en Samaria. Ella era una persona de paz. Jesús demostró sus credenciales espirituales dándole una palabra de conocimiento sobrenatural acerca de su quebrantado pasado.

Ella quedó tan sorprendida que corrió al pueblo, que era su esfera de influencia, y todo el pueblo acudió para oír la verdad de boca de Jesús. La respuesta fue tan abundante que Jesús y los discípulos (un equipo apostólico) tuvieron que quedarse días extra allí para equipar al pueblo samaritano mediante la enseñanza (Juan 4:7–45). Cuando uno está sensibilizado con el patrón, es bastante obvio.

La historia de Vincent y Connie podría verse como una historia actual de la mujer en el pozo. Connie no era necesariamente una mujer con mucha reputación; sin embargo, Dios la utilizó para ser el detonante para que muchas personas acudiesen a Cristo y se plantasen varias iglesias.

Jesús se encontró con un recaudador de impuestos llamado Mateo en su mesa de trabajo. Él era un hombre de paz. Tenía una reputación bastante mala y una esfera de influencia bastante mala; sin embargo, eso no molestó a Jesús, que fue a su casa llena de otros recaudadores de impuestos y canallas de todo tipo para poder llevar el evangelio al *oikos* de Mateo. La disposición de Jesús a comer lo que le pusieron delante, en la esfera de influencia de un hombre de paz de bastante mala reputación, fue profundamente ofensiva para la clase religiosa. Sin embargo, Jesús estaba practicando lo que enseñaba (véase Mateo 9:9–13).

En una ocasión yo conduje a un hombre de negocios al Señor y comenzó una iglesia en su casa al día siguiente. Él no era el hombre de negocios de mayor reputación. De hecho, era bastante parecido a Mateo, el recaudador de impuestos. Recordará su historia en el capítulo 3.

## Ejemplos del patrón de Lucas 10 en el ministerio de los discípulos

Un hombre de paz llamado Cornelio recibió la visita de un ángel que le dijo que buscase a un hombre llamado Pedro en Jope. Cornelio inmediatamente envió a algunas personas de su casa a encontrarle. Al día siguiente, pero estaba orando en un terrado en Jope, y tuvo una visión profética que le preparó para predicar el evangelio a los gentiles. Una cosa condujo a la otra, y el apóstol Pedro, junto con su equipo, terminó en casa de Cornelio, el hombre de paz. Pedro entró en la casa y encontró a un grupo grande de personas reunidas allí. Aquel era el *oikos* de Cornelio, su hogar, su esfera de influencia. Mientras Pedro estaba aún predicando, el Espíritu Santo descendió sobre todo el grupo y manifestaron de manera sobrenatural la presencia de Dios. Más adelante, Pedro recibió fuertes críticas por haber comido lo que le pusieron delante en el *oikos* de un gentil; pero en realidad, Pedro sencillamente estaba haciendo lo que Jesús había modelado para él y le había enseñado (véase Hechos 10). Pedro y Juan estaban caminando por la zona del templo cerca de la puerta llamada la Hermosa. Un hombre de paz, que resultó ser paralítico, les pidió dinero; en cambio, ellos demostraron el poder de Dios por medio de un destacable milagro. El paralítico se puso de pie y comenzó a alabar a Dios con fuerte voz. Aquello captó la atención de su esfera de influencia, ya que era una persona conocida para muchos que acudían al templo. Pedro y Juan, un equipo apostólico, utilizaron esa ocasión y la sanidad sobrenatural para proclamar el evangelio del Reino (véase Hechos 3:1–10).

La historia de Mariluz, que sanó a la mujer por medio de la oración en el hospital en España y eso condujo a que toda una esfera de influencia acudiese a Cristo y se plantase una iglesia entre ellos, es un ejemplo actual de Jesús utilizando milagros para confirmar su ministerio apostólico. Relaté esta historia en el capítulo 2.

## Ejemplos del patrón de Lucas 10 en el ministerio de Pablo

Un día de reposo, Pablo y su equipo conocieron a una mujer llamada Lidia al lado del río en Filipos. Ella era una mujer de paz. El haber conocido a una mujer de paz terminó con una iglesia plantada en su hogar (Hechos 16:13–15).

Pero la iglesia que plantaron en la casa de Lidia no fue la única iglesia que se plantó en Filipos. Debido a la persecución, Pablo y Silas fueron severamente golpeados y encarcelados, pero en lugar de quejarse, ellos cantaban himnos. Se produjo un violento terremoto; todas las puertas de la cárcel se abrieron por completo y las cadenas de Pablo y Silas milagrosamente se cayeron. El carcelero, dándose cuenta de que sería ejecutado por haber permitido que los prisioneros escapasen, se preparaba para suicidarse, pero Pablo gritó: "¡No te hagas daño! ¡Todos estamos aquí!". Cuando el carcelero entendió aquello como un acto de bondad hacia él, el que Pablo y Silas no hubieran escapado, cayó a sus pies preguntando qué tenía que hacer para ser salvo. Ese carcelero era un hombre de paz. Cuando Pablo y Silas conocieron a ese hombre de paz filipense, ellos supusieron que él sería salvo junto con todo su *oikos*. Eso es exactamente lo que sucedió. El carcelero llevó a Pablo y Silas a su casa para lavar sus heridas y para que conociesen a su familia. Como resultado, todos ellos fueron salvos; y después, como guinda del pastel, Pablo y Silas comieron lo que les pusieron, tal como Jesús les había enseñado (véase Hechos 16:25–34).

## El patrón de Lucas 10 en el ministerio en la "iglesia" en la bolera en E.U.

Mi buen amigo Isaiah Hwang compartió una experiencia sobre cómo el patrón de Lucas 10 puede ser eficaz en el ministerio actualmente. Isaiah tenía varios amigos con los que se crió, pero cuando Isaiah llegó a su juventud, sintió como si algunos de ellos hubieran desaparecido del mapa. Un día se encontró con uno de aquellos viejos amigos llamado Jeff. A Jeff le encantaba jugar a los bolos, así que Isaiah y Jeff comenzaron a jugar juntos a los bolos. Aquello se convirtió en una reunión regular de ambos.

Poco después, algunos de los otros amigos de Jeff comenzaron a reunirse con Jeff e Isaiah para estar juntos y jugar a los bolos. Al principio era sólo un rato para jugar, comer algunos perritos calientes y beberse una o dos cervezas. Pero pronto, el grupo que parecía estar conectado por Jeff comenzó a hundirse no sólo alrededor de Jeff sino también en aquellos ratos regulares para jugar a los bolos.

No se permite a los fumadores fumar en la bolera, así que por eso la mayoría del grupo, si no todos ellos, salían a la calle entre partidas y formaban un "círculo de humo". Isaiah no fuma, pero quería conectar con sus nuevos amigos y tener un impacto espiritual en sus vidas, y por eso les acompañaba. Mientras ellos fumaban y contaban historias, Isaiah oraba en silencio por ellos. Se dio cuenta de que Dios puso particularmente a Jeff su corazón, así que oraba con fervor por él.

Por el impulso del Espíritu Santo, Isaiah intercalaba comentarios espirituales en la conversación. Debido a la creciente profundidad de la relación, aquello era aceptable para el grupo, y ese grupo se convirtió en un *oikos* donde Isaiah suavemente compartía a Jesús. El *oikos* había sido reunido por Jeff, la persona de paz. La bolera y el "círculo de humo" en la calle se convirtieron en "el edificio de su iglesia. Aquello se logró solamente siguiendo a Jesús a la cosecha, y no haciendo que las cosas sucedieran.

## El patrón de Lucas 10 como procedimiento operativo normal

El patrón que Jesús enseñó era el procedimiento operativo normal para el ministerio apostólico bíblico. Lo vemos demostrado una y otra vez. A veces vemos el patrón completo y otras veces, como en taquigrafía, vemos pedazos. Yo creo que era un patrón conocido tan comúnmente que se suponía que el lector podía rellenar los espacios en blanco.

También creo que no era algún patrón especial para una época distante en el pasado; es el modo en que Jesús espera que su Iglesia realice el ministerio apostólico. Yo mismo lo he realizado muchas veces y he visto a mis amigos hacer lo mismo. Es el modo en que se abre el territorio virgen. Es el modo en que los apóstoles abrían el terreno. Pero en general, la Iglesia se ha distanciado de él por 1700 años de desobediencia de la cristiandad. Necesitamos volver a conectar con el modo de hacer las cosas de Jesús si queremos ver un movimiento viral del evangelio en Occidente.

Mis ojos han sido bendecidos al ver estas cosas. He conocido a muchas personas de paz. He visto a Jesús formar iglesias entre sus esferas de influencia. He visto a personas sanadas y que eso condujera a plantar una iglesia. Dios nos ha utilizado a mis amigos y a mí para echar fuera demonios en el ministerio apostólico. Y sinceramente, yo estaría de acuerdo con Jesús en que ha sido una bendición.

También ha creado en mí hambre y sed de ver mucho más. Nunca me canso de ver a Dios preparar reuniones aparentemente espontáneas con personas de paz; su infinita creatividad para hacerlo me sorprende. Nunca me canso de conducir a personas a Cristo. Me encanta equipar a nuevos creyentes en los fundamentos para que ellos puedan hacer la obra del ministerio. Me encanta ver a una persona a la que Dios haya formado por medio de mí ganar a personas para Cristo y plantar iglesias. Verdaderamente, mis ojos han sido bendecidos; y espero que los de usted también lo hayan sido o lo sean pronto.

## Conclusión

En el capítulo siguiente vamos a ver el tema del que se habla comúnmente en círculos evangélicos pero que con mucha frecuencia no se lleva a cabo en la conducta: el evangelismo. Esta práctica está profundamente relacionada con la plantación de iglesias viral, pero es distinta de ella. Plantar iglesias a menudo lo desempeñan los apóstoles, quienes participan en el evangelismo; sin embargo, los apóstoles son diferentes a los evangelistas. ¿Cuál es la diferencia? ¿Cómo equipan ambos al Cuerpo para la obra del ministerio? ¿Cómo se relacionan estas prácticas? ¿Cómo puede cada cristiano participar en el verdadero evangelismo conducido por Jesús? ¿Puede el evangelismo ser algo que realmente sea emocionante y divertido para todo creyente? ¿Cómo sería el evangelismo si Jesús estuviese guiando el proceso? ¿Cuáles son los principios de este tipo de evangelismo? ¿Cómo participamos en el evangelismo guiado por Jesús sin que se vuelva impulsado por la técnica? ¿Cómo encaja esto en un movimiento viral de Jesús?

## CAPÍTULO 10

# Evangelismo viral

$\mathscr{E}$N LA INTRODUCCIÓN relaté la historia sobre cómo el Señor organizó las cosas para que mi amigo Vincent diese testimonio a una mujer de paz llamada Connie, y cómo eso condujo a que se plantase una iglesia. En el último capítulo mencioné que ese no fue el final de la historia. De hecho, una mujer llamada Andrea acudió a Cristo en aquella primera reunión. Ella predicó el evangelio a su hermana, y ambas posteriormente participaron en plantar una iglesia y en el evangelismo. Lo que estamos viendo aquí es el modo en que el ministerio apostólico conduce a un mayor evangelismo por parte de nuevos cristianos, que dan como resultado mayor plantación viral de iglesias y evangelismo.

He mencionado que no es una buena idea que los apóstoles planten todas las iglesias en un movimiento viral de Jesús. En cambio, es mucho mejor equipar a los nuevos creyentes para que compartan su nueva historia con su grupo de relaciones que va siempre en aumento. Si queremos ver que las buenas nuevas se conviertan en una epidemia viral, necesitamos ver que se extiendan de persona a persona. Piénselo del siguiente modo: si doce personas son infectadas con un resfriado y lo extienden al 20 por ciento de las personas con las que hablan, muchas personas agarrarán el resfriado. Sin embargo, si las únicas personas infectadas son las que tienen contacto directo con esas doce personas originales, el resfriado nunca alcanzará proporciones de epidemia. Para que eso suceda, también necesitamos ver a quienes están infectados infectar a otros, y ellos a su vez infectar a otros. Esa es la diferencia entre suma y multiplicación. En realidad, es la diferencia entre suma y crecimiento exponencial.

Esa es una de las maneras más importantes en que los evangelistas preparan "a los santos para la obra del ministerio, para la edificación del cuerpo de Cristo" (Efesios 4:12). Si queremos ver una vez más que la salvación se convierta en una epidemia viral en Occidente, debemos ir más allá de tener testificando a un grupo de personas con dones de apostolado. Necesitamos que todo cristiano comparta su fe; y para que eso suceda necesitamos evangelistas. Una de las frases más importantes en Efesios 4:11–12 es *"perfeccionar a los santos para la obra del ministerio"* (énfasis añadido). ¿Cuál es la función de los cinco dones mencionados en Efesios 4:11? Es perfeccionar al pueblo de Dios para la obra del ministerio. Por tanto, ¿cuál es la función de un evangelista? Es preparar a todos los santos para compartir su fe. Este es uno de los aspectos en que nos hemos desviado mucho en la cristiandad. Tenemos evangelistas dotados que hacen la obra por nosotros, en lugar de prepararnos a nosotros para hacer la obra.

Nunca veremos un movimiento viral del evangelio si tan sólo algunas personas especialmente dotadas tienen que hacer la mayor parte del trabajo. El mayor gozo de un apóstol no debería llegar por controlar la obra sino por ver a Jesús hacer que se extiende con mayor rapidez de lo que pudiéramos imaginar. Los apóstoles son quienes abren el terreno; ellos abren territorio virgen. Pero eso solamente nos da una cosecha para un año; después de eso necesitamos colonos. Los colonos plantan cosechas año tras año. Para ampliar nuestra analogía un poco más, supongamos, al igual que en la historia de E.U., que los colonos llegaron desde la lluviosa costa este a las llanuras semiáridas de la región central. Alguien tendría que enseñar a esos colonos cómo conseguir cosechas sanas, año tras año, en un nuevo ambiente. Ese es el papel del evangelista en Efesios 4:11. Los evangelistas no llevan a cabo todo el trabajo agrícola; ellos enseñan a los colonos a cosechar con eficacia año tras año; les enseñan a obtener buenas cosechas el primer año y a mantener sano el terreno para que puedan tener buenas cosechas, incluso cosechas mejores, diez y veinte años después.

Permita que amplíe nuestra analogía un poco más .Un buen evangelista no es sólo un buen agricultor; es también el agente de extensión del condado. Esta es una de las definiciones de un agente de extensión del condado: el personal de extensión tiene la tarea de aportar conocimiento científico a las familias agrícolas en las granjas y los hogares. El objeto de la tarea es mejorar la eficacia de la agricultura.[1] Del mismo modo, un buen evangelista nos enseña cómo ser eficaces al compartir la fe. Queremos ver que la salvación se extienda como un virus, y eso significa que viaje por las redes de relaciones de persona a persona, de casa a casa, lo cual puede suceder con mucha rapidez. Para eso necesitamos evangelistas que no hagan todo el trabajo, sino que nos enseñen a nosotros a ponernos manos a la obra.

Uno de los versículos más alentadores del libro de Hechos es Hechos 8:4 al describir lo que hacían los creyentes en Jerusalén después de la persecución que surgió con el martirio de Esteban: "Pero los que fueron esparcidos iban por todas partes anunciando el evangelio". Felipe se utiliza como un ejemplo, quizá uno de los más espectaculares, de cómo se producía aquello. A Felipe nunca se le denomina apóstol sino que se le denomina evangelista en Hechos 21:8.

Lo más probable es que lo que hacían gran parte de aquellos creyentes esparcidos fuese mucho menos espectacular que el ministerio de Felipe. Eso no significa que estuviera vacío de poder espiritual, tan sólo que la mayor parte de ello probablemente fuese compartir con amigos, vecinos, y relaciones de trabajo. No estoy sugiriendo que no haya más trabajo que hacer para los apóstoles una vez que la fe se extiende con rapidez. Ellos también necesitan equipar; también necesitan formar; necesitan mantener sus dedos sobre el pulso del movimiento a fin de poder tratar cualquier problema que surja. Eso parece ser lo que hicieron Pedro y Juan con el explosivo comienzo de la salvación en el ministerio de Felipe en Samaria. Pero tampoco intentaron controlarlo; no impusieron límites, estructuras o tradiciones que detuviesen el fluir del evangelio. Ellos no tomaron las riendas en lugar de Felipe; ellos llegaron, ayudaron, se aseguraron de que las cosas fuesen bien, trataron algunos problemas y se fueron.

Todo creyente debería sentir que cada uno de nosotros puede compartir la fe, y debe hacerlo, a nuestras esferas de influencia. Deberíamos tener recursos a nuestra disposición que nos ayuden a hacerlo; y eso probablemente llegará mediante los evangelistas. Esos evangelistas son normalmente personas dotadas espiritualmente de nuestra propia red de amigos cristianos. Los nuevos creyentes puede que necesiten algo de ayuda a medida que comienzan a formarse iglesias en sus casas y sus esferas de influencia. Una abundante siembra y plantación de iglesias debería ser parte del ethos de un movimiento viral de Jesús. De hecho, no se convertirá en viral sin ello. La plantación de iglesias, la salud de la red y el desarrollo son papeles para los apóstoles. Una abundante siembra continuada de las buenas nuevas por parte de todo creyente es el papel de los evangelistas.

También deberíamos destacar que el evangelismo viral, al igual que cualquier otro aspecto del cristianismo viral, se trata de Jesús y de su dirección. Nuestro principio fundamental y práctica es que Jesús es Señor. Nuestro sistema operativo se basa en la realidad del nuevo pacto de que el Espíritu de Jesús no sólo vive en nosotros sino que también comunica a nuestro corazón y nuestra mente.

## ¿Cómo es el evangelismo viral?

Por tanto, ¿cómo es el evangelismo viral? Para eso me gustaría referirme a la enseñanza de un amigo dotado y también evangelista: Ed Waken. A continuación están algunos de los principios clave que él enseña para ayudar a los cristianos normales y corrientes a compartir las buenas nuevas con sus amigos y su familia, a medida que viven sus vidas cotidianas.

La mayoría de nosotros nos vemos algo más que un poco intimidados por la idea de compartir nuestra fe. Parte de ello puede que se deba a que quizá el único evangelismo que hayamos visto haya sido realizado en uno de los dos siguientes escenarios: evangelismo realizado por evangelistas extraordinarios y evangelismo realizado por evangelistas insensibles. En el primer caso, sentimos que no podemos hacer eso porque no estamos dotados como ellos lo están; por eso nos sentimos intimidados. En el segundo caso, estamos justificablemente ofendidos. No querríamos que alguien nos confrontarse de maneras insensibles, y no queremos hablar con nuestros amigos y familiares de maneras insensibles. Sabemos instintivamente que lo más probable es que hagamos más daño que bien, y tenemos razón en nuestra suposición.

A Ed le gusta decir que podemos ser eficaces en un 100 por ciento en el evangelismo el 100 por ciento de las veces. Para hacer eso, necesitamos hacer exactamente lo que Jesús nos guíe a hacer; ni más ni menos. Para mí, esta es una declaración muy alentadora. De hecho, es un alivio. No tenemos que completar una carrera de béisbol cada vez que hablamos a un amigo que no es cristiano. Lo único que tenemos que hacer es confiar en que Jesús sabe qué hacer. Jesús no quiere insultar, intimidar o dañar a nuestros amigos y familiares más de lo que queremos nosotros. Jesús puede leer sus corazones, aunque nosotros no podamos. Por tanto, podemos confiar verdaderamente en que Jesús haga lo correcto; ¿ni más ni menos? Si Jesús nos conduce a hacer saber a un amigo no cristiano que somos cristianos, debemos hacer eso y nada más. Si Él nos impulsa a ofrecernos a orar por una enfermedad, debemos hacer eso: ni más ni menos. Si Él nos estimula a hacer preguntas, entonces dejemos caer el tema; hagamos eso. Si Él nos conduce a compartir la historia completa de la salvación, hagamos eso. Esto es seguir al Señor de la cosecha a la cosecha; es permitir que Jesús sea Señor y no tomar las riendas en su lugar. Es prestar atención a la voz de Jesús mientras Él habla a nuestros corazones y nuestras mentes. En otras palabras, es evangelismo del nuevo pacto.

## La historia de Phil

Permita que le cuente una historia de evangelismo del nuevo pacto que nos sucedió a mi amigo Phil y a mí. Phil y yo nos encontrábamos todos los domingos en la mañana en un restaurante en San Rafael, California. A veces nos encontrábamos con alumnos de nuestro ministerio de inglés como segundo idioma que querían saber acerca de Jesús. A veces no llegaba ningún alumno y, cuando eso sucedía, no nos preocupábamos. En ese caso, Phil y yo nos encontrábamos para desayunar y hablábamos sobre cómo estaba Jesús trabajando en nuestras vidas. Durante algunos meses habíamos estado observando que un cliente regular del restaurante, que habla español, se había estado situando para poder escuchar a nuestro pequeño grupo cuando hablábamos de Jesús y de la Biblia en español. Él se reía cuando decíamos una broma; fruncía el ceño cuando alguien contaba una historia triste.

Un día, nos reunimos solamente Phil y yo. Uno de los temas de nuestra conversación era aprender a responder inmediatamente al suave impulso del Espíritu Santo, incluso aunque no tuviera sentido para nosotros. Mientras yo estaba hablando con un miembro de la plantilla del restaurante, Phil sintió el suave impulso del Espíritu; sintió que el Espíritu Santo le pedía que saludase al cliente regular y comentase que estaba con frecuencia en el restaurante los domingos en la mañana, igual que nosotros. El cliente regular sonrió y señaló a la Biblia de Phil, y después nos preguntó qué hacíamos cada semana.

Poco después, Phil y yo estábamos sentados a su lado manteniendo una amigable conversación. Mientras hablábamos, también intentábamos sintonizar la frecuencia de Jesús, preguntándole qué hacer a continuación. El cliente nos dijo que tenía algunas preguntas acerca de la Biblia. Nosotros le dijimos que aquello era bueno, que una de las cosas que hacíamos era explorar juntos la Biblia. Yo sugerí que le pidiese a Jesús que le dijese cuál era la pregunta más importante que podría plantear para explorarla juntos el siguiente domingo, y él pensó que era una idea maravillosa. Entonces sentí que el Espíritu Santo me decía que eso era suficiente. Yo había hecho todo lo que Él quería hacer en ese momento; así que sonreí, concertamos la cita para volver a reunirnos al domingo siguiente, le di un apretón de manos y nos despedimos amigablemente.

Ahora bien, apliquemos el principio de Ed "podemos ser eficaces en un 100 por ciento en el evangelismo el 100 por ciento de las veces" al ejemplo anterior. A Phil y a mí nos encanta compartir nuestra fe, pero no nos gusta humillar a la gente ni nos gusta obligarles a escuchar; y no nos gusta convertirnos en unos pesados. Habíamos observado que ese cliente escuchaba alegremente en nuestras reuniones. ¿Quería el cliente que le invitásemos a participar en el grupo? ¿Estaba preparado ese hombre para escuchar las buenas nuevas? ¿Cómo podríamos saberlo? Sin embargo, cuando llegó el momento correcto, Jesús dio a Phil un pequeño empujón. ¿Nos conduce siempre el Espíritu Santo a entablar una conversación? No, pero siempre deberíamos seguir la guía de Jesús. Cada caso es diferente, pero podemos confiar en que Jesús nos guíe eficazmente el 100 por ciento de las veces. Eso no significa que responderemos de la manera correcta el 100 por ciento de las veces, pero está bien cometer errores, pues son parte del proceso de aprendizaje.

Observemos que mantuvimos una conversación amigable con el cliente. ¿Es ese siempre el caso? No, pero creo que con frecuencia es el caso. Puede que haya ocasiones en que Jesús sí nos pida confrontar a personas, quizá en lo que parecen ser maneras incómodas; pero, en general, probablemente terminaremos manteniendo conversaciones amigables con las personas. Jesús probablemente nos dirija a muchas más oportunidades de compartir de aquellas a las que respondemos. Parte de crecer en un evangelismo efectivo al 100 por ciento es aprender a responder a los impulsos del Espíritu Santo y confiar en que Él nos mostrará exactamente qué hacer: ni más ni menos.

¿Dará como resultado nuestro encuentro con el cliente en el restaurante que le guiemos a Jesús? No tenemos ni idea. Podría ser. En realidad podría conducir a que la salvación discurra por múltiples generaciones de personas. Eso es ciertamente lo que nosotros deseamos. Pero quizá nuestra tarea sea solamente plantar semillas; quizá se hayan plantado ya semillas por parte de otra persona y nuestra tarea sea regar; quizá él ya sea cristiano y nosotros necesitamos enseñarle para que lleve su fe a sus amigos. Quizá, a la larga, él sea el terreno pedregoso del que Jesús habla en la parábola del sembrador. En el punto de contacto, Phil y yo no lo sabemos, pero podemos confiar en que Jesús sabe qué hacer. Nuestra tarea es seguir su dirección; solamente al hacer eso podemos ser eficaces al 100 por ciento.

## ¿Por qué tenemos temor a compartir el evangelio?

La mayoría de nosotros nos sentimos realmente intimidados al compartir nuestra fe. No creo que tengamos que flagelarnos por eso, y tampoco creo que debiéramos permitir que eso evite que compartamos las buenas nuevas. A continuación hay algunas razones por las que tendemos a quedarnos atascados y no compartir nuestra fe cuando Jesús realmente nos da oportunidades.

### "No sé lo suficiente."

Tiene razón, probablemente no sepa. Yo tampoco. Ni tampoco Phil o Ed. Pero todos conocemos a alguien que sí sabe: Jesús. Si queremos ser un 100 por ciento eficaces el 100 por ciento de las veces, no necesitamos ser expertos que lo saben todo; necesitamos confiar en Jesús: ni más ni menos. El pasaje de 1 Juan 2:27 dice: "Pero la unción que vosotros recibisteis de él permanece en vosotros, y no tenéis necesidad de que nadie os enseñe; así como la unción misma os enseña todas las cosas, y es verdadera, y no es mentira, según ella os ha enseñado, permaneced en él". Permítanme parafrasearlo: "No se preocupen. Jesús les dará lo que necesitan, cuando lo necesiten, y será verdadero. Tan sólo permanezcan y confíen en Él".

En efecto, sólo podemos hacer lo que veamos que Jesús ya está haciendo. De la misma manera, Jesús hacía sólo lo que veía hacer a su Padre. El asunto aquí no es realmente la información, es la relación. Si usted está permaneciendo en Jesús, Él le dará la información correcta cuando la necesite. Tenemos que mantener nuestra relación permanente con Él. Esa es una clave importante. Tan sólo asegúrese de que es Él quien le guía y no su voluntad humana, su capacidad o incluso la culpabilidad.

## "Tengo miedo al rechazo."

¿Acaso no tenemos todos miedo al rechazo? Nadie quiere ser rechazado. Sin embargo, necesitamos tener cuidado de que el rechazo que tememos sea realista. En primer lugar, la mayoría del rechazo que afrontamos en el evangelismo tiene que ver con un evangelismo que se hace mal. Con eso quiero decir evangelismo en el que forzamos a otros a escuchar un mensaje que ellos en realidad no quieren escuchar, o que Jesús no ha iniciado. Cuando forzamos a las personas a escuchar algo que ellas realmente no quieren oír, probablemente rechazarán al mensajero. Sin embargo, si estamos siguiendo verdaderamente a Jesús, ¿acaso no podemos confiar en que Él nos guíe a decir lo correcto a la persona correcta?

En segundo lugar, deberíamos asegurarnos de saber de dónde proviene nuestro temor al rechazo. De todos los seres del universo ¿quién es más probable que quiera evitar que compartamos la salvación por medio de Jesús? Creo que la respuesta es obvia. Creo que Satanás realmente está detrás de gran parte de nuestro temor a compartir nuestra fe. Una de sus maneras clave de hacerlo es avivando nuestro temor natural al rechazo y recordándonos las emociones negativas generadas por un evangelismo hecho mal.

Finalmente, si Jesús en realidad nos pide que compartamos nuestra fe, no significa que todo saldrá siempre bien cada vez. Lo que significa es que si somos obedientes, Él llevará a cabo lo que quiera lograr, y nos recompensará por ello. Incluso si somos rechazados, seremos recompensados. "Bienaventurados los que padecen persecución por causa de la justicia, porque de ellos es el reino de los cielos. Bienaventurados sois cuando por mi causa os vituperen y os persigan, y digan toda clase de mal contra vosotros, mintiendo. Gozaos y alegraos, porque vuestro galardón es grande en los cielos; porque así persiguieron a los profetas que fueron antes de vosotros" (Mateo 5:10–12).

Honestamente, la mayor parte del evangelismo que se hace siguiendo la guía de Jesús no conduce a la persecución o el rechazo; es mucho más común tener una situación como la que tuvimos Phil y yo; termina siendo una conversación amigable. Nuestro temor al rechazo y a la persecución está fuera de proporciones con las ocasiones reales de rechazo. Desde luego, la única manera de poder descubrirlo es permitiendo que Jesús nos guíe a oportunidades de evangelismo y después obedecer. Y una parte importante de eso es orar para que Jesús comience a guiarnos a tales oportunidades. A propósito, a Satanás no le gustará que usted ore al respecto, así que espere que él intente distraerle para que no haga esa oración.

### "Podría cometer un error."

Pablo habló sobre personas que predican el evangelio por motivos equivocados. Esta fue su respuesta a esa situación: "¿Qué, pues? Que no obstante, de todas maneras, o por pretexto o por verdad, Cristo es anunciado; y en esto me gozo, y me gozaré aún" (Filipenses 1:18). Creo que podemos aplicar la misma lógica a cometer errores evangelísticos. Aun así, Cristo es predicado; y Jesús sabe cómo utilizar los errores para su gloria . Romanos 8:28 se aplica en todas las situaciones, incluyendo esta: "Y sabemos que a los que aman a Dios, todas las cosas les ayudan a bien, esto es, a los que conforme a su propósito son llamados".

### "De todos modos, ¿de quién es la tarea?"

En Lucas 18, el joven rico rechazó la oferta de vida eterna de Jesús. Jesús puede que hubiera sido un 100 por ciento eficaz, pero no todas las personas a las que Él habló de las buenas nuevas entraron en el Reino. En este caso, el joven rico no quiso la vida eterna si eso significaba renunciar a su riqueza material. Como respuesta, Jesús dijo que era muy difícil que las personas ricas obtuviesen vida eterna. Sus discípulos preguntaron quién entonces podría ser salvo, y Jesús respondió: "Lo que es imposible para los hombres es posible para Dios". Realmente, este es un principio general de evangelismo. Nosotros no podemos guiar a las personas a Cristo, pero el Espíritu Santo puede conducir las personas a Cristo por medio de nosotros. Nosotros no tenemos el poder de cambiar el corazón humano, pero Él sí lo tiene. La salvación es tarea de Dios, pero Él quiere utilizarnos en el proceso. Y quiere que estemos dispuestos a ser utilizados. Él también quiere que oremos hacia ese fin.

## Vencer las objeciones

Teniendo en mente estas objeciones comunes, observemos cómo mi amigo Isaiah las venció solamente manteniendo una amistad normal y por medio de la oración.

Cuando Isaiah estaba en la universidad, su iglesia estaba haciendo hincapié en "el evangelismo por amistad". Por tanto, Isaiah comenzó a orar por un par de amigos en particular que se llamaban Ricky y Annie. En lugar de bombardearles con presentaciones del evangelio, decidió "vivir a Jesús delante de ellos". También comenzó a compartir pedazos de su vida espiritual con ellos para ver cómo reaccionaban. Si, por curiosidad, preguntaban más, él les daba más; si no mostraban interés, él dejaba el tema. De modo lento pero seguro, ellos se fueron abriendo cada vez más a hablar de las cosas espirituales. Después de un tiempo, Isaiah comenzó a orar por ellos no sólo en su tiempo a solas con Dios sino también preguntándoles si podía orar por preocupaciones concretas que hubiese en su vida. Poco después ellos le pedían oración a él.

Se ha convertido en una relación duradera. Isaiah hace el esfuerzo de mantener fresca la relación. Ricky una vez comentó que Isaiah era diferente a otros cristianos que él conocía; conocía a otros que intentaban forzar sus opiniones. "Si fueses así, no seríamos amigos".

Isaiah preguntó: "¿En qué soy diferente?"

"No intentas hacer que me lo trague."

Con el tiempo, Ricky y Annie comenzaron a hacer preguntas como: "Oye, Isaiah, ¿qué dice la Biblia sobre...?". E Isaiah respondía sus preguntas. A veces eso conducía a conversaciones espirituales más profundas, y otras veces no.

Ahora ha llegado al punto en que si Isaiah no da las gracias antes de comer, ellos se lo recuerdan. Debido a esa relación, Isaiah ha llevado a Ricky y Annie paso a paso más cerca de Jesús sencillamente haciendo lo que Jesús le impulsa a hacer: ni más ni menos.

## Cinco principios del evangelismo eficaz

Ed Waken ha compartido amablemente cinco principios del evangelismo eficaz conmigo. Me gustaría compartirlos con usted.

### Principio 1: Jesús quiere más comunicadores, no más oidores

La gran comisión es para todo cristiano. Todos debemos hacer más discípulos de Jesús. El problema nunca es la falta de oidores; después de todo, los campos siguen estando blancos para la cosecha. La razón de que la gran comisión aún no se haya completado es que nosotros los cristianos tendemos a ser tacaños a la hora de compartir nuestra fe. La tratamos como si fuese nuestro propio secreto.

Otro problema que tenemos es que nos hemos vuelto tan acostumbrados a la mentalidad del clero que esperamos que los expertos hagan la tarea. Enviamos misioneros a otros países y a distintos grupos étnicos en nuestro propio país. Esperamos que el clero comparta el evangelio en nuestra propia esfera de influencia. Tenemos mucha más probabilidad de intentar llevar a nuestros amigos al predicador que de predicar nosotros a nuestros amigos.

Esta es la perspectiva de Jesús sobre ese asunto: "No ruego que los quites del mundo, sino que los guardes del mal. No son del mundo, como tampoco yo soy del mundo. Santifícalos en tu verdad; tu palabra es verdad. Como tú me enviaste al mundo, así yo los he enviado al mundo." (Juan 17:15–18). Todos nosotros como cristianos estamos en una misión de Jesús, estar en el mundo, ser sal y luz para ese mundo. Al igual que su Padre le envió a Él, así Él nos envía a nosotros: a todos nosotros. Su tarea es protegernos del maligno.

En lugar de actuar según nuestra comisión de ser enviados al mundo, tenemos tendencia a ocultarnos del mundo, con frecuencia por temor a que nos contamine. La luz expulsa la oscuridad. La sal purifica la descomposición. Tenemos la verdad de Dios para santificarnos; Él nos protege del maligno. Incluso cuando sufrimos, Él lo usa para nuestro crecimiento. ¿Podemos confiar en que Jesús haga su tarea? ¿Podemos confiar en que Él nos envíe a su mundo quebrantado y nos dé lo que necesitamos en su poder?

Otro factor en nuestra incapacidad de responder a ese envío de Jesús al mundo es que esperamos que los evangelistas hagan la tarea, en lugar de enseñarnos a nosotros a hacerla. Tratamos a los evangelistas como otra categoría de clero, en lugar de lo que realmente son: recursos para equiparnos. Nosotros somos quienes deben hacer la tarea, y ellos son quienes deben ayudarnos en esa tarea.

Un factor final para que no llevemos a cabo la tarea de Jesús de evangelizar el mundo al que Él ama es que el evangelismo se ha convertido en una técnica impulsada y capacitada por el hombre en lugar de ser impulsada por Jesús y capacitada por el Espíritu Santo. Parece que tenemos más fe en una técnica que encaje en todas las situaciones que en la capacidad de Jesús de guiarnos y en la capacidad del Espíritu Santo de hacernos saber qué hacer y qué decir. En efecto, confiamos en la capacidad humana en lugar de en la capacidad de Dios. Bien podríamos llamar a esto lo que es en realidad: falta de fe.

¿Cómo puede usted comenzar a seguir a Jesús a su cosecha, sin importar qué dones espirituales tenga? ¿Qué le pediría Él que hiciera? ¿Puede usted preguntarle? ¿Obedecerá, aunque sea embarazoso? ¿Está dispuesto a aprender de sus errores e intentarlo de nuevo?

## Problema 2: Todos podemos vivir como misioneros

Podemos vivir como misioneros y, en el proceso, vivir una vida emocionante y llena de historias de Dios, historias del modo en que Dios ha utilizado a personas normales y corrientes como nosotros para hablar a los demás de sus buenas nuevas. Por eso eran famosos los tesalonicenses. Lo siguiente es lo que Pablo dijo acerca de su estilo de vida.

> ...pues nuestro evangelio no llegó a vosotros en palabras solamente, sino también en poder, en el Espíritu Santo y en plena certidumbre, como bien sabéis cuáles fuimos entre vosotros por amor de vosotros. Y vosotros vinisteis a ser imitadores de nosotros y del Señor, recibiendo la palabra en medio de gran tribulación con gozo del Espíritu Santo, de tal manera que habéis sido ejemplo a todos los de Macedonia y de Acaya que han creído. Porque partiendo de vosotros ha sido divulgada la palabra del Señor, no sólo en Macedonia y Acaya, sino que también en todo lugar vuestra fe en Dios se ha extendido, de modo que nosotros no tenemos necesidad de hablar nada; porque ellos mismos cuentan de nosotros la manera en que nos recibisteis, y cómo os convertisteis de los ídolos a Dios, para servir al Dios vivo y verdadero, y esperar de los cielos a su Hijo, al cual resucitó de los muertos, a Jesús, quien nos libra de la ira venidera.
>
> 1 Tesalonicenses 1:5–10

Los tesalonicenses primero se convirtieron en imitadores de Pablo, lo cual en realidad significa que eran imitadores del Señor. Ellos reconocieron las buenas nuevas tal como eran: un mensaje directo del Espíritu Santo. Como resultado, no sólo lo recibieron sino que también comenzaron a difundirlo. Pablo dijo que el mensaje salió de ellos no sólo en su propia región sino también al sur de Acaya. Notemos también que a medida que ellos confiaron en que el Espíritu Santo obrase por medio de ellos en la difusión del mensaje, sus vidas fueron también santificadas, lo cual se muestra por su rechazo a sus anteriores ídolos.

Así es exactamente cómo debería ser. Todos los creyentes experimentaron vidas cambiadas y contaron sus historias a otros. Los resultados fueron maravillosos para ellos y para aquellos que necesitaban oír su mensaje, un mensaje testificado no sólo mediante palabras sino también con sus vidas mismas.

No experimentaremos un movimiento viral del evangelio en Occidente hasta que todo cristiano sea equipado y esté dispuesto a participar en la gran comisión como misionero. Este puede ser un proceso emocionante. ¿No sería maravilloso si cada vez que nos reuniésemos como Cuerpo uno o dos de nosotros tuviese historias sobre cómo Dios le ha utilizado en los últimos días para compartir las buenas nuevas de Dios y cambiar vidas de personas para mejor? Realmente puede ser así. Los evangelistas son el recurso de Dios, de modo que podemos aprender a vivir de esa manera. El resultado final será que la voluntad divina de Dios se hará en la tierra como en el cielo.

¿Puede usted aprender a vivir como un misionero? ¿Conoce a evangelistas dotados que puedan enseñarle para comenzar a alcanzar a las personas que le rodean? ¿A quién le está llamando Jesús? ¿Qué va a hacer usted respecto?

### Principio 3: la Biblia da una garantía a cada creyente.

El apóstol Pablo no era distinto a nosotros; él también batallaba con el evangelismo, pero él creía que Dios nos da una garantía para proporcionarnos los recursos que necesitamos. La respuesta de Pablo a esta batalla era confiar en esa garantía; por tanto, él oraba y pedía a otros que orasen por él para que viviese como Dios quiere que todo creyente viva. "Y por mí, a fin de que al abrir mi boca me sea dada palabra para dar a conocer con denuedo el misterio del evangelio, por el cual soy embajador en cadenas; que con denuedo hable de él, como debo hablar" (Efesios 6:19–20).

Pablo no quería confiar en alguna técnica enlatada; en cambio, tenía confianza en que el Espíritu Santo sería fiel para poner palabras en su boca en el momento correcto. El resultado fue una predicación sin temor. Pablo tenía confianza en que Dios guiase el proceso, no en su propia capacidad o en la de otro ser humano, ni tampoco en una técnica enlatada. Los recursos de Pablo eran el poder del Espíritu Santo a medida que él vivía en una relación permanente con Jesús, su oración y las oraciones de otros.

Pablo pensaba que sería correcto que él participase en esta confiada (sin temor) predicación de la fe.

Es el mismo compartir el evangelio sin temor del que Jesús hablaba en Mateo 10:18-20: "y aun ante gobernadores y reyes seréis llevados por causa de mí, para testimonio a ellos y a los gentiles. Mas cuando os entreguen, no os preocupéis por cómo o qué hablaréis; porque en aquella hora os será dado lo que habéis de hablar. Porque no sois vosotros los que habláis, sino el Espíritu de vuestro Padre que habla en vosotros".

Esta es la garantía en la que Pablo confiaba. El Espíritu Santo mismo nos dará las palabras que decir. De hecho, realmente no seremos nosotros quienes hablamos sino el Espíritu de nuestro Padre quien hable a través de nosotros. Eso sí es una garantía. No tenemos que preocuparnos; podemos ser osados, valientes y confiados. Podemos ser así no debido a quiénes somos nosotros sino debido a quién es Él. Esto es vivir en un poder emocionante y sobrenatural.

Podemos vivir así. Podemos vivir en la misma garantía, pues también es dada a nosotros. Requerirá fe y práctica, pero los resultados serán una vida emocionante a medida que veamos a Dios usarnos para completar sus deseos para su mundo. ¿Está usted dispuesto a confiar en que Jesús es fiel a su garantía? ¿Estamos dispuestos a cometer errores a lo largo del camino y considerarlos regalos de Jesús?

## Principio 4: el principio de espontaneidad

Estamos acostumbrados a planear, pero necesitamos aprender a confiar en que Dios nos dirija en situaciones espontáneas en las cuales Él ya esté obrando. Al igual que Jesús, debemos observar dónde está obrando el Padre y cooperar con Él. A continuación hay algunos ejemplos de este principio de espontaneidad del Nuevo Testamento, a medida que los creyentes vivían sus vidas normales y corrientes y Dios obraba por medio de ellos de forma espontánea e inesperada.

En Hechos 4:8-20 Pedro y Juan fueron arrestados. En lugar de quejarse a Dios por lo injusto que aquello era, lo consideraron una oportunidad de testificar de Jesús a los gobernantes y los ancianos del pueblo judío. Pedro y Juan no se despertaron en la mañana y bosquejaron un plan detallado sobre cómo ser arrestados a fin de poder compartir su fe. Estoy seguro de que aquel día no discurrió de acuerdo a sus planes en absoluto; sin embargo, fue una oportunidad espontánea.

En Hechos 6:8-10 Esteban no consideró la oposición de la sinagoga como un obstáculo sino como una oportunidad de predicar con valentía las buenas nuevas. Esta predicación espontánea fue un paso en el viaje a la fe del apóstol Pablo. En Hechos 8:25-40 vemos al evangelista Felipe respondiendo a una situación espontánea que dio como resultado que un eunuco etíope llegase a la fe. En Hechos 14:3 vemos a Bernabé y Pablo haciendo espontáneamente señales y maravillas que llevaron a la valiente predicación del evangelio. Vemos este principio de espontaneidad en acción una y otra vez en el Nuevo Testamento. Este mismo principio estuvo en acción en la situación de Phil y yo con el cliente regular del restaurante. Sin embargo, necesitamos acostumbrar a nuestros ojos a que observen. Mis amigos y yo estamos aprendiendo precisamente esto a medida que vivimos nuestras vidas normales y corrientes en la zona de la bahía de California. Estamos descubriendo que el norte de California en el siglo XXI no es distinto a la Jerusalén en el siglo I. Si confiamos en Dios y oramos, Él nos conducirá espontáneamente a situaciones en las que ya esté obrando. Entonces podemos confiar en la garantía que Él nos dio para mostrarnos qué hacer e incluso qué palabras decir.

Vuelva a pensar en los últimos meses. ¿Le ha dado Dios situaciones espontáneas que le proporcionaron una oportunidad de compartir a Jesús? ¿Cómo respondió usted? ¿Qué sucedería si comenzase a orar para que esas situaciones se produzcan con mayor frecuencia? ¿Qué podría suceder si usted pidiese a Dios que abra sus ojos para observar esas situaciones y abra sus oídos a la voz de Él para poder saber qué decir?

## Principio 5: todo creyente está capacitado para el éxito

Quizá nuestras ideas de éxito en el evangelismo deberían ser revisadas. Tendemos a pensar que el evangelismo eficaz es conducir a alguien a Cristo. El siguiente es el modo en que Ed Waken define el éxito: "El éxito no se mide en resultados cuando se trata de evangelismo. La obediencia a Jesús es echar la semilla de la verdad en las vidas de las personas. Sin embargo, sí sabemos que si lanzamos una abundante cantidad de semilla, veremos una gran cosecha: ¡100 por ciento de éxito el 100 por ciento de las veces!".[2]

¿Está dispuesto a considerarlo un gran éxito si tan sólo llega a plantar semillas o a regar? ¿Está dispuesto a sembrar semilla en abundancia y permitir que Jesús haga lo que Él quiera con eso? ¿Está dispuesto a permitir que Jesús le lleve a un viaje en el cual usted se acerque cada vez más a llegar a ser el 100 por ciento eficaz en el evangelismo el 100 por ciento de las veces?

## Conclusión

Los principios compartidos en este capítulo deberían darnos confianza en Jesús. Él quiere que todos seamos exitosos en el evangelismo: tan sólo necesitamos aprender que Jesús nos quiere como sus comunicadores. Él ya ha preparado a los oidores. Hay más que suficientes oidores. Necesitamos confiar en la garantía de Dios para darnos las palabras y el poder en el momento correcto. Y necesitamos tener ojos para ver a Dios guiándonos a situaciones aparentemente espontáneas, situaciones en las que Él ya haya estado obrando.

Los resultados de esto son compartir la fe de modo confiado, dirigido por el Espíritu Santo, capacitado por el Espíritu Santo, en que podamos ser 100 por ciento eficaces el 100 por ciento de las veces. Cuando hagamos esto, comenzaremos a ver un movimiento viral de salvación otra vez en Occidente. Y en el proceso, participaremos gozosamente de la cosecha de Dios.

### La historia de David

Me gustaría compartir lo que algunos amigos y yo hemos hecho, no como una técnica sino como actos de confianza en la capacidad de Jesús de guiarnos a la cosecha. La siguiente historia es de mi amigo David Nyquist. Se pidió a David que enseñase a un grupo de jóvenes adultos en la ciudad de Redwood, California, en un modo de seguir a Jesús a la cosecha denominado "la caza del tesoro". A continuación está la historia de David.

> Después de compartir algunos testimonios de anteriores casas del tesoro, llegó el momento de embarcarnos en la nuestra propia. Preguntamos a Jesús qué quería Él que buscásemos; esas cosas eran nuestro mapa del tesoro. El pequeño grupo al que me había unido estaba en busca de los dueños de una pequeña perrita negra. A menos de dos metros de distancia, divisamos a James, a su esposa y a María: ¡su pequeña perrita negra! Compartí con ellos que estábamos en una búsqueda del tesoro y les mostramos nuestra lista de pistas. Los jóvenes adultos a los que yo había enseñado recientemente participaron

enseguida con afirmadoras palabras de aliento para esa pareja. Poco después en nuestra conversación descubrí que yo tenía una pista para la sanidad de los tendones de James, que habían estado terriblemente tensos debido a su trabajo cargando y levantando enormes tiendas y carpas.

Con una lista de pistas tan prometedora, preguntamos si podíamos orar por James. Él estuvo de acuerdo, y comenzamos a ministrar a varias áreas de necesidad en su vida: algunas que él compartió y otras que recibimos como palabras de conocimiento allí mismo. Cuando terminamos de orar, era evidente que su expresión había cambiado y se sentía mejor. Sus piernas no estaban totalmente sanadas, pero nosotros creímos que podrían continuar destensándose a medida que pasaba el tiempo.

Más adelante aquella noche, uno de los miembros de nuestro grupo me dijo que James había llegado corriendo hasta ellos (una acción que una hora antes no podría haber realizado) testificando de la sanidad en sus piernas. También compartió que cuando impusimos nuestras manos sobre él, una calidez comenzó a rodearle y permaneció incluso después de irnos. James también quería que supiéramos lo alentado que estaba por algunas de las palabras que le habíamos dicho. Él no había compartido algunas de las dificultades personales que estaba teniendo en la educación de su hijo adolescente, y aun así, las palabras que le dijimos acerca de que él tenía "una gran fortaleza a pesar de tener un corazón muy tierno y amable" le dio esperanza para el desafío de querer y educar a su hijo, a pesar de la rebelión de su hijo.[3]

Realmente no tenemos nada que temer en el evangelismo. Lo que necesitamos es a Jesús el Señor y operar en su sistema operativo del nuevo pacto. Cuando hacemos eso, podemos ser realmente cien por ciento eficaces el cien por ciento de las veces.

# ⌧ CONCLUSIÓN ⌧

*N*UESTROS PADRES ESPIRITUALES, con frecuencia con la mejor de las intenciones, se apartaron de nuestra herencia del nuevo pacto. Ellos siguieron sencillamente los principios fundamentales del mundo. Este proceso tomó siglos, pero lo que nos proporcionó, en lugar de un cristianismo del nuevo pacto, fue la cristiandad; una forma de piedad, la cual niega el verdadero poder que la respalda: Jesús el Señor. De modo lento pero seguro sucumbimos a los principios mundanos de la filosofía griega, al igual que a las estructuras judías del Antiguo Testamento. Sustituimos el señorío de Jesús por el control y la voluntad del hombre y, al hacerlo, hemos creado una religión cristiana que ahora está siendo rechazada por la sociedad occidental. El rechazo de la sociedad, por grande que sea, no se acerca ni siquiera a ser tan grave como el daño que eso produce a nuestra relación con Jesús mismo.

Tristemente, nos hemos vuelto como las personas a las que Santiago exhortó, las que podían declarar la verdad central de la fe judía, Dios es uno, pero no la vivían en la práctica en sus vidas. De la misma manera, nosotros declaramos a Jesús como nuestro Señor, como mero hecho proposicional, pero el modo en que estructuramos el liderazgo, el modo en que nos reunimos, el modo en que realizamos el ministerio, de hecho, el modo en que vivimos la vida y pensamos tiene más que ver con la filosofía griega que con el señorío de Cristo.

No hacemos eso por malicia hacia nuestro Señor; lo hacemos debido a que nuestra sociedad occidental nos ha dado una cosmovisión con fundamento griego; y nuestros antepasados cristianos, al sucumbir a esa cosmovisión, nos han dado cristiandad en lugar de cristianismo. Nos hemos acostumbrado a esa cristiandad, justificándola con las mismas Escrituras que precisamente la niegan. Lo hacemos porque es lo único que sabemos. No entendemos que nos hemos vuelto como la iglesia en Éfeso en el capítulo 2 de Apocalipsis. Hemos dejado nuestro primer amor: Jesús mismo. Debemos reconocer la altura desde la cual hemos caído. Necesitamos arrepentirnos y hacer las cosas que hacíamos al principio.

En esencia, nos hemos vuelto cristianos humanistas. Proclamamos que Jesús es Señor, pero vivimos como si lo que realmente contase fuesen nuestros propios valores, esfuerzos, estructuras, técnicas y voluntad. Hemos abandonado el poder que llega al ser individuos y comunidades que tienen una relación permanente con Jesús, y nos comportamos como racionalistas iluminados, impresionados con nuestra propia capacidad humana. En el proceso, nos hemos alejado de una profunda conexión con Jesús, la vid, tanto individualmente como en comunidad. No se debe a que hayamos querido, sino porque nuestro modo de pensar, los sistemas que utilizamos, las estructuras humanas que hemos impuesto a la Iglesia de Dios nos separan de Jesús mismo. No podemos arrepentirnos y regresar a las cosas que hacíamos al principio hasta que reconozcamos las conductas y los valores que apagan el poder de Jesús. Al igual que el personaje en la tira cómica de Pogo, nos hemos encontrado con el enemigo, y somos nosotros mismos.[1]

En este libro he intentado desarrollar y también documentar un nuevo camino para la Iglesia de Occidente. Es a la vez nuevo y muy antiguo. Digo esto porque lo que necesitamos es lo que la Iglesia tenía en el principio: a Jesús su Señor y un sistema operativo, el nuevo pacto, que le permitía vivir bajo su señorío. Con esto, tenemos todo lo que necesitamos.

He desarrollado y documentado todo esto de tres maneras. En primer lugar, describí y desarrollé las realidades de movimientos virales de Jesús. En el capítulo 1 describí y desarrollé los elementos y características de un movimiento viral de Jesús. En el capítulo 2 hablé de la estabilidad y el control en un movimiento viral de Jesús. Demostré cómo el tipo correcto de fragilidad es bueno, y describí el tipo de estructura que proporciona estabilidad y control divinos. En el capítulo 3 describí el modo en que el sobrenaturalismo es inherente en movimientos virales de Jesús, y cómo también nosotros podemos vivir en ese poder sobrenatural.

En segundo lugar, describí la historia de movimientos virales de Jesús. En el capítulo 4 desarrollé la historia del primer movimiento viral de Jesús, la Iglesia primitiva, y el modo en que su estructura y su cosmovisión le permitieron explotar en el mundo romano. Después, en el capítulo 5, mostré cómo al sucumbir a los principios fundamentales del mundo, nuestros antepasados se apartaron de un movimiento viral de Jesús y nos dieron en su lugar la cristiandad. En el capítulo 6 hicimos un rápido recorrido de movimientos virales parciales de Jesús a lo largo de la historia del cristianismo. Mostré que a cada uno se dio una oportunidad de volver a experimentar otra vez el poder de un movimiento viral de Jesús, una oportunidad que tristemente pasamos por alto, una y otra vez, debido a que estábamos atrapados en la cristiandad. En el capítulo 7 documenté el primer y verdadero movimiento viral de Jesús en el mundo moderno: la explosión del movimiento de la iglesia en casas en China. Mostré que nuestros hermanos chinos tienen mucho que enseñarnos, lecciones que ellos aprendieron debido a que les fue arrebatada su cristiandad. Sin embargo, lo que quedó en su lugar, solamente Jesús su Señor y una relación de nuevo pacto con Él, fue suficiente para dar comienzo al movimiento más poderoso y de más rápido crecimiento del evangelio en la historia del cristianismo.

Finalmente, hablé de los puntos prácticos de un movimiento viral de Jesús. En el capítulo 8 desarrollé el discipulado viral, un discipulado basado en Jesús el Señor y una relación íntima con Él. En el capítulo 9 hablé de cómo es la plantación de iglesias viral cuando seguimos al Señor de la cosecha a la cosecha y permitimos que su estructura del Reino orgánica por naturaleza obre a favor de nosotros. En el capítulo 10 hablé del evangelismo viral, cómo podemos aprender a permitir que Jesús establezca nuestros contactos evangelísticos, y que al hacer solamente lo que Él dirija somos el cien por ciento efectivos en el evangelismo el cien por ciento de las veces.

Mis amigos y yo anhelamos ver una pandemia orgánica, viral y contagiosa del evangelio que barra Occidente. Anhelamos ser parte de ello. Esperamos ver que Jesús se contagie de persona a persona como si fuese la extensión del virus Jesús. Deseamos ver el poder sobrenatural de Jesús volver a ser normal otra vez en Occidente. Soñamos con un tiempo en que el discipulado, la plantación de iglesias y las prácticas de evangelismo virales sean lo normal. ¿Querrá usted unirse a nosotros? ¿Soñará no sólo con nosotros, sino que también le pedirá a Jesús que haga que suceda? ¿Confiará en Él y le obedecerá cuando Él le pida que participe conjuntamente con Él en lo imposible? Yo creo que esta es una ocasión más en la que Jesús diría: "Para el hombre esto es imposible, pero para Dios todo es posible".

# Cesacionismo

*U*NA DOCTRINA COMÚN entre los evangélicos no pentecostales es la doctrina del cesacionismo. Esta doctrina propone que todo lo que la Biblia dice es verdad y que realmente sucedió en la Historia. Pero, y aquí está la salvedad, de algún modo, en algún momento después de la escritura del Nuevo Testamento, lo milagroso cesó. El momento de ese cese de los dones milagrosos es debatido entre los cesacionistas. Algunos dicen que lo milagroso terminó con la muerte del último de los apóstoles, y con esto se refieren a los doce apóstoles originales. Por tanto, lo milagroso probablemente terminó cerca de la muerte de Juan, quien sobrepasó los noventa años de edad, o incluso un poco más; por tanto, aproximadamente al final del siglo I. El segundo grupo sitúa el cese de lo milagroso cuando se completó el canon de la Escritura. Esto situaría el cese de lo milagroso alrededor de la época del sínodo de Hippo (año 393 d. C.) y el primer y segundo concilio de Cartago (años 397 y 419 respectivamente). Por tanto, incluso entre los cesacionistas hay aproximadamente de 250 a 300 años de desacuerdo en cuanto a cuándo cesó lo milagroso. Algunos cesacionistas incluso proponen que hay un elemento geográfico en lo sobrenatural. Dios hace milagros en el campo misionero o en el Tercer Mundo, pero no los hace donde las personas están más iluminadas y realmente no necesitan milagros.

¿Por qué no pueden los cesacionistas estar de acuerdo en cuándo cesó lo milagroso? ¿Por qué no pueden llegar a un acuerdo en cuanto a dónde sucede lo milagroso? ¿Sucede en algunos lugares y no en otros? ¿A qué se debe la confusión? Desde luego, el peor problema para los cesacionistas es que la doctrina no se menciona en ningún lugar en la Escritura. El Nuevo Testamento termina con todos los creyentes esperando lo sobrenatural como parte de su derecho de nacimiento. Sin embargo, hay una escritura que algunos cesacionistas argumentan que es un caso en que la Biblia declara que lo sobrenatural cesará.

Este clásico argumento del cesacionismo gira en torno a 1 Corintios 13:8–10:

> El amor nunca deja de ser; pero las profecías se acabarán, y cesarán las lenguas, y la ciencia acabará. Porque en parte conocemos, y en parte profetizamos; mas cuando venga lo perfecto, entonces lo que es en parte se acabará.

Este es un pasaje importante para muchos cesacionistas; principalmente porque es la única referencia en toda la Biblia que podría interpretarse para dar a entender que lo sobrenatural cesará. Realmente hay sólo dos maneras en que este versículo puede entenderse. El argumento de los cesacionistas cree que lo "perfecto" del versículo 10 es una referencia a la Escritura. Quienes no son cesacionistas argumentan que lo "perfecto" es una referencia a Cristo en su segunda venida.

El argumento cesacionista dice que cuando el canon de la Escritura quedó completado, ya no hubo necesidad de cosas como profecías, lenguas y palabras de conocimiento. Desde este punto de vista, tenemos la revelación plena en forma escrita, de modo que los dones de revelación se vuelven superfluos. Además, quienes interpretan este versículo de esa manera observan que lo "perfecto" en el griego del Nuevo Testamento, *téleios*, está en neutro, lo cual podría ser traducido, y con frecuencia se traduce como "lo perfecto". El argumento dice que es una referencia a una cosa (las Escrituras) y no a una persona (Jesús) pues en ese caso no habría sido escrito en neutro.

A primera vista, esto parece tener sentido. Es cierto que esa construcción normalmente se utiliza, aunque no de modo exclusivo, para cosas en lugar de para personas. Aunque puede utilizarse para personas y ser traducido "el perfecto", esa sería una traducción menos común. Este es el punto más fuerte de la perspectiva cesacionista de 1 Corintios 13:10.

Desde este punto en adelante, la perspectiva se vuelve significativamente más débil. En primer lugar, hay un marco de tiempo en el contexto inmediato que debilita claramente la idea de que se esté refiriendo a haberse completado el canon. El versículo 12 de 1 Corintios 13 declara: "Ahora vemos por espejo, oscuramente; mas entonces veremos cara a cara. Ahora conozco en parte; pero entonces conoceré como fui conocido".

Deberíamos notar que las ideas que el versículo 12 está declarando tienen más sentido cuando se consideran en el contexto del tiempo de la segunda venida de Cristo en lugar que en el de haber completado el canon. En ese momento en el tiempo, cuando llegue el perfecto (Jesús), veremos cara a cara y seremos totalmente conocidos. Es difícil argumentar que actualmente, al tener el canon completo, conocemos plenamente y somos conocidos plenamente por las Escrituras. Sigue habiendo muchos misterios bíblicos. Aún hay muchas respuestas sin responder. No conocemos plenamente, pero sin duda así será después de la segunda venida de Cristo.

Además, esto también tiene más sentido cuando se considera como una interacción con una persona. No tenemos una interacción "cara a cara" con la Biblia; leemos la Biblia. La Biblia no nos conoce, aunque el Dios de la Biblia sí. Estamos conociendo, y estamos siendo plenamente conocidos. Repito, este es un lenguaje reservado para una relación personal en lugar de una interacción con un objeto inanimado.

Finalmente, es necesario destacar que aunque a primera vista la perspectiva cesacionista de 1 Corintios 13 parezca tener sentido, es en realidad una torpe interpretación teológica en lugar de ser una interpretación bíblica clara. Para que el argumento cesacionista funcione, uno tiene que suponer que "lo perfecto" es una cosa, y que esa cosa es el canon completo de las Escrituras. No hay indicaciones verbales en el texto que condujesen a que alguien crea que el pasaje está hablando sobre el canon completo de la Biblia, o de las Escrituras, de ninguna manera. Hay que imponer este concepto sobre el texto desde el silencio.

Además, las Escrituras no se refieren al concepto del canon completo en ningún otro lugar. Estos conceptos del canon y de completar el canon provienen de una teología posterior, pero no de la Biblia. Decidir que esta vaga referencia a "lo perfecto" es una clara referencia a lo completo del canon, cuando este es un concepto del que no se habla en la Biblia, es forzarlo demasiado. Es una violación del principio lógico de la Navaja de Occam, que afirma: "No se debería aumentar, más allá de lo necesario, el número de entidades requeridas para explicar algo", (o lo más simple es lo mejor. N.T.).[1] Sin embargo, si "lo perfecto" se está refiriendo a la segunda venida de Cristo, estamos en terreno firme. Este es un tema importante tanto en el Antiguo como en el Nuevo Testamento y encaja en el lenguaje del contexto inmediato.

Por consiguiente, cuando investigamos de manera hermenéutica este pasaje en profundidad, y en su contexto, se vuelve altamente improbable que en realidad fomente la perspectiva cesacionista. Esta es la razón de que la mayoría de ramas de la fe cristiana, incluyendo a los católicos romanos, consideren 1 Corintios 13 como una prueba contra el cesacionismo. Es también la razón de que algunos cesacionistas utilicen este pasaje de la Escritura para tener un apoyo textual. (Esto, sin embargo, les deja en la dudosa posición de intentar demostrar una "doctrina bíblica" sin ninguna referencia bíblica. En ese punto solamente pueden unir una serie de argumentos teológicos o históricos. Esta es una línea de razonamiento poco convincente). Incluso para algunos cesacionistas, es más objetivo considerar que 1 Corintios 13:8–10 se refiere a la segunda venida de Cristo. Richard B. Gaffin Jr., al argumentar a favor del cesacionismo en *Are Miracuous Gifts for Today? Four Views*, afirma:

> Argumentar, como hacen algunos cesacionistas, que "lo perfecto" tiene a la vista el canon completo del Nuevo Testamento o algún otro estado de las cosas anterior a la Parousia, es sencillamente no creíble exegéticamente.[2]

# APÉNDICE B

# Posmodernismo

$\mathcal{L}$A SOCIEDAD OCCIDENTAL actualmente está atravesando un cambio de cosmovisión denominado posmodernismo. El título mismo es ampliamente debatido, ya que define el posmodernismo según lo que llegó antes del "modernismo" o la Ilustración. Aunque en sus primeras etapas el posmodernismo sí se definió como un enojado rechazo de los valores de la Ilustración, ese ya no es necesariamente el caso. Por tanto, algunos están sugiriendo que posmodernismo debería referirse solamente a las primeras etapas. Otros títulos como post-posmodernismo, refiriéndose a la cosmovisión sin la referencia del modernismo mismo, deberían referirse a lo que parece ser más común ahora: los valores del posmodernismo sin el rechazo o la referencia al modernismo. Hasta la fecha, no se ha encontrado un título más ampliamente aceptado para el importante y muy real cambio que el mundo occidental está atravesando actualmente.

*El Jesús viral* menciona varias veces el posmodernismo. Este apéndice ayudará al lector que no esté familiarizado con el posmodernismo a entender brevemente sus postulados y también compararlo con el modernismo o la Ilustración. Las siguientes palabras están ligeramente adaptadas de mis propios artículos sobre el posmodernismo "The Gospel and Postmodernism"[1] and "Practical Considerations for Postmodern Sensitive Churches".[2] Cuando escribí esos artículos como respuesta al estratégico impacto del posmodernismo en el contexto ministerial de España, donde vivía en aquella época, no era adecuadamente consciente del actual fenómeno denominado alternativamente iglesias simples, orgánicas o en casas. Actualmente creo que esta es la expresión eclesiológica más relevante para responder a los desafíos estratégicos del posmodernismo. También creo que las iglesias simples/orgánicas/en casas son la respuesta eclesiológica más relevante para responder a los demás problemas planteados en este libro.

## Un encuentro posmoderno con una iglesia tradicional

Imaginemos por un momento que una persona occidental posmoderna y no cristiana,[3] el tipo de personas con las que nos encontramos cada día en la calle, asistiese por primera vez a una iglesia tradicional. ¿Cómo sería la experiencia para ella? Demos un paseo a medida que experimenta lo que nosotros denominamos un "culto de adoración".

*Vaya, interesante música, no creo haber oído esa canción antes. No es mala, ¿pero no hay ninguna ordenanza en contra de la música tan alta? Ah, provienen de la iglesia. Primera Iglesia Bautista: ¿están compitiendo unas con otras? ¿Es mejor ser un primer bautista que ser un tercer bautista? ¿Sobrepasa ser un segundo congregacional a ser un primer presbiteriano? ¿Tienen los cristianos diferentes bazas? Vaya, esto es escalofriante. Se supone que es religión; sin embargo, se anuncian como si fuesen un negocio o un centro comercial. ¿Debe ser la religión parecido a ir a una tintorería? Yo creía que la religión se trataba de conectar con algo superior. ¿Por qué necesitan anunciarse? ¿Por qué necesitan un nombre? Esto es muy institucional: edificios, señales, nombres. ¿Cómo puede ser tan espiritual e institucional al mismo tiempo? ¿Necesita Dios una institución? ¿Es Él presidente de la junta? Aun así, la música es bastante bonita. Es creativa, y me gusta la creatividad. Quizá la música sobrepase el escalofriante sentimiento institucional. Entraré y veré qué es.*

*¡Es muy extraño! ¡Y eso! ¡Se sientan en filas...filas! ¿Es*

*que son un puñado de autómatas? Vaya, puede verse con seguridad quién tiene el poder en este lugar. Cien personas en filas mirando hacia un solo lugar, un tipo sobre una plataforma y detrás del podio del poder dando la cara a los demás, les dice que se pongan de pie y ellos obedecen, les dice que canten y ellos cantan, les dice que oren y todos ellos oran al unísono. ¿Dónde están las cuerdas de estas marionetas? Estoy comenzando a sentir escalofríos. ¿Es que no pueden pensar por sí mismas estas personas? ¿Por qué necesitan que ese tipo esté ahí para decirles lo que tienen que hacer? Finalmente, va a hablar el gran jefe. Ahora descubriré lo que mueve a estas personas...*

*...Muy bien, he estado escuchando durante los últimos quince minutos y no tengo ni idea de lo que él está hablando. Redención, hablar en lenguas, ¿y por qué necesitan hablar siempre de ser justificados? ¿Es que son tan inseguros? ¿Acaso no debe la religión hacer mejores personas para la sociedad? Estos tipos tan sólo hablan de justificarse a sí mismos. ¿Está tan enojado su Dios que necesitan algún tipo de excusa? Ya basta de excusas; muéstrame una vida mejor. Ustedes no son distintos a mí, a excepción de que permiten que ese tipo les controle como si fuese la marioneta principal. Me voy de aquí.*

¿Sucedería eso realmente? Probablemente no, principalmente porque la mayoría de posmodernos que no asisten a la iglesia nunca entrarían por la puerta. Sin embargo, si lo hicieran, nuestra conducta no les hablaría de espiritualidad; les hablaría de conducta institucional. No les inspiraría a conectar con Dios. Para los posmodernos, la experiencia en una iglesia tradicional es como ir a la tintorería excepto cuando entran. Una vez dentro, es más parecido a una dimensión desconocida. Realmente, la experiencia del no cristiano que más se parece a una iglesia tradicional es la reunión de una logia. Lo único que nos falta es la cornamenta del alce y los apretones de manos.

¿Estoy siendo demasiado duro? Permítame preguntarle algo. ¿Cuándo fue la última vez que una persona no cristiana fue a su iglesia sin ser invitada, sin tener ninguna relación con nadie, y se convirtió en cristiana? Esa es ciertamente una historia muy rara. En mis casi cuarenta años en la fe, he visto suceder eso sólo una vez. Y sinceramente, cuando llevamos a nuestros amigos no cristianos a una reunión en la iglesia (si es que podemos conseguir que vayan), ¿cuántos regresan por iniciativa propia hasta que acuden a la fe? Eso no es nada común, ¿verdad?

¿Cómo alcanzamos a un mundo perdido cuando casi todo lo que hacemos nos aísla de las personas a quienes estamos intentando alcanzar? ¿Cómo se sentiría una prostituta en su iglesia? ¿Cómo se sentiría un practicante de la Nueva Era en su iglesia? ¿Cómo se sentiría un banquero que bebe mucha cerveza en su iglesia? ¿Verían ellos a Jesús? ¿Se sorprenderían por la demostración del poder de Dios? ¿Sería sobre la música el comentario más positivo que pudieran hacer? ¿O sería sencillamente escalofriante?

El problema que estoy planteando aquí es el concepto de los límites sensoriales o barreras de sentimiento. La mayoría de personas tienen diversas maneras de tomar decisiones, y algunas de esas maneras no se tratan necesariamente de razón y lógica; se tratan de sentimientos. Cuando las personas tienen un encuentro con algo que les resulta emocionalmente incómodo, tiene que haber cierto tipo de recompensa para alentarles, pues si no es así se retirarán de esa experiencia.

En mi historia anterior hubo sólo una cosa positiva: la música. Pero había multitud de barreras de sentimiento: desde el cartel hasta nuestros movimientos sincronizados y la extraña manera de alinearnos. Sobre todo, nuestras reuniones hablan del poder personal de la persona que está al frente. A veces, ellos incluso se visten de modo distinto, con una túnica o un traje. Esto es extraño para cualquiera que no haya sido educado en nuestra pequeña subcultura o la haya aprendido.

Nombres de iglesias, conducta sincronizada, púlpitos, edificios, bancos o sillas en filas... nada de esto viene de la Biblia; ni una sola cosa. Todo proviene de la cristiandad, y está manteniendo fuera del Reino de Dios a la gente. Sin embargo, solamente cambiar las añadidura de la cristiandad a alguna otra forma no será suficiente. Cambiar de estar sentados en filas a estar sentados en círculo o hacer más pequeños nuestros grupos, en sí mismos no son cambios adecuados. Tenemos que cambiar la esencia de quiénes somos y cómo conectamos con Dios y con la sociedad que nos rodea.

## Tendencias del posmodernismo comparado con el modernismo

### Posmodernismo

Las siguientes tendencias fueron tomadas de un artículo de la Dra. Mary Klages, que ya no está disponible en la Internet:[4]

| TENDENCIAS DEL POSMODERNISMO |
| --- |
| Subjetividad |
| Rechazo de las distinciones rígidas |
| Verdad local, personal y concreta |
| Rechazo de las verdades absolutas |
| Rechazo de las grandes narrativas que explican la realidad, como el capitalismo o el comunismo. Esas grandes narrativas se consideran anticuadas y simplistas, y no explican adecuadamente la complejidad del mundo |
| Practicalidad |
| Inclusión o tolerancia |
| Diversidad de moralidad y estilo de vida |
| Tendencia a percibir la información que no encaja con su cosmovisión como "ruido" |
| Tendencia a ver como enemiga la religión o la política conservadoras |
| El lenguaje es fluido y subjetivo (el oidor aporta tanto a la conversación como quien escucha). |

Otras tendencias que Klages no menciona concretamente:

- Deseo de espiritualidad
- Deseo de comunidad
- Rechazo de la negatividad

## Modernismo/ la Ilustración

| TENDENCIAS DEL MODERNISMO/ LA ILUSTRACIÓN |
| --- |
| Racionalidad |
| Autonomía |
| Objetividad |
| La ciencia como el árbitro objetivo de la verdad |
| El conocimiento producido por la ciencia es "verdad" y es eterno |
| Valor del progreso y la perfección |
| Orden |
| El lenguaje es racional y transparente (quiere decir exactamente lo que dice) |
| Rechazo a lo que no representa orden |
| Rechazo a lo que se considera "otro", por ejemplo, falta de tolerancia |

## La persona posmoderna

¿Cómo se comporta la persona posmoderna? ¿En qué es distinta a la persona moderna? El siguiente es un perfil de la persona posmoderna desde su propia perspectiva.

• Estoy buscando una verdad que funcione para mí.

• Sólo puedo intentar ver la vida desde mi propia perspectiva; la realidad es demasiado compleja para entenderla toda.

• Estoy interesado en los valores de mi grupo y mi comunidad.

• Creo en ser tolerante.

• Creo en permitir que otros vivan como quieran.

• No me gusta cuando las personas argumentan con respecto a cómo su grupo o sus creencias son mejores.

• Quiero respuestas prácticas para la vida. No soy atraído a los esquemas idealistas.

- Sospecho de los esquemas que intentan explicarlo todo o dar respuestas simplistas preguntas complejas.
- Cuando la gente me habla de esos esquemas, pienso en ellos como "ruido" que hay que ignorar.
- Me gusta tener un grupo de buenos amigos con quienes comparta valores comunes.
- No me gusta la religión institucional.
- Tengo un vago deseo de espiritualidad no institucional, pero no sé cómo encontrarla.

Esos son algunos de los valores más comunes del posmodernismo. No todas las personas en una sociedad posmoderna sostienen cada uno de esos valores; sin embargo, hay una fuerte tendencia en la sociedad a favor de esos valores, y la mayoría de personas sostienen muchos de esos valores, si no todos.

Es necesario distinguir entre posmodernos filosóficos y los posmodernos de la "calle". Los posmodernos filosóficos, como los filósofos y sus alumnos de filosofía en las universidades, tienden a afirmar que en realidad no hay tal cosa como la verdad. La persona promedio de la calle no es tan filosófica. De hecho, pocas piensan en las preguntas profundas de la vida, pero aun así han absorbido la cosmovisión básica posmoderna. Si se ven forzados a expresar con palabras cómo ven la vida, el posmoderno promedio de la calle afirmaría que la verdad existe, pero es imposible entenderla completamente. Debido a su complejidad, tienden a buscar una verdad que "funcione" para ellos. La mayoría de las personas con quienes nos encontramos no son posmodernas filosóficas sino posmodernas de la calle. La buena noticia es que los posmodernos de la calle tienden a ser bastante abiertos a considerar el evangelio si se expresa de maneras sensibles con el posmodernismo.

Como dijimos anteriormente, el posmodernismo es un cambio de cosmovisión a escala general. La cosmovisión es el nivel más profundo de expresión cultural, pues expresa los valores más profundamente y ampliamente sostenidos. Esos son los valores que forman el marco del modo en que vemos y entendemos nuestro mundo. Esos valores con frecuencia son sostenidos por muchas culturas en muchas partes del mundo.

Como un cambio de cosmovisión, el posmodernismo es un cambio en el modo en que las personas ven y entienden su mundo. Es el más profundo tipo de cambio cultural. Los cambios en la cosmovisión son muy infrecuentes. El último cambio completo de cosmovisión en la cultura occidental fue el Renacimiento, que se produjo hace aproximadamente quinientos años. El modernismo o la Ilustración no fue un cambio completo de cosmovisión. Más bien fue una intensificación y ampliación de los valores del Renacimiento que ya estaban generalizados. Ambos encontraron su inspiración en la antigua filosofía griega, en particular en los escritos de Platón y Aristóteles. No sería razonable esperar que el posmodernismo se vaya pronto; probablemente estará aquí en una forma u otra durante varias generaciones.

Ya que el posmodernismo es un cambio de cosmovisión, tendrá expresiones regionales y nacionales. Francia es posmoderna, y también lo son los Estados Unidos, pero los dos son culturalmente distintos el uno del otro debido a que tienen distintos valores culturales e historias. Sin embargo, esos valores culturales seguirán expresándose dentro del marco de la cosmovisión del posmodernismo.

El catolicismo romano y las diversas expresiones de la ortodoxia oriental son expresiones culturales del cristianismo basadas en raíces históricas de la antigua cosmovisión: la cosmovisión anterior al Renacimiento. La Reforma protestante fue la respuesta cristiana a los nuevos valores del Renacimiento, como lo son las denominaciones, que surgieron de este período, como el luteranismo y las varias denominaciones presbiterianas/de pacto. El evangelicalismo y el fundamentalismo son la respuesta cristiana a la Ilustración. Como tales, el evangelicalismo y el fundamentalismo como expresiones cristianas culturales de los valores de la Ilustración se verán cada vez más aisladas de la cultura que les rodea. Se verán cada vez menos capaces de participar adecuadamente en un diálogo significativo que conduzca a otros a acudir a Cristo. Ciertamente, este es ya el caso.

# NOTAS

## PREFACIO

1. New Advent, Fathers of the Church: The Epistle of Ignatius to the Romans, traducida por Alexander Roberts y James Donaldson, http://www.newadvent.org/fathers/0107.htm (consultado el 23 de enero de 2011).
2. Ibíd.

## INTRODUCCIÓN
### Seguir a Jesús a un movimiento viral de Jesús

1. Michael Frost y Alan Hirsch, *The Shaping of Things to Come* (Peabody, MA: Hendrickson Publishers, 2003), p. 116.
2. Ibíd., p. 120.
3. Ibíd., p. 126.

## CAPÍTULO 1
### Qué aspecto tiene un movimiento viral de Jesús

1. Alan Hirsch, The Forgotten Ways: Reactivating the Missional Church (Grand Rapids: Brazos Press, 2006), p. 86.
2. Para un histórico desarrollo de este proceso, consultar Frank Viola y George Barna, Pagan Christianity, (Carol Stream, IL: Barna, 2008).

## CAPÍTULO 2
### Estabilidad y control en un movimiento viral de Jesús

1. Merriam-Webster.com, s.v. "apostle", http://www.merriam-webster.com/dictionary/apostle (consultado el 14 de julio de 2011).
2. Ibíd.
3. Merriam-Webster.com, s.v. "mission", http://www.merriam-webster.com/dictionary/mission (consultado el 14 julio de 2011).

## CAPÍTULO 3
### Lo sobrenatural en un movimiento viral de Jesús

1. Merriam-Webster.com, s.v. "mysticism", http://www.merriam-webster .com/dictionary/mysticism (consultado el 14 de julio de 2011).

2. Ibíd.

3. Ibíd., s.v. "prophecy", http://www.merriamwebster.com/dictionary /prophecy?show=0&t=1318423433 (consultado 12 octubre 2011).

4. Wolfgang Simson, The Starfish Manifesto. (Starfish Publishing, 2008), 13, de dominio público. The Starfish Manifesto es un e-book gratuito. Se paga por él difundiéndolo; por ej., enviándolo al menos a diez personas que la persona cree que se beneficiarían de leer el libro. Puede descargar The Starfish Manifesto gratuitamente en http://www.box.net/shared/yns46ncgsc (consultado el 14 de julio de 2011).

## CAPÍTULO 4
### La Iglesia primitiva: El primer movimiento viral de Jesús

1. Escritos de los primeros cristianos, "Pliny the Younger and Trajan on the Christians", http://www.earlychristianwritings.com/text/pliny.html (consultado 14 julio 2011).

2. Alexander Roberts y James Donaldson, trans., Alexander Roberts, James Donaldson, y A. Cleveland Coxe, eds., From Ante-Nicene Fathers, vol. 1. (Buffalo, NY: Christian Literature Publishing Co., 1885.); tal como se cita en Kevin Knight, ed., "The Manners of the Christians", The Epistle of Mathetes to Diognetus, NewAdvent.org, http://www.newadvent.org/fathers/0101.htm (consultado el 14 de julio de 2011).

3. USGS.gov, "VHP Photo Glossary: Plinian eruption", http://volcanoes. usgs.gov/images/pglossary/PlinianEruption.php (consultado el 14 de julio de 2011).

## CAPÍTULO 5
### El desmoronamiento de un movimiento viral de Jesús

1. Suscopts.org, "St. Ignatius' Letter to the Romans", http://www.suscopts .org/stgeorgetampa/Letter_to_Romans.html (consultado el 18 de julio de 2011).

2. ChristianAnswers.net, "Magnesians", http://www.christiananswers.net /qeden/magnesians.html (consultado el 18 de julio de 2011).

3. Crossroadsinitiative.com, "Letter of Ignatius of Antioch to the Ephesians", http://www.crossroadsinitiative.com/library_article/124 /Ignatius__of_Antioch_s_Letter_to_the_Ephesians.html (consultado 14 julio 2011).

4. Frank Viola y George Barna, Pagan Christianity (Carol Stream, IL: Barna, 2008), p. 112.

5. Ibíd., p. 111.

6. Ante-Nicene Fathers Vol.1, cap. 44, traducido por Philip Schaff et al., Christian Classics Ethereal Library, http://www.ccel.org/ccel/schaff /anf01.ii.ii.xliv.html (consultado el 13 octubre de 2011).

7. Viola and Barna, p. 113.

8. Ibíd.

9. Ibíd.

10. Wikisource.org, "Ante-Nicene Fathers Vol. IV, Tertullian: Part Fourth, On Monogamy by Tertullian", http://en.wikisource.org/wiki/AnteNicene _Fathers/Volume_IV/Tertullian:_Part_Fourth/On_Monogamy/ Elucidations (consultado el 8 de agosto de 2009).

11. Wikipedia.org, "Pontifex Maximus", http://en.wikipedia.org/wiki/ Pontifex_Maximus (consultado el 17 de julio de 2008).

12. Ibíd.

13. Frost y Hirsch, p. 225.

## CAPÍTULO 6
### Una historia de movimientos virales de Jesús parciales

1. HistoryMatters.gmu.edu, "A Religious Flame That Spread All Over Kentucky", http://historymatters.gmu.edu/d/6370/ (consultado el 18 de febrero de 2010).

2. Peter Marshall y David Manuel, From Sea to Shining Sea (Grand Rapids, MI: Fleming H. Revell, 1986), pp. 67–68.

3. "A Religious Flame That Spread All Over Kentucky", (consultado 18 febrero 2010).

4. WisdomQuotes.com, "George Santayana", http://www.wisdomquotes. com/quote/george-santayana-5.html (consultado el 13 de octubre de 2011).

5. Euan Cameron, Waldenses: Rejections of Holy Church in Medieval Europe, (Carol Stream, IL: Barna, 2008), p. 21.

6. National Humanities Institute, "Jonathan Edwards: On the Great Awakening", Who We Are, The Story of America's Constitution, http://www.nhinet.org/ccs/docs/awaken.htm (consultado el 8 de agosto de 2009).

7. Marshall y Manuel, pp. 67–68.

## CAPÍTULO 7
### China: Un movimiento viral de Jesús actual

1. Roderick MacFarquhar y Michael Schoenhals, Mao's Last Revolution (Cambridge, MA: Harvard University Press, 2006), p. 102.

2. Kenneth W. Harl, "Early Medieval and Byzantine Civilization: Constantine to Crusades", http://www.tulane.edu/~august/H303/handouts/Population.htm (consultado el 19 de marzo de 2009).

3. Robert A. Guisepi, ed., "A History of Christianity", http://historyworld.org/origins_of_christianity.htm (consultado el 19 de marzo de 2009).

4. Jonathan Chao, Wise and Serpents Harmless as Doves: Christians in China Tell Their Story, ed. Richard Van Houten (Pasadena, CA: William Carey Library, 1988), p. 27.

5. Ibíd., pp. 35–36.

6. Ibíd., p. 39.

7. Ibíd., pp. 20–21.

8. Tetsunao Yamamori y Kim-Kwong Chan, Witnesses to Power: Stories of God's Quiet Work in a Changing China. (Milton Keynes, UK: Paternoster Press, 2000), p. 46.

9. Ibíd.

10. Ibíd.

11. Correspondencia personal con Lyle Wilkinson, Richmond, CA, 20 de agosto de 2009.

12. Yamamori y Chan, p. 47.

13. Ibíd.

14. Ibíd., p. 48.

15. Ibíd., p. 82.

16. Tony Lambert, The Resurrection of the Chinese Church (Wheaton: OMF Books, 1994), p. 139.

17. Michael Frost, Exiles: Living Missionally in a Post-Christian Culture (Peabody, MA: Hendrickson Publishers, 2006), p. 138.

## CAPÍTULO 8
### Discipulado viral

1. Brother Yun, Living Water, (Grand Rapids, MI: Zondervan, 2008), p. 54.

2. Merriam-Webster Online, s.v. "humanism", http://www.merriamwebster.com/dictionary/humanism (consultado el 20 de julio de 2009).

3. William A. Barry y William J. Connolly, The Practice of Spiritual Direction (San Francisco: Harper & Row, 1986).

4. Ibíd., p. 8.

5. Ibíd., pp. 6–7.

## CAPÍTULO 9
### Plantación de iglesias viral

1. Watchman Nee, The Normal Christian Church Life (Anaheim, CA: Living Stream Ministry, 1994), p. 142.

2. Ibíd., p. 141.

## CAPÍTULO 10
### Evangelismo viral

1. Wikipedia.org, "Agricultural Extension", http://en.wikipedia.org/wiki /Agricultural_extension (consultado el 26 de septiembre de 2009).

2. Ed Waken, notas no publicadas.

3. David Nyquist, correspondencia por correo electrónico no publicada con el autor, 29 de septiembre de 2009.

## CONCLUSIÓN

1. Wikipedia.org, "Pogo (comic strip)", http://en.wikipedia.org/wiki/Pogo
   _(comics)#.22We_have_met_the_enemy.....22 (consultado el 23 de julio
   de 2009).

## APÉNDICE A
## Cesacionismo

1. Francis Heylighen, Principia Cybernetica Web: Occam's Razor, 1997
   http://pespmc1.vub.ac.bvub.ac.be/OCCAMRAZ.html (consultado el 24
   de marzo de 2009).

2. Richard B.Gaffin et al., Are Miraculous Gifts for Today: 4 Views
   (Grand Rapids, MI: Zondervan, 1996), p. 55.

## APÉNDICE B
## Posmodernismo

1. Ross Rohde, "The Gospel and Postmodernism", http://thejesusvirus.
   org/wp-content/uploads/2011/07/The-Gospel-and-Postmodernism-
   Final-Ed.pdf (consultado el 13 de octubre de 2011).

2. Ross Rohde, "Practical Considerations for Postmodern Sensitive
   Churches", http://thejesusvirus.org/wp-content/uploads/2011/07
   /Practical-Considerations-for-Postmodern-Sensitive-Churches.pdf
   (consultado el 13 de octubre de 2011).

3. Para una discusión del posmodernismo y cómo se relaciona con el actual
   cristianismo moderno, por favor lea mis artículos: "The Gospel and
   Postmodernism", http://thejesusvirus.org/wp-content/uploads/2011/07
   /The-Gospel-and-Postmodernism-Final-Ed.pdf, y "Practical
   Considerations for Postmodern Sensitive Churches", http://thejesusvirus
   .org/wp-content/uploads/2011/07/Practical-Considerations-for-
   Postmodern-Sensitive-Churches.pdf

4. Mary Klages, "Postmodernism".

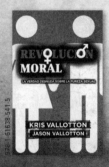

¡ESTAMOS AQUÍ PARA USTED!

Ross & Margi Rohde

### Ross ESTÁ DISPONIBLE PARA:

- Conferencias
- Adiestramientos sobre fundar iglesias
- Mentoría y consultoría
- Discipulado y *coaching*
- Ross habla inglés y español

Si desea contactar a Ross puede hacerlo en:
Email: rossrohde@gmail.com
Facebook: rossrohde

### La esposa de Ross, Margi ESTÁ DISPONIBLE PARA:

- Dirección espiritual por diferentes medios de comunicación
- Talleres y expresión creativa
- Consultoría
- Adiestramiento en el proceso de discernimiento espiritual (junto con Ross)
- Talleres sobre escuchar la voz de Dios (junto con Ross)
- Margi habla inglés y español

Si desea contactar a Margi puede hacerlo por correo electrónico:
Email: margirohde@yahoo.com